Lucian's

Dialogues
of the Dead

An Intermediate Greek Reader

Greek Text with Running Vocabulary and Commentary

Evan Hayes
and
Stephen Nimis

Lucian's *Dialogues of the Dead*: An Intermediate Greek Reader: Greek Text with Running Vocabulary and Commentary

First Edition

© 2015 by Evan Hayes and Stephen Nimis

ISBN-10: 1940997100

ISBN-13: 9781940997100

Published by Faenum Publishing, Ltd.

Cover Design: Evan Hayes

Fonts: Garamond
          GFS Porson

editor@faenumpublishing.com

TABLE OF CONTENTS

Grammatical Topics

ACKNOWLEDGMENTS

The idea for this project grew out of work that we, the authors, did with support from Miami University's Undergraduate Summer Scholars Program, for which we thank Martha Weber and the Office of Advanced Research and Scholarship. Work on the series, of which this volume is a part, was generously funded by the Joanna Jackson Goldman Memorial Prize through the Honors Program at Miami University. We owe a great deal to Carolyn Haynes, and the 2010 Honors & Scholars Program Advisory Committee for their interest and confidence in the project.

The technical aspects of the project were made possible through the invaluable advice and support of Bill Hayes, Christopher Kuo, and Daniel Meyers. The equipment and staff of Miami University's Interactive Language Resource Center were a great help along the way. We are also indebted to the Perseus Project, especially Gregory Crane and Bridget Almas, for their technical help and resources. We also profited greatly from advice and help on the POD process from Geoffrey Steadman. All responsibility for errors, however, rests with the authors themselves.

A number of undergraduate Greek students at Miami University worked on individual dialogues as part of a course. These are Elisabeth Colucci, Rebecca Rifle, Stephanie Goldkopf, Derek Rumpler, Tyler Gau, Victoria Hudson, Alexis Lees, Brent Maynard and Adrian Kimmett.

To my many Greek students at Miami University of Ohio

ῥηΐδιόν τοι ἔπος ἐρέω καὶ ἐνὶ φρεσὶ θήσω·
ὅν τινα μέν κεν ἐᾷς νεκύων κατατεθνηώτων
αἵματος ἆσσον ἴμεν, ὁ δέ τοι νημερτὲς ἐνίψει·
ᾧ δέ κ᾽ ἐπιφθονέῃς, ὁ δέ τοι πάλιν εἶσιν ὀπίσσω.

Odyssey 11, 146-9

INTRODUCTION

The aim of this book is to make the *Dialogues of the Dead* by Lucian of Samosata (c. 120 CE –190) accessible to intermediate students of Ancient Greek. The running vocabulary and grammatical commentary are meant to provide everything necessary to read each page, so that readers can progress through the text, improving their knowledge of Greek while enjoying one of the most entertaining authors of antiquity. The dialogues are all set in the afterworld where various figures, human and divine, reflect on meaning of human life.

Lucian's *Dialogues of the Dead* is a great text for intermediate readers. The dialogues are breezy and fun to read with relatively simple sentence structure. Typical for Lucian, classical literature is the source for most of the material, with amusing takes on traditional stories and scenarios. Since the underworld is the place of final judgement, it is the perfect location to have various figures from history and legend meet and reflect on the choices they made in life. Most prominent in the dialogues are two Cynic philosophers, Diogenes of Sinope (412-333 BCE) and Menippus of Gadara (3rd C. BCE), who present withering critiques of the vanities of human life in a series of encounters with various figures. There are wealthy kings, like Croesus and Midas, who lament their lost happiness. Powerful historical figures like Alexander the Great defend their reputations for eminence. Homeric heroes provide an opportunity for a humorous reassessment of epic values, as well as to poke fun at Homer. Another group of dialogues figure greedy men, merely names to us now, who discuss their success or failure at one of the most infamous vices of the imperial period: legacy-hunting. Finally, there is the usual cast of characters of the underword: Pluto, god of the underworld, Charon the ferryman of the dead, the ferocious three-headed Cerberus, Hermes, the conductor of the dead, and the judges of the underword, Aeacus and Minos. Although there are many serious themes about ethical living in the text, they are conveyed in a humorous context; and Lucian is well-known for his sly refusals to occupy particular philosophical positions, preferring to allow multiple perspectives to emerge without valorizing any one of them.

Lucian of Samosata (c. 120 CE –190)

Little is known about the life of Lucian except what can be deduced from his numerous surviving works. By his own account, he was a professional rhetor, a "sophist," trained in public speaking. As such he is a good representative of the renaissance of Greek literature in the imperial period known as the "second sophistic." His Greek prose is patterned on the best Attic authors, a learned version of Greek that was more prestigious than the living *lingua franca* of the time, *koine* Greek, the Greek of the *New Testament* and public administration in the eastern half of the Roman Empire. His seventy works were transmitted in many manuscripts, indicating his continuous popularity in the Greek-speaking world. In the renaissance he was reintroduced to the Latin west and was widely read up to the beginning of the 20th century, when for various reasons he fell out of favor among classicists. Interest in Lucian has grown again, along with a greater interest in prose of the imperial period.

Menippean Satire and Lucian's Dialogues

Besides being a philosopher and a character in Lucian's dialogues, Menippus (3rd C. BCE) is an important literary figure, the author of a number of works in a mixture of prose and verse, all of which are lost. The Roman author Varro (116 BCE – 27 BCE) wrote a large number of works in a similar vein, which he called *Saturae Menippeae (Menippean Satires)*, also no longer extant except for a few fragments. Lucian's dialogues are a part of this tradition. Among the lost works of Menippus was one titled *Nekyuia*, which involved a trip by Menippus to the underworld. This is the source for Lucian's dialogue *Menippus, or the Descent into Hades* and a number of other works set in Hades. The *Dialogues of the Dead* is one of four collections of dialogues, along with *Dialogues of the Sea Gods, Dialogues of the Gods and Dialogues of the Courtesans*, that are shorter than Lucian's more philosophical dialogues and are experiments adapting the narrative format to dialogue pure and simple. Joel Relihan (1987) has suggested that this makes it possible for Menippus himself to become a target of Lucian's humor. The *Dialogues of the Dead* are the most philosophical of these "minor" dialogues (Bartley 2005) and show a high degree of interconnection among the different vignettes.

THE ORDER OF THE DIALOGUES

There are two numbering systems for the dialogues reflecting the different order in the two main manuscript traditions of Lucian's works. The numbers used here are from the edition of Jacobitz, which follows the so-called β-family. The other system (from the γ-family), found in the Loeb and elsewhere, is represented with a number in parentheses. However, neither of these orderings of the dialogues is likely to go back to the author himself, aside from the first dialogue which seems to have a programmatic character to it; there Diogenes sends a message to Menippus, who is still alive, inviting him to come to Hades and enjoy laughing at human folly there. As Russo (2009) notes, it is not possible to determine an ordering for all thirty dialogues, but enough narrative and thematic connections exist among some dialogues to make more modest groupings. Thus, the series of dialogues 4-10 (14-20), beginning and ending with a dialogue between Hermes and Charon, and having the same order in both manuscript traditions, seems like a coherent grouping. Numbers 12-14 (25, 13, 12) make up a sequence about Alexander the Great. Among the dialogues that feature Menippus prominently, Russo identifies two meaningful sequences: 22(2), 20(6), 21(4), 2(3) and 18(5) narrate Menippus' experiences upon entering the underworld. Then in 17(7), 26(8), 28(9) and 3(10) Menippus interviews various underworld figures and questions them about their status. Thematic similarities suggest that 15(26), 19(27), and 23 (28) make up a series: note that they are continuously numbered in the γ-family. Numbers 24(29) and 25(30) both deal with the theme of beauty and follow each other in both manuscript traditions. Finally, dialogue 27(22) makes a suitable coda for the whole work, returning to the figure of Diogenes from the opening piece. Russo proposes the following order for the books, based on these internal considerations:

1 (1): Diogenes sends a message to Menippus from Hades

4 (14): Hermes promises Charon that more souls will be coming soon

5 (15): Pluto and Hermes make fun of legacy-hunters

6 (16): Pluto chides a notorius legacy-hunter

7 (17): Two legacy-hunters complain about their failures

8 (18): Two legacy-hunters complain about their miscalculations

9 (19): An old man boasts how he foiled his legacy-hunters

10 (20): Charon and Hermes insist that each soul leave behind earthly baggage.

More recently, L. G. Julià makes a spirited defense of the γ-family order, the one followed by more recent editions such as the Loeb. He identifies four thematically linked groups of dialogues as follows:

1-6: the arrival of Menippus in the underworld

7-13: The status of the dead demi-gods

14-22: the sorrows of humans for their lost prosperity

23-29: reminiscences of Homeric heroes

30: conclusion

Among the groups themselves are scenic transitions based on the narrative frame of a trip to the underworld. Julià likens the collection to Lucian's *A True Story*, where heterogeneous episodes are linked by narrative movement. However, numbers 20, 24, and 25 do not fit well into this scheme and Julià considers them to be later interpolations from other sources.

The Greek text

The Greek text is that of K. Jacobitz (1896), which has been digitized by the Perseus Project and made available with a Creative Commons license, as is our text. Here and there we have made minor changes to the text in the name of readability. This is not a scholarly edition; for that one should turn to the OCT of Macleod.

Select Bibliography

Anderson, Graham. "Lucian : Tradition Versus Reality." *Aufstieg und Niedergang der römischen Welt* II 34.2 (1994): 1422-1447.

Baldwin, Barry. "Alexander, Hannibal, and Scipio in Lucian." *Emerita: Revista de Lingüística y Filología Clásica* 58 (1990), 51-60.

Bartley, Adam. "Techniques of Composition in Lucian's Minor Dialogues." *Hermes* 133.3 (2005), 358-367.

Bompaire, J. *Lucien Écrivain: Imitation et Création.* Paris, 1958.

Branham, R. Bracht. *Unruly Eloquence: Lucian and the Comedy of Traditions.* Harvard University Press: Cambridge, 1987.

Deferrari, R. J. *Lucian's Atticism.* Hackert :Amsterdam, 1969.

Householder, F. W. *Literary Quotation and Allusion in Lucian*. King's Crown Press: Morningside Heights, 1941.

Jope, James. "Lucian's Triumphant Cinaedus and Rogue Lovers." *Helios*, 36.1 (2009), 55-65.

Julià, Lluís Gonzàlez. "Luciano ensaya la novela escénica: apariencia episódica y estructura unitaria de *los Diálogos de los muertos.*" *Emerita: Revista de Lingüística y Filología Clásica* 79.2 (2011), 357-379.

Ligota, Christopher and Letizia Panizza (ed.), *Lucian of Samosata Vivus et Redivivus*. Warburg Institute Colloquia, 10. London/Turin: The Warburg Institute-Nino Aragno Editore, 2007.

Macleod, Matthew D. "Lucianic Studies Since 1930." *Aufstieg und Niedergang der römischen Welt* II 34.2 (1994): 1362-1421.

Muller, Sabine. "In the Shadow of the Father: Alexander, Hermolaus, and the Legend of Philip," in *Philip II and Alexander the Great: Father, Sons and Afterlives*, ed. E. Carney and D. Ogden (Oxford: Oxford University Press, 2010), 25-32.

Relihan, Joel. "Vainglorious Menippus in Lucian's *Dialogues of the Dead.*" Illinois Classical Studies 12 (1987), 185-206.

----------------. *Menippean Satire*. The Johns Hopkins University Press: Baltimore and London, 1993.

Russo, Giuseppe. "Sull'ordinamento dei *Dialogi mortuorum* di Luciano." *Hermes* 137.4 (2009), 463-73.

How to use this book

The page-by-page vocabularies gloss all but the most common words. We have endeavored to make these glossaries as useful as possible without becoming fulsome. Words occurring frequently in the text can be found in an appendix in the back, but it is our hope that most readers will not need to use this appendix often.

The commentary is almost exclusively grammatical, explaining subordinate clauses, unusual verb forms, and idioms. Brief summaries of a number of grammatical and morphological topics are interspersed through the text as well, and there is a list of verbs used by Lucian that have unusual forms in an appendix. The principal parts of those verbs are given there rather than in the glossaries.

A good reading strategy is to read a passage in Greek, check the glossary for unusual words and consult the commentary as a last resort.

An Important Disclaimer:

This volume is a self-published "Print on Demand" (POD) book, and it has not been vetted or edited in the usual way by publishing professionals. There are sure to be some factual and typographical errors in the text, for which we apologize in advance. The volume is also available only through online distributors, since each book is printed when ordered online. However, this publishing channel and format also account for the low price of the book; and it is a simple matter to make changes when they come to our attention. For this reason, any corrections or suggestions for improvement are welcome and will be addressed as quickly as possible in future versions of the text.

Please email corrections or suggestions to editor@faenumpublishing.com

About the Authors:

Evan Hayes is a graduate in Classics and Philosophy at Miami University and the 2011 Joanna Jackson Goldman Scholar.

Stephen Nimis is an Emeritus Professor of Classics at Miami University and Professor of English and Comparative Literature at the American University in Cairo.

Lucian

Abbreviations

abs.	absolute		m.	masculine
acc.	accusative		mid.	middle
act.	active		n.	neuter
adj.	adjective		neg.	negative
adv.	adverb		nom.	nominative
aor.	aorist		obj.	object
app.	apposition		opt.	optative
artic.	articular		part.	participle
attrib.	attributive		pass.	passive
circum.	circumstantial		perf.	perfect
com.	command		pl.	plural
comp.	comparison		plupf.	pluperfect
dat.	dative		pot.	potential
delib.	deliberative		pr.	present
f.	feminine		pred.	predicate
fut.	future		pron.	pronoun
gen.	genitive		purp.	purpose
i.e.	*id est* ("that is")		quest.	question
imper.	imperative		s.	singular
impf.	imperfect		sc.	*scilicet* ("supply")
ind.	indirect		st.	statement
indic.	indicative		subj.	subjunctive
inf.	infinitive		suppl.	supplementary
intr.	intransitive		voc.	vocative

ΛΟΥΚΙΑΝΟΥ
ΝΕΚΡΙΚΟΙ ΔΙΑΛΟΓΟΙ

Lucian's
Dialogues of the Dead

1. (1) Diogenes and Polydeuces

Polydeuces and Castor were twins, one mortal, one immortal. After Castor's death, Polydeuces asked to share his immortality with his brother; hence they spend alternating days in the underworld. On his way up to the light, Polydeuces is asked by Diogenes of Sinope, the 4th. C BCE Cynic philosopher, to carry a message to another Cynic philosopher, Mennipus of Gadara, as well as a few others for whom Diogenes has advice to give from the netherworld.

ΔΙΟΓΕΝΗΣ: Ὦ Πολύδευκες, ἐντέλλομαί σοι, ἐπειδὰν τάχιστα

ἀνέλθῃς, — σὸν γάρ ἐστιν, οἶμαι, ἀναβιῶναι αὔριον —

ἤν που ἴδῃς Μένιππον τὸν κύνα, — εὕροις δ' ἂν αὐτὸν ἐν

Κορίνθῳ κατὰ τὸ Κράνειον ἢ ἐν Λυκείῳ τῶν ἐριζόντων

ἀναβιόω: to come to life again	Κόρινθος, ὁ: Corinth
ἀνέρχομαι: to go up	Κράνειον, τό: a grove near the gates of Corinth
αὔριον: tomorrow	
ἐντέλλομαι: to command, enjoin	κύων, κύνος, ὁ: a dog, a Cynic philosopher
ἐπειδάν: whenever (+ *subj.*)	Λύκειον, τό: the Lyceum, a gymnasium in Athens where Aristotle gathered with his students
ἐρίζω: to wrangle, quarrel	
εὑρίσκω: to find	
ἤν: if haply (+ *subj.*)	οἶμαι: to suppose, think
	τάχιστα: very swiftly

ἐπειδὰν ἀνέλθῃς: aor. subj. of ἀνα-έρχομαι in general temporal clause, "whenever you go up"

σὸν (sc. ἔργον): "it is your task" a parenthetical remark

ἀναβιῶναι: aor. inf. of ἀναβιόω epexegetic, "it is your task *to come to life again*"

ἤν που ἴδῃς: aor. subj. of εἶδον in present general protasis, "if (ever) you see somewhere"

Μένιππον τὸν κύνα: Menippus "the dog" a nickname because of his "barking" wit, and the origin of the name of the philosophical school "Cynics" with which he was associated

εὕροις ἂν: aor. opt. pot., "you might find him," another parenthetical remark

---

Potential Optatives

The optative with ἂν expresses potentiality, with a range of possible meanings:

εὕροις δ' ἂν αὐτὸν ἐν Κορίνθῳ: "You might find him in Corinth."

δὶς δὲ οὐκ ἂν λάβοις: "But you won't take me a second time."

οὐκ ἂν ἐθέλοιμι στασιάζειν ὑμᾶς.: "I would not wish to rebel against you."

The potential optative is also used in the apodosis of future less vivid conditions.

3

πρὸς ἀλλήλους φιλοσόφων καταγελῶντα—εἰπεῖν πρὸς
αὐτόν, ὅτι σοί, ὦ Μένιππε, κελεύει ὁ Διογένης, εἴ σοι
ἱκανῶς τὰ ὑπὲρ γῆς καταγεγέλασται, ἥκειν ἐνθάδε πολλῷ
πλείω ἐπιγελασόμενον· ἐκεῖ μὲν γὰρ ἐν ἀμφιβόλῳ σοὶ ἔτι
ὁ γέλως ἦν καὶ πολὺ τὸ «τίς γὰρ ὅλως οἶδε τὰ μετὰ τὸν
βίον;» ἐνταῦθα δὲ οὐ παύσῃ βεβαίως γελῶν καθάπερ
ἐγὼ νῦν, καὶ μάλιστα ἐπειδὰν ὁρᾷς τοὺς πλουσίους καὶ
σατράπας καὶ τυράννους οὕτω ταπεινοὺς καὶ ἀσήμους,

ἀλλήλων: of one another
ἀμφίβολος, -ον: doubtful
ἄσημος, -ον: insignificant
γέλως, γέλωτος, ὁ: laughter
ἐνθάδε: thither, hither
ἐπειδάν: whenever (+ subj.)
ἐπιγελάω: to laugh approvingly
ἥκω: to have come
ἱκανῶς: sufficiently
καθάπερ: just as
καταγελάω: to laugh at, jeer at (+ gen.)

κελεύω: to exhort, order
οἶδα: to know (perf.)
ὅλως: completely
ὁράω: to see
πλείων, -ον: more
πλούσιος, -α, -ον: rich
σατράπης, -ου, ὁ: a satrap
ταπεινός, -ή, -όν: low
τύραννος, ὁ: an absolute sovereign
φιλόσοφος, ὁ: a philosopher

τῶν ... φιλοσόφων: gen. after καταγελῶντα, "him laughing *at the philosophers*"

καταγελῶντα: pr. part. acc. agreeing with Μένιππον

εἰπεῖν: aor. inf. complementing ἐντέλλομαί, "I enjoin you *to say*"

ὅτι ... κελεύει: the "vivid" form of ind. st. in which ὅτι simply introduces the actual words of the speaker, "(that) *Diogenes orders*"

εἰ ... καταγεγέλασται: perf. pass. in simple protasis, "if the things above have been laughed at"

ἥκειν: pr. inf. in ind. com. after κελεύει, "he orders *that (you) come*"

πολλῷ πλείω: "more by much" πλείω is n. pl. contraction of πλείο(ν)α, used adverbially and πολλῷ is dat. of degree of difference; the phrase modifies ἐπιγελασόμενον

ἐπιγελασόμενον: fut. part. agreeing with the implied acc. subject of ἥκειν and expressing purpose, "that (you) come *in order to laugh*"

ἐκεῖ μὲν ... ἐνταῦθα δὲ: "while there ... but here"

τὸ «τίς ... βίον;»: the neuter article makes the question a noun phrase which is also the subject of ἦν, "the whole (question) 'who knows' was in doubt"

τὰ μετὰ τὸν βίον: "the things after life"

ἐπειδὰν ὁρᾷς: pr. subj. in general temporal clause, "when(ever) you see"

οὕτω: (= οὕτως) "thus"

ἐκ μόνης οἰμωγῆς διαγινωσκομένους, καὶ ὅτι μαλθακοὶ
καὶ ἀγεννεῖς εἰσι μεμνημένοι τῶν ἄνω. ταῦτα λέγε αὐτῷ,
καὶ προσέτι ἐμπλησάμενον τὴν πήραν ἥκειν θέρμων τε

ἀγεννής, -ές: low-born, ignoble
διαγιγνώσκω: to distinguish, discern
ἐμπίμπλημι: to fill X (*acc.*) with Y (*gen.*)
θέρμος, ὁ: a lupine
μαλθακός, -ή, -όν: soft

μιμνήσκω: to remind, put
οἰμωγή, ἡ: lamentation, groan
πήρα, ἡ: a leathern pouch, a wallet
προσέτι: over and above, besides

ἐκ μόνης οἰμωγῆς: "discernable *only from their groan*"
μαλθακοὶ καὶ ἀγεννεῖς: nom. pred., "you see how *weak and ignoble* they are"
μεμνημένοι: perf. part. circumstantial, "when they remember"
τῶν ἄνω: gen. after μεμνημένοι, "remember *the things above*"
ἐμπλησάμενον: aor. part. mid. of ἐμπίμπλημι agreeing with the acc. subject of ἥκειν,
    continuing ind. com., "order him to come, *having filled*"

Circumstantial Participles

Circumstantial participles are added to a noun or a pronoun to set forth some circumstance under which an action takes place. The circumstances can be of the following types: time, manner, means, cause, purpose, concession, condition or attendant circumstance. Although sometimes particles can specify the type of circumstance, often only the context can clarify its force. Here are some examples:

Time: καὶ ὅτι μαλθακοὶ καὶ ἀγεννεῖς εἰσι <u>μεμνημένοι</u> τῶν ἄνω. "and that they are soft and ignoble *when they remember* the things above."

Means: ἐνίοτε δὲ καὶ <u>ᾄδων</u> ἐπιταράττει ἡμῶν τὰς οἰμωγάς. "Somtimes *by singing* he troubles our moanings."

Purpose: χρήσιμον ἐδόκει σοι τὸ παρέχειν σεαυτὸν <u>ἐξαπατηθησόμενον</u> ὑπὸ τῶν προφητῶν; "Did it seem useful to you to hand yourself over *in order to be deceived* by prophets?"

Concession: εἶτα τέθνηκεν Διὸς υἱὸς <u>ὤν</u>; "Then did you die, *although being* the son of Zeus?"

Cause: ξενάγησόν με νέηλυν <u>ὄντα</u>: Guide me *since I am* new.

Condition: Οὐκ ἂν λάβοις παρὰ τοῦ μὴ <u>ἔχοντος</u>. You would not receive it from me *(if) not having* it. Note that μὴ is used instead of οὐ when the participle is conditional.

Attendant Circumstance: Ἀλλ᾽ οὐκ ἂν ἐδόξαζον, εἰ μὴ <u>ζῶντες</u> καὶ ὑμεῖς τοιαῦτα ἐτερατεύεσθε "But they would not believe such things unless you, *while being alive*, were pretending."

The circumstantial participle can also stand in the genitive absolute construction:

ἄφνω ἀπέθανον τοῦ τέγους μοι <u>ἐπιπεσόντος</u>. "I died suddenly, *the roof having fallen on me*."

5

πολλῶν καὶ εἴ που εὕροι ἐν τῇ τριόδῳ Ἑκάτης δεῖπνον
κείμενον ἢ ᾠὸν ἐκ καθαρσίου ἤ τι τοιοῦτον.

ΠΟΛΥΔΕΥΚΗΣ: Ἀλλ' ἀπαγγελῶ ταῦτα, ὦ Διόγενες. ὅπως
δὲ εἰδῶ μάλιστα ὁποῖός τίς ἐστι τὴν ὄψιν;

ΔΙΟΓΕΝΗΣ: Γέρων, φαλακρός, τριβώνιον ἔχων πολύθυρον,
ἅπαντι ἀνέμῳ ἀναπεπταμένον καὶ ταῖς ἐπιπτυχαῖς
τῶν ῥακίων ποικίλον, γελᾷ δ' ἀεὶ καὶ τὰ πολλὰ τοὺς
ἀλαζόνας τούτους φιλοσόφους ἐπισκώπτει.

ΠΟΛΥΔΕΥΚΗΣ: Ῥᾴδιον εὑρεῖν ἀπό γε τούτων.

ἀεί: always, for ever
ἀλαζών, -όνος, ὁ: a vagabond
ἀναπετάννυμι: to spread out, unfold, unfurl
ἄνεμος, ὁ: wind
ἀπαγγέλλω: to report, announce
ἅπας, ἅπασα, ἅπαν: quite all
γέρων, -οντος, ὁ: an old man
δεῖπνον, τό: the principal meal, dinner
Ἑκάτη, ἡ: Hecate, goddess of crossroads
ἐπιπτυχή, ἡ: a flap
ἐπισκώπτω: to laugh at, quiz
καθάρσιον, τό: cleansing
κεῖμαι: to be laid

ὁποῖος, -α, -ον: of what sort or quality
ὄψις, -εως, ἡ: a look, appearance, aspect
ποικίλος, -η, -ον: spotted, dappled
πολύθυρος, -ον: with many openings
ῥάδιος, -α, -ον: easy to (+ inf.)
ῥάκιον, τό: a rag
τοιοῦτος, -αύτη, -οῦτο: such as this
τριβώνιον, τό: money pouch
τρίοδος, ἡ: a meeting of three roads
φαλακρός, -ά, -όν: bald-headed
φιλόσοφος, ὁ: a lover of wisdom
ᾠόν, τό: an egg

εἴ που εὕροι: aor. opt. in present general protasis, "if ever he finds"
ἐν τῇ τριόδῳ: "at the crossroads," which are sacred to Hecate
κείμενον: pr. part. agreeing with δεῖπνον; κεῖμαι is often used as the passive of τίθημι
    as here, "having been placed" referring to offerings left for Hecate by suppliants
ἀπαγγελῶ: fut. of ἀπο-αγγέλλω, "I will report"
ὅπως εἰδῶ: perf. subj. of οἶδα, deliberative, "how would I know?"
τίς: the enclitic τις accented because it is followed by an enclitic, "what sort of
    someone"
τὴν ὄψιν: acc. of respect, "what sort he is *in appearance*"
ἅπαντι ἀνέμῳ: dat. after ἀναπεπταμένον, "open *to every wind*"
ἀναπεπταμένον: perf. part. of ἀνα-πετάννυμι, "wallet *opened*"
ταῖς ἐπιπτυχαῖς: dat. of manner after ποικίλον, "dappled *with flaps*"
τὰ πολλά: acc. adverbial, "*mostly* mocks"
εὑρεῖν: aor. inf. explaining ῥάδιον, "easy *to find*"

ΔΙΟΓΕΝΗΣ: Βούλει καὶ πρὸς αὐτοὺς ἐκείνους ἐντείλωμαί τι τοὺς φιλοσόφους;

ΠΟΛΥΔΕΥΚΗΣ: Λέγε· οὐ βαρὺ γὰρ οὐδὲ τοῦτο.

ΔΙΟΓΕΝΗΣ: Τὸ μὲν ὅλον παύσασθαι αὐτοῖς παρεγγύα ληροῦσι καὶ περὶ τῶν ὅλων ἐρίζουσιν καὶ κέρατα φύουσιν ἀλλήλοις καὶ κροκοδείλους ποιοῦσι καὶ τὰ τοιαῦτα ἄπορα ἐρωτᾶν διδάσκουσι τὸν νοῦν.

ΠΟΛΥΔΕΥΚΗΣ: Ἀλλὰ ἐμὲ ἀμαθῆ καὶ ἀπαίδευτον εἶναι φάσκουσι κατηγοροῦντα τῆς σοφίας αὐτῶν.

ἀλλήλων: of one another
ἀμαθής, -ές: unlearned, ignorant
ἀπαίδευτος, -ον: uneducated
ἄπορον, τό: puzzle, conundrum
βαρύς, -εῖα, -ύ: heavy
διδάσκω: to teach
ἐντέλλομαι: to enjoin, command
ἐρίζω: to strive, wrangle, quarrel
ἐρωτάω: to ask
κατηγορέω: to speak against, to accuse

κέρας, τό: the horn of an animal
κροκόδειλος, ὁ: a crocodile
ληρέω: to be foolish or silly, speak or act foolishly
νοῦς, ὁ: a mind
ὅλος, -η, -ον: whole
παρεγγυάω: to pass on a command
παύομαι: to cease
σοφία, ἡ: skill, wisdom
φύω: to bring forth, produce, put forth

βούλει: pr. mid. 2 s. literally, "do you wish?" often precedes a deliberative subj. meaning "please"

ἐντείλωμαί: aor. subj. of ἐν-τέλλω, deliberative, "should I command something?"

οὐ ... οὐδὲ: the double negative is reinforcing, "neither will this be"

τὸ ὅλον: adverbial acc., "on the whole"

παύσασθαι: aor. inf., in ind. com. after παρεγγύα, "pass on the command *to cease*" + part.

αὐτοῖς: the subject of the inf. παύσασθαι, with which the complementary participles (ληροῦσι, ἐρίζουσιν, φύουσιν, διδάσκουσι) agree, "*them* to cease being foolish..."

φύουσιν: "growing horns to each other" a reference to a sophistic puzzle: "What you haven't lost you have: I have not lost my horns; therefore I have horns."

κροκοδείλους ποιοῦσι: "and inventing crocodiles" referring to another sophistic puzzle

τὰ τοιαῦτα ἄπορα: n. pl., "teaching the mind to question *such conundrums*"

ἐμὲ ... εἶναι: ind. st. after φάσκουσι, "they claim *that I am* ignorant"

κατηγοροῦντα: pr. part. agreeing with ἐμὲ, "*when I speak against*" + gen.)

7

ΔΙΟΓΕΝΗΣ: Σὺ δὲ οἰμώζειν αὐτοὺς παρ' ἐμοῦ λέγε.

ΠΟΛΥΔΕΥΚΗΣ: Καὶ ταῦτα, ὦ Διόγενες, ἀπαγγελῶ.

ΔΙΟΓΕΝΗΣ: Τοῖς πλουσίοις δ', ὦ φίλτατον Πολυδεύκιον, ἀπάγγελλε ταῦτα παρ' ἡμῶν: «τί, ὦ μάταιοι, τὸν χρυσὸν φυλάττετε; τί δὲ τιμωρεῖσθε ἑαυτοὺς λογιζόμενοι τοὺς τόκους καὶ τάλαντα ἐπὶ ταλάντοις συντιθέντες, οὓς χρὴ ἕνα ὀβολὸν ἔχοντας ἥκειν μετ' ὀλίγον;»

ΠΟΛΥΔΕΥΚΗΣ: Εἰρήσεται καὶ ταῦτα πρὸς ἐκείνους.

ΔΙΟΓΕΝΗΣ: Ἀλλὰ καὶ τοῖς καλοῖς τε καὶ ἰσχυροῖς λέγε, Μεγίλλῳ τε τῷ Κορινθίῳ καὶ Δαμοξένῳ τῷ παλαιστῇ,

---

ἀπαγγέλλω: to bring tidings, report, announce
εἷς, μία, ἕν: one
ἰσχυρός, -ά, -όν: strong, mighty
Κορίνθιος, -α, -ον: Corinthian
λογίζομαι: to count, calculate
μάταιος: vain, frivolous
ὀβολός, ὁ: an obol, penny
οἰμώζω: to wail aloud, lament
ὀλίγος, -η, -ον: little, scanty, small

παλαιστής, ὁ: a wrestler
συντίθημι: to put together, compose
τάλαντον, τό: a balance, a sum of money
τιμωρέω: to take vengeance on (+ acc.)
τόκος, ὁ: interest (on a loan)
φίλτατος, -η, -ον: most dear
φυλάττω: to keep watch over
χρή: it is necessary (+ inf.)
χρυσός, ὁ: gold

οἰμώζειν: pr. inf. in ind. com. after λέγε representing the common curse οἰμώζετε, "curse you!" (literally, "moan!"), "tell them *to be cursed*"

ἀπαγγελῶ: fut., "I will report"

τοὺς τόκους: "the interest (on loans)"

λογιζόμενοι, συντιθέντες: pr. part. with instrumental force, "by calculating, by compounding"

οὓς: relative pron. (with antecedent πλουσίοις), acc. subject of ἥκειν after χρὴ, "(you rich men) *for whom* it is necessary to" + inf.

ἔχοντας: "*having* one obol," the fee for Charon the boatman of the underworld.

μετ' ὀλίγον (sc. χρόνον): "after a short while"

εἰρήσεται: fut. pass. of λέγω, "these things *will be said*"

Μεγίλλῳ, Δαμοξένῳ: unknown

ὅτι παρ' ἡμῖν οὔτε ἡ ξανθὴ κόμη οὔτε τὰ χαροπὰ ἢ
μέλανα ὄμματα ἢ ἐρύθημα ἐπὶ τοῦ προσώπου ἔτι ἔστιν
ἢ νεῦρα εὔτονα ἢ ὦμοι καρτεροί, ἀλλὰ πάντα μία ἡμῖν
κόνις, φασί, κρανία γυμνὰ τοῦ κάλλους.

ΠΟΛΥΔΕΥΚΗΣ: Οὐ χαλεπὸν οὐδὲ ταῦτα εἰπεῖν πρὸς τοὺς
καλοὺς καὶ ἰσχυρούς.

ΔΙΟΓΕΝΗΣ: Καὶ τοῖς πένησιν, ὦ Λάκων, —πολλοὶ δ' εἰσὶ καὶ
ἀχθόμενοι τῷ πράγματι καὶ οἰκτείροντες τὴν ἀπορίαν—
λέγε μήτε δακρύειν μήτε οἰμώζειν διηγησάμενος τὴν
ἐνταῦθα ἰσοτιμίαν, καὶ ὅτι ὄψονται τοὺς ἐκεῖ πλουσίους

ἀπορία, ἡ: resourcelessness
ἄχθομαι: to be burdened
γυμνός, -ή, -όν: naked
δακρύω: to weep, shed tears
διηγέομαι: to describe in full
ἐρύθημα, -ατος, τό: a redness on the skin, blush
εὔτονος, -ον: vigorous
ἰσοτιμία, ἡ: equality of privilege
ἰσχυρός, -ά, -όν: strong
κάλλος, -ους, τό: beauty
καλός, -η, -ον: handsome
καρτερός, -ά, -όν: strong
κόμη, ἡ: hair

κόνις, ἡ: ashes, dust
κρανίον, τό: a skull
Λάκων, ὁ: a Laconian or Spartan
μέλας, -αινη, -αν: black
νεῦρον, τό: a sinew
ξανθός, -ή, -όν: yellow
οἰκτείρω: to lament
ὄμμα, τό: an eye
πένης, -ητος, ὁ: a poor man
πρᾶγμα, -ατος, τό: a deed, act
πρόσωπον, τό: a face
χαλεπός, -ή, -όν: difficult
χαροπός, -ή, -όν: bright-eyed
ὦμος, ὁ: a shoulder

ὅτι ... ἔτι ἔστιν: the vivid form of ind. st. where ὅτι funcions like a quotation mark, "tell them (that) *here there is no longer...*"

μία κόνις: pred. of πάντα: "everything is *only dust*"

φασί: "as they say" introducing a proverbial statement

τοῦ κάλλους: gen. of separation with γυμνὰ, "bereft *of beauty*"

εἰπεῖν: aor. inf. epexegetic after χαλεπὸν, "not difficult *to say*"

Λάκων: voc., "my Spartan friend"

μήτε δακρύειν: pr. inf. in ind. com. after λέγε, "tell them *not to cry*"

διηγησάμενος: aor. part. of δια-ηγέομαι, "having explained"

ὅτι ὄψονται: fut. of ὁράω in ind. st. after διηγησάμενος, "that they will see"

τοὺς ἐκεῖ: "*those there*" i.e. on earth, ἐκεῖ is often a euphemism for the afterworld

9

οὐδὲν ἀμείνους αὐτῶν· καὶ Λακεδαιμονίοις δὲ τοῖς σοῖς
ταῦτα, εἰ δοκεῖ, παρ᾽ ἐμοῦ ἐπιτίμησον λέγων ἐκλελύσθαι
αὐτούς.

ΠΟΛΥΔΕΥΚΗΣ: Μηδέν, ὦ Διόγενες, περὶ Λακεδαιμονίων
λέγε· οὐ γὰρ ἀνέξομαί γε. ἃ δὲ πρὸς τοὺς ἄλλους ἔφησθα,
ἀπαγγελῶ.

ΔΙΟΓΕΝΗΣ: Ἐάσωμεν τούτους, ἐπεί σοι δοκεῖ· σὺ δὲ οἷς
προεῖπον ἀπένεγκον παρ᾽ ἐμοῦ τοὺς λόγους.

ἀμείνων, -ον: better (+ gen.)
ἀνέχω: to hold up, endure
ἀπαγγέλλω: to report, announce
ἀποφέρω: to carry off or away
ἐάω: to allow

ἐκλύω: to loose, release, set free, from
ἐπιτιμάω: to lay a value upon
Λακεδαιμόνιοι, οἱ: the Spartans
προεῖπον: to tell or indicate before

αὐτῶν: gen. after ἀμείνους, "better *than themselves*"
ταῦτα: acc. of respect, "concerning these things"
ἐπιτίμησον: aor. imper. of ἐπι-τιμάω, "scold!" + dat.
ἐκλελύσθαι: perf. inf. in ind. st. after λέγων, "saying *that they have undone* themselves"
ἀνέξομαι: fut. of ἀνα-έχω: "I will not endure"
ἃ ... ἔφησθα: impf. in relative clause, "what you said"
ἀπαγγελῶ: fut. of ἀπαγγέλλω, "I will report"
ἐάσωμεν: aor. subj. hortatory, "*let us allow* these"
οἷς: dat. attracted to case of antecedent, "to those *whom* I indicated"
προεῖπον: aor. of προ-λέγω, "I indicated"
ἀπένεγκον: aor. imper. of ἀπο-φέρω, "*carry off* these words from me!"

2 (3). Pluto and Menippus

Three men of legendary wealth complain that Menippus is making them miserable. Menippus vows to continue harping at them.

ΚΡΟΙΣΟΣ: Οὐ φέρομεν, ὦ Πλούτων, Μένιππον τουτονὶ τὸν κύνα παροικοῦντα· ὥστε ἢ ἐκεῖνόν ποι κατάστησον ἢ ἡμεῖς μετοικήσομεν ἐς ἕτερον τόπον.

ΠΛΟΥΤΩΝ: Τί δ᾽ ὑμᾶς δεινὸν ἐργάζεται ὁμόνεκρος ὤν;

ΚΡΟΙΣΟΣ: Ἐπειδὰν ἡμεῖς οἰμώζωμεν καὶ στένωμεν ἐκείνων μεμνημένοι τῶν ἄνω, Μίδας μὲν οὑτοσὶ τοῦ χρυσίου, Σαρδανάπαλλος δὲ τῆς πολλῆς τρυφῆς, ἐγὼ δὲ Κροῖσος

ἄνω: upwards
δεινός, -ή, -όν: fearful, terrible, dread, dire
ἐργάζομαι: to accomplish
καθίστημι: to set down, place
κύων, κύνος, ὁ: a dog
μετοικέω: to change one's abode, move
Μίδας, -ου, ὁ: Midas
μιμνήσκω: to remind, put
ὁμόνεκρος, -ον: companion in death
παροικέω: to dwell beside

Πλούτων, -ωνος, ὁ: Pluto, ruler of the underworld
ποι: somewhere
πολύς, πολλά, πολύ: many
Σαρδανάπαλλος, ὁ· Sardanapallus
στένω: to moan, sigh, groan
τόπος, ὁ: a place
τρυφή, ἡ: delicacy, lavishness
φέρω: to bear
χρυσίον, τό: a piece of gold

Κροῖσος: Croesus, king of Lydia from 560 to 547 BC, renowned for his extravagance and wealth as in "rich as Croesus"

Μένιππον: Menippus of Gadara, 3rd century BC, a cynic and satirist

παροικοῦντα: pr. part. agreeing with Μένιππον, "him *dwelling among* us"

ὥστε ... κατάστησον: imper. in result clause, "and so you must put him down"

μετοικήσομεν: fut. of μετοικέω, "or we will move"

ὤν: pr. part. circumstantial, "*he being* a fellow deadman"

ἐπειδὰν οἰμώζωμεν καὶ στένωμεν: pr. subj. in pr. general temporal clause, "whenever we are wailing and moaning"

μεμνημένοι: perf. part. circumstantial, "we *remembering*" + gen.

Μίδας: legendary king able to turn everything he touched into gold

τοῦ χρυσίου: gen. after μεμνημένοι, "Midas (remembering) *his gold*"

Σαρδανάπαλλος: supposed to have lived in the 7th century BC, he was portrayed as a decadent figure who spends his life in self-indulgence and dies in an orgy of destruction

τρυφῆς: gen. also after μεμνημένοι, "Sardanapallus (remembering) *his lavishness*"

11

τῶν θησαυρῶν, ἐπιγελᾷ καὶ ἐξονειδίζει ἀνδράποδα
καὶ καθάρματα ἡμᾶς ἀποκαλῶν, ἐνίοτε δὲ καὶ ᾄδων
ἐπιταράττει ἡμῶν τὰς οἰμωγάς, καὶ ὅλως λυπηρός ἐστιν.

ΠΛΟΥΤΩΝ: Τί ταῦτά φασιν, ὦ Μένιππε;

ΜΕΝΙΠΠΟΣ: Ἀληθῆ, ὦ Πλούτων· μισῶ γὰρ αὐτοὺς ἀγεννεῖς
καὶ ὀλεθρίους ὄντας, οἷς οὐκ ἀπέχρησεν βιῶναι κακῶς,
ἀλλὰ καὶ ἀποθανόντες ἔτι μέμνηνται καὶ περιέχονται
τῶν ἄνω· χαίρω τοιγαροῦν ἀνιῶν αὐτούς.

ΠΛΟΥΤΩΝ: Ἀλλ’ οὐ χρή· λυποῦνται γὰρ οὐ μικρῶν
στερόμενοι.

ἀγεννής, -ές: low-born
ἀείδω: to sing
ἀληθής, -ές: true
ἀνδράποδον, τό: a slave, a captive
ἀνιάω: to annoy, cause distress
ἀποθνήσκω: to die off, die
ἀποκαλέω: to call back, recall
ἀποχράω: to be sufficient to (+ inf.)
βιόω: to live, pass one's life
ἐνίοτε: sometimes
ἐξονειδίζω: to reproach
ἐπιγελάω: to laugh at
ἐπιταράττω: to trouble or disquiet yet more
θησαυρός, ὁ: a treasure

κάθαρμα, τό: waste
λυπέω: to grieve, vex, annoy
λυπηρός: painful, distressing
μικρός, -ά, -όν: small, little
μιμνήσκω: to remind
μισέω: to hate
οἰμωγή, ἡ: a loud wailing, lamentation
ὀλέθριος, -ον: destructive, deadly
ὅλως: adv. completely
περιέχομαι: to embrace for themselves (+ gen.)
στέρομαι: to lack, want (+ gen.)
τοιγαροῦν: so therefore
χαίρω: to rejoice in (+ part.)

θησαυρῶν: gen., I (remembering) my *treasures*
ἀποκαλῶν: pr. part. circumstantial, "he *calling us* slaves and waste"
ᾄδων: pr. part. instrumental, "*by singing* he troubles"
ὄντας: pr. part. causal, "*because they are* low-born and destructive"
οἷς: relative pron. dat. with ἀπέχρησεν, "*to whom* it did not suffice"
ἀπέχρησεν: aor. impersonal, "it did not suffice" + inf.
βιῶναι: aor. inf. after ἀπέχρησεν, "suffice *to have lived* badly"
ἀποθανόντες: aor. part., "but (they) *having died*"
μέμνηνται: perf., "they still remember"
ἀνιῶν: pr. part. supplementing χαίρω, "I rejoice *in annoying* them"
λυποῦνται: pr. mid., "they grieve themselves"
στερόμενοι: pr. part. causal, "since they are lacking" + gen.

ΜΕΝΙΠΠΟΣ: Καὶ σὺ μωραίνεις, ὦ Πλούτων, ὁμόψηφος ὢν τοῖς τούτων στεναγμοῖς;

ΠΛΟΥΤΩΝ: Οὐδαμῶς, ἀλλ' οὐκ ἂν ἐθέλοιμι στασιάζειν ὑμᾶς.

ΜΕΝΙΠΠΟΣ: Καὶ μήν, ὦ κάκιστοι Λυδῶν καὶ Φρυγῶν καὶ Ἀσσυρίων, οὕτω γινώσκετε ὡς οὐδὲ παυσομένου μου· ἔνθα γὰρ ἂν ἴητε, ἀκολουθήσω ἀνιῶν καὶ κατᾴδων καὶ καταγελῶν.

ΚΡΟΙΣΟΣ: Ταῦτα οὐχ ὕβρις;

ΜΕΝΙΠΠΟΣ: Οὔκ, ἀλλ' ἐκεῖνα ὕβρις ἦν, ἃ ὑμεῖς ἐποιεῖτε, προσκυνεῖσθαι ἀξιοῦντες καὶ ἐλευθέροις ἀνδράσιν

ἀκολουθέω: to follow
ἀνήρ, ἀνδρός, ὁ: a man
ἀνιάω· to annoy
ἀξιόω: to deem worthy (+ *inf.*)
Ἀσσύριος, ὁ: an Assyrian
γινώσκω: to learn to know, learn
ἐθέλω: to will, wish, purpose
ἐλεύθερος, -α, -ον: free
ἔνθα: there
κακός, -ή, -όν: bad
καταγελάω: to laugh at, jeer
κατᾴδω: to sing in mockery

Λυδός, ὁ: a Lydian
μωραίνω: to be silly, foolish
ὁμόψηφος, -ον: voting with, being in agreement with (+ *dat.*)
οὐδαμῶς: in no wise
παύω: to make to cease
ποιέω: to make or do
προσκυνέω: to make obeisance
στασιάζω: to rebel, disagree
στεναγμός, ὁ: groaning, moaning
ὕβρις, -εως, ἡ: wantonness, insolence
Φρυγός, ὁ: a Phrygian

ὤν: pr. part. circumstantial, "you, *being* in agreement"
ἐθέλοιμι: pr. opt. act. pot., "I would not wish" + inf.
καὶ μήν: adversative, "and yet"
ὡς οὐδὲ παυσομένου μου: fut. mid. part. in gen. abs. in ind. st. after γινώσκετε, "know *that I will not be ceasing*"
ἔνθα ἂν ἴητε: pr. subj. in general relative clause, serving as a future more vivid protasis, "*wherever you go*, I shall follow"
ἃ ὑμεῖς ἐποιεῖτε: impf. in relative clause: "those things *which you kept doing*"
προσκυνεῖσθαι: pr. inf. after ἀξιοῦντες, "deeming yourself worthy *to be worshipped*"

13

ἐντρυφῶντες καὶ τοῦ θανάτου τὸ παράπαν οὐ μνημονεύοντες: τοιγαροῦν οἰμώξεσθε πάντων ἐκείνων ἀφῃρημένοι.

ΚΡΟΙΣΟΣ: Πολλῶν γε, ὦ θεοί, καὶ μεγάλων κτημάτων.

ΜΙΔΑΣ: Ὅσου μὲν ἐγὼ χρυσοῦ.

ΣΑΡΔΑΝΑΠΑΛΛΟΣ: Ὅσης δὲ ἐγὼ τρυφῆς.

ΜΕΝΙΠΠΟΣ: Εὖ γε, οὕτω ποιεῖτε: ὀδύρεσθε μὲν ὑμεῖς, ἐγὼ δὲ τὸ «γνῶθι σαυτὸν» πολλάκις συνείρων ἐπάσομαι ὑμῖν: πρέποι γὰρ ἂν ταῖς τοιαύταις οἰμωγαῖς ἐπᾳδόμενον.

ἀφαιρέομαι: to lose (+ *gen.*)
γιγνώσκω: to learn to know
ἐντρυφάω: to treat with derision (+ *dat.*)
ἐπᾴδω: to sing in accompaniment
εὖ γε: well indeed!
θάνατος, ὁ: death
θεός, ὁ: a god
κτῆμα, -ατος, τό: a possession
μνημονεύω: to remember (+ *gen.*)
ὀδύρομαι: to lament, bewail

οἰμωγή, ἡ: lamentation
ὅσος, -η, -ον: how much
παράπαν: altogether, absolutely
πολλάκις: many times, often, oft
πρέπω: to be fitting to (+ *dat.*)
συνείρω: to string together
τοιγαροῦν: so therefore
τρυφή, ἡ: delicacy, lavishness
χρυσός, ὁ: gold

ἐντρυφῶντες: pr. part. circumstantial, "*treating with derision* free men"
μνημονεύοντες: pr. part. circumstantial, "*not being mindful* of death"
οἰμώξεσθε: fut., "you will lament"
ἀφῃρημένοι: perf. part. causal, "*since you have lost* all these things"
κτημάτων: gen. as if preceded by ἀφῃρημένοι, "having lost many *possessions* indeed"
ὀδύρεσθε: pr. imper., "continue to mourn!"
γνῶθι: aor. imper. in the famous phrase "know thyself!" from the Delphic oracle
συνείρων: pr. part. instrumental, "*by stringing together* many times"
ἐπάσομαι: fut., "I will sing in accompaniment with" + dat.
πρέποι: pr. opt. pot., "it would be fitting"
ἐπᾳδόμενον: pr. part. subject of πρέποι, "*singing along* would be fitting to" + dat.

3 (10). Menippus, Amphilochus and Trophonius

Menippus challenges two famous men who were woshipped as gods after their death on the status as gods

ΜΕΝΙΠΠΟΣ: Σφὼ μέντοι, ὦ Τροφώνιε καὶ Ἀμφίλοχε, νεκροὶ ὄντες οὐκ οἶδ' ὅπως ναῶν κατηξιώθητε καὶ μάντεις δοκεῖτε, καὶ οἱ μάταιοι τῶν ἀνθρώπων θεοὺς ὑμᾶς ὑπειλήφασιν εἶναι.

ΑΜΦΙΛΟΧΟΣ: Τί οὖν ἡμεῖς αἴτιοι, εἰ ὑπ' ἀνοίας ἐκεῖνοι τοιαῦτα περὶ νεκρῶν δοξάζουσιν;

ΜΕΝΙΠΠΟΣ: Ἀλλ' οὐκ ἂν ἐδόξαζον, εἰ μὴ ζῶντες καὶ ὑμεῖς

αἴτιος, -α, -ον: blameworthy, guilty
ἄνοια, ἡ: a lack of understanding, folly
δοξάζω: to imagine, suppose
ζάω: to live
καταξιόω: to deem worthy of (+ *gen.*)
μάντις, -εως, ὁ: one a seer, prophet

μάταιος, -α, -ον: vain, frivolous
ναός, ὁ: the dwelling of a god, a temple
νεκρός, ὁ: a dead body, corpse
τοιοῦτος, -αύτη, -οῦτο: such as this
ὑπολαμβάνω: to understand

σφὼ: dual voc., "both of you
Τροφώνιος: the son of Erginus, whose "cave" in Boeotia was a famous oracle
Ἀμφίλοχος: the son of Amphiarus, was an Argive hero who founded many oracles
ὄντες: pr. part. circumstantial, "*being* dead"
ὅπως κατηξιώθητε aor. pass. in ind. quest., "I don't know *how you have been deemed worthy of*" + gen.
μάντεις: nom. pred., "you seem to be *seers*"
ἀνθρώπων: gen. partitive, "the frivolous ones *of men*"
θεοὺς: acc. pred., "you to be *gods*"
ὑπειλήφασιν: perf. of ὑπολαμβάνω, "have understood" + inf.
ὑπ' ἀνοίας: the agency expression, "at the hands of ignorance"
ἂν ἐδόξαζον: impf. in a present contrafactual apodosis, "they would not think"
ζῶντες: pr. part. circumstantial, "you *while living*"

15

τοιαῦτα ἐτερατεύεσθε ὡς τὰ μέλλοντα προειδότες καὶ
προειπεῖν δυνάμενοι τοῖς ἐρομένοις.

ΤΡΟΦΩΝΙΟΣ: Ὦ Μένιππε, Ἀμφίλοχος μὲν οὗτος ἂν εἰδείη
ὅ τι αὐτῷ ἀποκριτέον ὑπὲρ αὐτοῦ, ἐγὼ δὲ ἥρως εἰμὶ
καὶ μαντεύομαι, ἤν τις κατέλθῃ παρ' ἐμέ. σὺ δ' ἔοικας
οὐκ ἐπιδεδημηκέναι Λεβαδείᾳ τὸ παράπαν· οὐ γὰρ ἂν
ἠπίστεις σὺ τούτοις.

ἀπιστέω: to be untrusting of (+ *dat.*)
ἀποκρίνομαι: to answer
δύναμαι: to be able (+ *inf.*)
ἔοικα: to seem to (+ *inf.*)
ἐπιδημέω: to visit
ἐρωτάω: to ask, enquire
ἥρως, ὁ: a warrior, hero
κατέρχομαι: to go down from

Λεβαδεία, ἡ: a city in Boeotia
μαντεύομαι: to divine, prophesy, presage
μέλλω: to be about to
παράπαν: altogether, absolutely
προεῖπον: to tell or state before (*aor.*)
πρόοιδα: to know beforehand (*perf.*)
τερατεύομαι: to talk marvels, pretend

ἐτερατεύεσθε: impf. in pr. contrafactual protasis, "unless *you were pretending*"
ὡς ... προειδότες καὶ δυνάμενοι: pr. part. with ὡς indicating alleged motives, "as
  though you knew beforehand and were able to" + inf.
τὰ μέλλοντα: pr. part., "predict *the things about to happen*"
προειπεῖν: aor. inf. complementing δυνάμενοι, "able *to predict*"
τοῖς ἐρομένοις: aor. part. dat. of ἐρωτάω, "predict *to those enquiring*"
ἂν εἰδείη: aor. opt. pot., "he might know"
αὐτῷ: dat. of agent, "answered *by him*"
ὅ τι ἀποκριτέον (sc. ἐστιν): verbal adj. of ἀποκρίνομαι in ind. quest., "what ought (to
  be) answered"
ὑπὲρ αὐτοῦ (= ἑαυτοῦ): "on behalf of himself"
ἤν ... κατέλθῃ: aor. subj. in present general protasis, "if anyone comes down"
ἐπιδεδημηκέναι: perf. inf. complementing ἔοικας, "you don't seem *to have visited*"
Λεβαδείᾳ: the site of Trophonius' cave
ἂν ἠπίστεις: impf. in present contrafactual statement, "*you would* (not) *be untrusting*
  of" + dat. (sc. if you had visited)

16

ΜΕΝΙΠΠΟΣ: Τί φής; εἰ μὴ ἐς Λεβάδειαν γὰρ παρέλθω καὶ ἐσταλμένος ταῖς ὀθόναις γελοίως, μᾶζαν ἐν ταῖν χεροῖν ἔχων ἐσερπύσω διὰ τοῦ στομίου ταπεινοῦ ὄντος ἐς τὸ σπήλαιον, οὐκ ἂν ἠδυνάμην εἰδέναι ὅτι νεκρὸς εἶ ὥσπερ ἡμεῖς, μόνῃ τῇ γοητείᾳ διαφέρων; ἀλλὰ πρὸς τῆς μαντικῆς, τί δαὶ ὁ ἥρως ἐστίν; ἀγνοῶ γάρ.

ΤΡΟΦΩΝΙΟΣ: Ἐξ ἀνθρώπου τι καὶ θεοῦ σύνθετον.

ἀγνοέω: not to know
γέλοιος, -α, -ον: laughable
γοητεία, ἡ: cheating
δαί: what? how? (*strengthening* τί)
διαφέρω: to differ
ἐσέρπω: to crawl into
ἔχω: to have
ἥρως, ὁ: a warrior
θεός, ὁ: a god
μᾶζα, ἡ: a barley-cake

μαντικός, -ή, -όν: prophetic, oracular
ὀθόνη, ἡ: fine linen
παρέρχομαι: to go past
σπήλαιον, τό: a grotto, cave, cavern
στέλλω: to equip, make ready
στόμιον, τό: a mouth
σύνθετον, τό: a compound
ταπεινός, -ή, -όν: low, narrow
χείρ, χειρός, ἡ: a hand

εἰ μὴ ... παρέλθω: aor. subj. in delib. quest. taking the place of an aor. indic. in a past contrafactual protasis, "is it the case that *unless I had gone?*"

ἐσταλμένος: perf. part. of στέλλω, "having equipped myself"

ταῖς ὀθόναις: dat. of means, "equipped *with fine linens,*" referring to some of the protocols for seeking a a prophecy

ἐν ταῖν χεροῖν: dat. dual, "having *in my two hands*"

ἐσερπύσω: aor. subj. of ἐσ-έρπω, also in delib. quest., "is it the case that I *unless I had crawled into?*"

ταπεινοῦ: pred. gen., "through the mouth being *narrow*"

οὐκ ἂν ἠδυνάμην: aor. in past contrafactual apodosis, "I would not have been able" note the double augment for ἐδυνάμην

εἰδέναι: aor. inf. after ἠδυνάμην, "able *to know*"

ὥσπερ ἡμεῖς: "as we are"

τῇ γοητείᾳ: dat. of means, "differing *only in cheating*"

τί δαὶ: expressing amazement, "what in the world?"

ΜΕΝΙΠΠΟΣ: Ὁ μήτε ἄνθρωπός ἐστιν, ὡς φής, μήτε θεός, καὶ συναμφότερόν ἐστι; νῦν οὖν ποῦ σου τὸ θεῶν ἐκεῖνο ἡμίτομον ἀπελήλυθε;

ΤΡΟΦΩΝΙΟΣ: Χρᾷ, ὦ Μένιππε, ἐν Βοιωτίᾳ.

ΜΕΝΙΠΠΟΣ: Οὐκ οἶδα, ὦ Τροφώνιε, ὅ τι καὶ λέγεις: ὅτι μέντοι ὅλος εἶ νεκρὸς ἀκριβῶς ὁρῶ.

ἀκριβῶς: exactly
ἀπέρχομαι: to go away, depart from
Βοιωτία, ἡ: Boetia
ἡμίτομον, τό: half
οἶδα: to know *(perf.)*

ὅλος, -η, -ον: whole, entire
ὁρῶ: to see
συναμφότερος, -ον: both together
χράω: to proclaim (oracles)

ἀπελήλυθε: perf. of ἀπο-έρχομαι, "where *has it gone?*"

Imperatives

There are more imperatives in Lucian's dialogues, so it is worth reviewing their forms. Here is the regular conjugation of the present and first aorist illustrated with λύω:

Present Imperative

Number	Person	Active	Middle / Passive
Singular	2nd	λῦε	λύου (from ε-σο)
	3rd	λύετο	λυέσθω
Plural	2nd	λύετε	λύεσθε
	3rd	λυόντων	λυέσθων

Aorist Imperative

Number	Person	Active	Middle	Passive
Singular	2nd	λῦσον	λύσαι	λύθητι
	3rd	λυσάτω	λυσάσθω	λύθήτω
Plural	2nd	λύσατε	λύασθε	λύθητε
	3rd	λυάντων	λυάσθων	λυθέντων

The imperatives of second aorist verbs regularly take the same endings as the present imperative: λάβε, λαβέτω, etc.

The perfect imperative is rare, but note ἀπερρίφθων: "let them have been thrown away!" and ἀνεσπάσθω, "let it have been raised up!" and μέμνησο, "remember!"

18

4 (14). Hermes and Charon

Hermes and Charon discuss prices and greed.

ΕΡΜΗΣ: Λογισώμεθα, ὦ πορθμεῦ, εἰ δοκεῖ, ὁπόσα μοι ὀφείλεις ἤδη, ὅπως μὴ αὖθις ἐρίζωμέν τι περὶ αὐτῶν.

ΧΑΡΩΝ: Λογισώμεθα, ὦ Ἑρμῆ: ἄμεινον γὰρ ὡρίσθαι καὶ ἀπραγμονέστερον.

ΕΡΜΗΣ: Ἄγκυραν ἐντειλαμένῳ ἐκόμισα πέντε δραχμῶν.

ΧΑΡΩΝ: Πολλοῦ λέγεις.

ΕΡΜΗΣ: Νὴ τὸν Ἀϊδωνέα, τῶν πέντε ὠνησάμην, καὶ τροπωτῆρα δύο ὀβολῶν.

ἄγκυρα, ἡ: an anchor
Ἀϊδωνεύς, ὁ: Aidoneus, another name for Pluto
ἀπράγμων, -ον: free from trouble
αὖθις: back, back again
δραχμός, ὁ: drachma, a coin
δύο: two
ἐντέλλομαι: to enjoin, command
ἐρίζω: to quarrel
Ἑρμῆς, -οῦ, ὁ: Hermes
κομίζω: to take care of, bring along

λογίζομαι: to reckon, calculate
ὀβολός, ὁ: an obol
ὁπόσος, -η, -ον: how much
ὁρίζω: to divide
ὀφείλω: to owe
πέντε: five
πολύς, πολλά, πολύ: many, much
πορθμεύς, -έως, ὁ: a ferryman
τροπωτήρ, -ῆρος, ὁ: an oar-lock
ὠνέομαι: to buy, pay

λογισώμεθα: aor. subj. hortatory, "let's calculate"
ὁπόσα ... ὀφείλεις: ind. quest., "how much you owe"
ὅπως μὴ ... ἐρίζωμέν: pr. subj. in negative purpose clause, "lest we quarrel"
ὡρίσθαι: perf. inf. of ὁρίζω epexegetic after ἄμεινον (and ἀπραγμονέστερον), "better *to have divided*"
ἐντειλαμένῳ: aor. part. dat. circumstantial, "I brought (for you) *having ordered*"
πέντε δραχμῶν: gen. price, "for five drachmae"
πολλοῦ: gen. of price, "you say *too much* (money)"
ὠνησάμην: aor. of ὠνέομαι, "I paid"

ΧΑΡΩΝ: Τίθει πέντε δραχμὰς καὶ ὀβολοὺς δύο.

ΕΡΜΗΣ: Καὶ ἀκέστραν ὑπὲρ τοῦ ἱστίου· πέντε ὀβολοὺς ἐγὼ κατέβαλον.

ΧΑΡΩΝ: Καὶ τούτους προστίθει.

ΕΡΜΗΣ: Καὶ κηρὸν ὡς ἐπιπλάσαι τοῦ σκαφιδίου τὰ ἀνεῳγότα καὶ ἥλους δὲ καὶ καλῴδιον, ἀφ’ οὗ τὴν ὑπέραν ἐποίησας, δύο δραχμῶν ἅπαντα.

ΧΑΡΩΝ: Καὶ ἄξια ταῦτα ὠνήσω.

ΕΡΜΗΣ: Ταῦτά ἐστιν, εἰ μή τι ἄλλο ἡμᾶς διέλαθεν ἐν τῷ λογισμῷ. πότε δ’ οὖν ταῦτα ἀποδώσειν φής;

ἀκέστρα, ἡ: a needle
ἀνοίγνυμι: to open
ἄξιος, -α, -ον: worthy
ἀποδίδωμι: to give up or back, restore, return
διαλανθάνω: to escape notice
δραχμή, ἡ: a handful
ἐπιπλάττω: to spread as a plaster over
ἧλος, ὁ: a nail
ἱστίον, τό: a sail

καλῴδιον, τό: a small cord
καταβάλλω: to throw down, overthrow
κηρός, ὁ: bees-wax
λογισμός, ὁ: a reckoning, calculation
πότε: when? at what time?
προστίθημι: to add
σκαφίδιον, τό: a small skiff
τίθημι: to set, put, place
ὑπέρα, ἡ: an upper rope

τίθει: pr. imper., "put down!" i.e. make a note of

κατέβαλον: aor., "I put down"

προστίθει: pr. imper., "add!"

ὡς ἐπιπλάσαι: aor. inf. expressing intended result, "wax *for plastering*"

τὰ ἀνεῳγότα: perf. part. of ἀνοίγνυμι, "the *opened* places," i.e. the holes

ἅπαντα: acc. pl., "*all of that* for 2 drachmas"

ὠνήσω: aor. 2 s. of ὠνέομαι, "*you bought* these things"

διέλαθεν: aor. of διαλανθάνω, "unless something else *escaped our notice*"

ἀποδώσειν: fut. inf. after φής, "do you say *to pay*"

20

ΧΑΡΩΝ: Νῦν μέν, ὦ Ἑρμῆ, ἀδύνατον, ἢν δὲ λοιμός τις ἢ πόλεμος καταπέμψῃ ἀθρόους τινάς, ἔνεσται τότε ἀποκερδᾶναι παραλογιζόμενον τὰ πορθμεῖα.

ΕΡΜΗΣ: Νῦν οὖν ἐγὼ καθεδοῦμαι τὰ κάκιστα εὐχόμενος γενέσθαι, ὡς ἂν ἀπὸ τούτων ἀπολάβοιμι;

ΧΑΡΩΝ: Οὐκ ἔστιν ἄλλως, ὦ Ἑρμῆ. νῦν δὲ ὀλίγοι, ὡς ὁρᾷς, ἀφικνοῦνται ἡμῖν· εἰρήνη γάρ.

ΕΡΜΗΣ: Ἄμεινον οὕτως, εἰ καὶ ἡμῖν παρατείνοιτο ὑπὸ σοῦ τὸ ὄφλημα. πλὴν ἀλλ' οἱ μὲν παλαιοί, ὦ Χάρων, οἶσθα οἷοι παρεγίγνοντο, ἀνδρεῖοι ἅπαντες, αἵματος ἀνάπλεῳ

ἀδύνατος, -ον: unable, impossible
ἀθρόος, -η, -ον: crowded together
αἷμα, -ατος, τό: blood
ἄλλως: otherwise
ἀμείνων, -ον: better
ἀνάπλεος, ον: quite full of (+ *gen.*)
ἀνδρεῖος, -α, -ον: manly
ἅπας, ἅπασα, ἅπαν: quite all
ἀποκερδαίνω: to make a profit
ἀπολαμβάνω: to take or receive from
ἀφικνέομαι: to come to, arrive (+ *dat.*)
εἰρήνη, ἡ: peace, time of peace
εὔχομαι: to pray
καθέζομαι: to sit down

κακός, -ή, -όν: bad
καταπέμπω: to send down
λοιμός, ὁ: a plague, pestilence
οἷος, -α, -ον: what sort of
ὀλίγος, -η, -ον: few
ὄφλημα, -ατος, τό: a debt
παλαιός, -ά, -όν: old
παραγίγνομαι: near, attend upon
παραλογίζομαι: to reckon fraudulently, to cheat
παρατείνω: to stretch out
πόλεμος, ὁ: a battle, fight, war
πορθμεῖον, τό: a fare for crossing
τότε: at that time, then

ἢν ... καταπέμψῃ: aor. subj. in fut. more vivid protasis, "if a plague will send down"
ἔνεσται: fut., "it will be possible" + inf.
παραλογιζόμενον: pr. part. agreeing with the acc. subject of ἀποκερδᾶναι, instrumental, "to profit *by cheating*"
καθεδοῦμαι: pr. subj. in delib. quest., "should I sit down?"
γενέσθαι: aor. inf. after εὐχόμενος, "praying for the worst *to happen*"
ὡς ἂν ... ἀπολάβοιμι: aor. opt. pot. in purpose clause, "in order that I might receive"
ὡς ὁρᾷς: parenthetical, "as you see"
εἰ καὶ ... παρατείνοιτο: pr. opt. in present general protasis, "even if it stretches out"
πλὴν ἀλλά: strong adversative, "but"
παρεγίγνοντο: impf. of customary action, "you know what sort *they used to be*"
ἀνάπλεῳ: nom. pl. pred., "most of them were *full of*" + gen.

καὶ τραυματίαι οἱ πολλοί: νῦν δὲ ἢ φαρμάκῳ τις ὑπὸ
τοῦ παιδὸς ἀποθανὼν ἢ ὑπὸ τῆς γυναικὸς ἢ ὑπὸ τρυφῆς
ἐξῳδηκὼς τὴν γαστέρα καὶ τὰ σκέλη, ὠχροὶ ἅπαντες καὶ
ἀγεννεῖς, οὐδὲν ὅμοιοι ἐκείνοις. οἱ δὲ πλεῖστοι αὐτῶν διὰ
χρήματα ἥκουσιν ἐπιβουλεύοντες ἀλλήλοις, ὡς ἐοίκασι.

ΧΑΡΩΝ: Πάνυ γὰρ περιπόθητά ἐστι ταῦτα.

ΕΡΜΗΣ: Οὐκοῦν οὐδ' ἐγὼ δόξαιμι ἂν ἁμαρτάνειν πικρῶς
ἀπαιτῶν τὰ ὀφειλόμενα παρὰ σοῦ.

ἀγεννής, -ές: low-born
ἀλλήλοις: to one another
ἁμαρτάνω: to miss, miss the mark
ἀπαιτέω: to demand back, demand
ἀποθνήσκω: to die off, die
γαστήρ, -έρος, ἡ: a stomach
δοκέω: to seem
ἐξοιδέω: to swell or be swollen up
ἔοικα: to seem
ἐπιβουλεύω: to plan or contrive against (+ dat.)
ἥκω: to have come, be present, be here
ὅμοιος, -α, -ον: like, resembling (+ dat.)

οὐκοῦν: therefore, then, accordingly
ὀφείλω: to owe
παῖς, παιδός, ὁ: a child, slave
πάνυ: altogether, entirely
περιπόθητος, -ον: much-beloved
πικρῶς: keenly
πλεῖστος, -η, -ον: most, largest
σκέλος, -εος, τό: a leg
τραυματίας, -ου, ὁ: a wounded man
τρυφή, ἡ: sumptuousness
φάρμακον, τό: a drug, medicine
χρῆμα, -ατος, τό: money
ὠχρός, -ά, -όν: pale, wan, sallow

φαρμάκῳ: dat. of means, "having died *by a poison*"
ὑπὸ τοῦ παιδὸς: gen. of agent, "by a slave"
ἀποθανὼν: aor. part., "having died"
ἐξῳδηκὼς: perf. part. of ἐξοιδέω, "having become swollen"
τὴν γαστέρα: acc. of respect, "swollen *in the stomach*"
ἐκείνοις: dat. after ὅμοιοι, "not like *those others*" i.e. the souls of old
ταῦτα: "these things" i.e. money
δόξαιμι ἂν: aor. opt. pot., "nor *would I seem*" + inf.
ἀπαιτῶν: pr. part. circumstantial, "when seeking"
τὰ ὀφειλόμενα: pr. part., "the things owed"

5 (15). Pluto and Hermes

Pluto and Hermes discuss some egregious legacy hunters and laugh at their demise.

ΠΛΟΥΤΩΝ: Τὸν γέροντα οἶσθα, τὸν πάνυ γεγηρακότα λέγω, τὸν πλούσιον Εὐκράτην, ᾧ παῖδες μὲν οὐκ εἰσίν, οἱ τὸν κλῆρον δὲ θηρῶντες πεντακισμύριοι;

ΕΡΜΗΣ: Ναί, τὸν Σικυώνιον φής. τί οὖν;

ΠΛΟΥΤΩΝ: Ἐκεῖνον μέν, ὦ Ἑρμῆ, ζῆν ἔασον ἐπὶ τοῖς ἐνενήκοντα ἔτεσιν, ἃ βεβίωκεν, ἐπιμετρήσας ἄλλα τοσαῦτα, εἴ γε οἷόν τε ἦν, καὶ ἔτι πλείω, τοὺς δὲ κόλακας αὐτοῦ Χαρῖνον τὸν νέον καὶ Δάμωνα καὶ τοὺς ἄλλους κατάσπασον ἐφεξῆς ἅπαντας.

βιόω: to live, pass one's life	κατασπάω: to draw or pull down
γέρων, -οντος, ὁ: an old man	κλῆρος, -ου, ὁ: a legacy
γηράσκω: to grow old, become old	κόλαξ, -ακος, ὁ: a flatterer, fawner
Δάμων, ὁ: Damon	νέος, -η, -ον: young
ἐάω: to allow	οἷός τε εἰμι: to be able
ἐνενήκοντα: ninety	πεντακισμύριοι, -αι: five times ten thousand
ἐπιμετρέω: to measure out besides	πλείων, -ον: more
ἔτος, -εος, τό: a year	πλούσιος, -α, -ον: rich, wealthy, opulent
Εὐκράτης, ὁ: Eucrates	Σικυώνιος, -α, -ον: from Sicyon, near Corinth
ἐφεξῆς: in order, in a row, one after another	τοσοῦτος, -αύτη, -οῦτο: so large, so tall
ζάω: to live	Χαρῖνος, ὁ: Charinos
θηράω: to hunt or chase	

γεγηρακότα: perf. part. attributive, "I mean *the one who has grown very old*"

οἱ ... θηρῶντες: pr. part. attributive, "*those chasing* his legacy"

πεντακισμύριοι: nom. pred., "those seeking are *fifty thousand*"

ἔασον: aor. imper., "*allow* him to live!"

ἃ βεβίωκεν: perf. of βιόω, "years *which he has lived*"

ἐπιμετρήσας: aor. part., "*having measured out in addition* the same number of other years'"

εἴ γε οἷόν τε ἦν: present contrafactual protasis, "if it were indeed possible"

πλείω (=πλείο(ν)α) : acc. pl., "and even *more* years"

κατάσπασον: aor. imper., "drag down!"

23

ΕΡΜΗΣ: Ἄτοπον ἂν δόξειε τὸ τοιοῦτον.

ΠΛΟΥΤΩΝ: Οὐ μὲν οὖν, ἀλλὰ δικαιότατον· τί γὰρ ἐκεῖνοι
παθόντες εὔχονται ἀποθανεῖν ἐκεῖνον ἢ τῶν χρημάτων
ἀντιποιοῦνται οὐδὲν προσήκοντες; ὃ δὲ πάντων ἐστὶ
μιαρώτατον, ὅτι καὶ τὰ τοιαῦτα εὐχόμενοι ὅμως
θεραπεύουσιν ἔν γε τῷ φανερῷ, καὶ νοσοῦντος ἃ μὲν
βουλεύονται πᾶσι πρόδηλα, θύσειν δὲ ὅμως ὑπισχνοῦνται,
ἢν ῥαΐσῃ, καὶ ὅλως ποικίλη τις ἡ κολακεία τῶν ἀνδρῶν.

ἀνήρ, ἀνδρός, ὁ: a man
ἀντιποιέομαι: to exert onself for (+ gen.)
ἄτοπος, -ον: strange, crazy
βουλεύομαι: to plot against
δίκαιος, -α, -ον: just
εὔχομαι: to pray for
θεραπεύω: to do service
θύω: to sacrifice
κολακεία, ἡ: flattery, fawning
μιαρός, -ά, -όν: stained, abominable
νοσέω: to be sick, ill, to ail

ὅλως: completely
ὅμως: nevertheless
πάσχω: to suffer
ποικίλος, -η, -ον: many-colored, varied
πρόδηλος, -ον: clear or manifest beforehand
προσήκω: to be related to
ῥαΐζω: to recover from illness
τοιοῦτος, -αύτη, -οῦτο: such as this
ὑπισχνέομαι: to promise or engage
φανερός, -ά, -όν: visible, evident

ἂν δόξειε: aor. opt. pot., "such a thing *would seem*"
οὐ μὲν οὖν: "not at all" answering the rhetorical question
τί … παθόντες: aor. part. causal, "because of having suffered what?"
ἐκεῖνοι … ἐκεῖνον: "they (the flatterers … that one (Eucrates)"
ἀποθανεῖν: aor. inf. in ind. st. after εὔχονται, "do they pray *that he die*"
οὐδὲν προσήκοντες: pr. part. circumstantial, "being related not at all"
ὃ … ἐστὶ: relative clause, "(that) which is…" referring to the following ὅτι clause
ἔν γε τῷ φανερῷ: "even in the open"
νοσοῦντος: pr. part. in gen. abs., "(Eucrates) being sick"
πρόδηλα: nom. pred., "what they are plotting is *apparent to*" + dat.
θύσειν: fut. inf. after ὑπισχνοῦνται, "they promise *to sacrifice*"
ἢν ῥαΐσῃ: aor. subj. in present general protasis, "if ever he recovers"

διὰ ταῦτα ὁ μὲν ἔστω ἀθάνατος, οἱ δὲ προαπίτωσαν αὐτοῦ μάτην ἐπιχανόντες.

ΕΡΜΗΣ: Γελοῖα πείσονται, πανοῦργοι ὄντες· πολλὰ κἀκεῖνος εὖ μάλα διαβουκολεῖ αὐτοὺς καὶ ἐλπίζει, καὶ ὅλως «αἰεὶ θανέοντι ἐοικὼς» ἔρρωται πολὺ μᾶλλον τῶν νέων. οἱ δὲ ἤδη τὸν κλῆρον ἐν σφίσι διῃρημένοι βόσκονται ζωὴν μακαρίαν πρὸς ἑαυτοὺς τιθέντες.

ΠΛΟΥΤΩΝ: Οὐκοῦν ὁ μὲν ἀποδυσάμενος τὸ γῆρας ὥσπερ Ἰόλεως ἀνηβησάτω, οἱ δὲ ἀπὸ μέσων τῶν ἐλπίδων τὸν

ἀθάνατος, -ον: undying, immortal	θνήσκω: to die
ἀνηβάω: to grow young again	μακάριος, -α, -ον: blessed, happy
ἀποδύνω: strip off	μάλα: very much, exceedingly
βόσκω: to feed, tend	μάτην: in vain, idly, fruitlessly
γέλοιος, -α, -ον: causing laughter, laughable	μέσος, -η, -ον: middle
γῆρας, τό: old age	νέος, ὁ: youth
διαβουκολέω: to cheat with false hopes	οὐκοῦν: therefore, then, accordingly
διαιρέω: to divide into parts	πανοῦργος, -ον: completely wicked
ἐλπίζω: to hope for, expect	πάσχω: to suffer
ἐλπίς, -ίδος, ἡ: hope, expectation	προαπέρχομαι: to go away before (+ *gen.*)
ἐπιχαίνω: gape at, desire greedily	ῥώννυμι: to strengthen, make strong
ζωὴ, ἡ: life	τίθημι: to set, put, place

ὁ μὲν ... οἱ δὲ: "while he ... but they"

ἔστω: 3 s. imper., "may he be!"

προαπίτωσαν: aor. imper. 3 pl. of προ-απο-έρχομαι, "may they come down before!" + gen.

ἐπιχανόντες: aor. part. of ἐπιχαίνω, "having desired greedily"

πείσονται: fut. of πάσχω, "they will suffer"

θανέοντι: fut. part. dat. after ἐοικὼς, "always seeming *about to die*"

ἐοικὼς: perf. part., "he, *seeming*" + inf.

ἔρρωται: perf. of ῥώννυμι, "he has become strong"

τῶν νέων: gen. of comp. after μᾶλλον, "more than *the youth*"

διῃρημένοι: perf. part. of δια-αιρέω, "having already divided up"

τιθέντες: pr. part. instrumental, "*by setting* before themselves" i.e. imagining

ὁ μὲν ... οἱ δὲ: "while he ... but they"

ἀποδυσάμενος: aor. part., "having stripped off"

ὥσπερ Ἰόλεως: "like Iolaus," the companion of Heracles, to whom Heracles gave his wife, Megara, who was much older than Iolaus

ἀνηβησάτω: aor. imper. 3 s., "let him grow young again"

ὀνειροποληθέντα πλοῦτον ἀπολιπόντες ἡκέτωσαν ἤδη κακοὶ κακῶς ἀποθανόντες.

ΕΡΜΗΣ: Ἀμέλησον, ὦ Πλούτων· μετελεύσομαι γάρ σοι ἤδη αὐτοὺς καθ᾽ ἕνα ἑξῆς· ἑπτὰ δέ, οἶμαι, εἰσί.

ΠΛΟΥΤΩΝ: Κατάσπα, ὁ δὲ παραπέμψει ἕκαστον ἀντὶ γέροντος αὖθις πρωθήβης γενόμενος.

ἀμελέω: to have no care for
ἀντί: instead of (+ gen.)
ἀπολείπω: to leave over or behind
αὖθις: back, back again
ἕκαστος, -η, -ον: every, every one
ἑξῆς: one after another, in order, in a row
ἑπτά: seven
ἥκω: to have come, be here

κακός, -ή, -όν: bad
κατασπάω: to draw or pull down
μετέρχομαι: to go among, fetch
οἶμαι: to suppose, think, deem, imagine
ὀνειροπολέω: to deal with dreams
παραπέμπω: to escort
πλοῦτος, ὁ: wealth
πρωθήβης, -ου, ὁ: in the prime of youth

ὀνειροποληθέντα: aor. part. pass. attributive, "the *dreamed about* wealth"
ἀπολιπόντες: aor. part. circumstantial, "having left behind"
ἡκέτωσαν: pr. imper. 3 pl., "let them come here"
ἀποθανόντες: aor. part., "*having died* badly"
ἀμέλησον: aor. imper., "have no care for this!" i.e. don't worry!
μετελεύσομαι: fut. of μετα-ἔρχομαι, "I will go after them"
σοι: dat. of advantage, "for you"
καθ᾽ ἕνα (=κατά ἕνα): "one by one"
κατάσπα: pr. imper., "drag (them) down!"
ὁ δὲ: "but he" i.e. Eucrates
παραπέμψει: fut., "he will escort" i.e. to the grave
γενόμενος: aor. part., "having become"

26

6 (16). Terpsion and Pluto

Pluto chides Terpsion the legacy-hunter, who complains about dying before he could profit from his flattery.

ΤΕΡΨΙΩΝ: Τοῦτο, ὦ Πλούτων, δίκαιον, ἐμὲ μὲν τεθνάναι τριάκοντα ἔτη γεγονότα, τὸν δὲ ὑπὲρ τὰ ἐνενήκοντα γέροντα Θούκριτον ζῆν ἔτι;

ΠΛΟΥΤΩΝ: Δικαιότατον μὲν οὖν, ὦ Τερψίων, εἴ γε ὁ μὲν ζῇ μηδένα εὐχόμενος ἀποθανεῖν τῶν φίλων, σὺ δὲ παρὰ πάντα τὸν χρόνον ἐπεβούλευες αὐτῷ περιμένων τὸν κλῆρον.

γέρων, -οντος, ὁ: an old man
ἐνενήκοντα: ninety
ἐπιβουλεύω: to plot against (+ *dat.*)
ἔτος, -εος, τό: a year
εὔχομαι: to pray

κλῆρος, -ου, ὁ: a legacy
περιμένω: to wait for, await
τριάκοντα: thirty
φίλος, ὁ: a friend
χρόνος, ὁ: time

ἐμὲ μὲν ... τὸν δὲ: "that I ... while he"
ἐμὲ τεθνάναι: perf. inf. in app. to τοῦτο, "is this just? namely *that I have died*"
γεγονότα: perf. part. agreeing with ἐμὲ, "*having become* 30 years old"
τὸν δὲ ... ζῆν: pr. inf. also in app. to τοῦτο, "while *that old man lives*"
εἴ γε ὁ μὲν ζῇ: pr. subj. in present general protasis, "if he is living"
ὁ μὲν ... σὺ δὲ: "while he ... but you"
μηδένα ... ἀποθανεῖν: aor. inf. after εὐχόμενος, "he, praying *that no one die*"
ἐπεβούλευες: impf., "you used to plot"

27

ΤΕΡΨΙΩΝ: Οὐ γὰρ ἐχρῆν γέροντα ὄντα καὶ μηκέτι χρήσασθαι τῷ πλούτῳ αὐτὸν δυνάμενον ἀπελθεῖν τοῦ βίου παραχωρήσαντα τοῖς νέοις;

ΠΛΟΥΤΩΝ: Καινά, ὦ Τερψίων, νομοθετεῖς, τὸν μηκέτι τῷ πλούτῳ χρήσασθαι δυνάμενον πρὸς ἡδονὴν ἀποθνήσκειν· τὸ δὲ ἄλλως ἡ Μοῖρα καὶ ἡ φύσις διέταξεν.

ΤΕΡΨΙΩΝ: Οὐκοῦν ταύτης αἰτιῶμαι τῆς διατάξεως· ἐχρῆν γὰρ τὸ πρᾶγμα ἐξῆς πως γίνεσθαι, τὸν πρεσβύτερον πρότερον καὶ μετὰ τοῦτον ὅστις καὶ τῇ ἡλικίᾳ μετ'

αἰτιάομαι: to charge, censure, blame (+ gen.)
ἄλλως: otherwise
ἀπέρχομαι: to depart from (life)
βίος, ὁ: life
διάταξις, -εως, ἡ: disposition, arrangement
διατάττω: to ordain, dispose
δύναμαι: to be able to (+ inf.)
ἡδονή, ἡ: pleasure
ἡλικία, ἡ: a time of life, age
καινος, -η, -ον: strange, new
μηκέτι: no longer
Μοῖρα, ἡ: Fate
νέος, ὁ: a young man

νομοθετέω: to make law
οὐκοῦν: therefore, then, accordingly
παραχωρέω: to make room, give place to (+ dat.)
πλοῦτος, ὁ: wealth
πρᾶγμα, -ατος, τό: a matter
πρέσβυς, -εως, ὁ: an old man
πρότερος, -η, -ον: prior
πως: in any way, at all, by any means
φύσις, ἡ: nature
χράομαι: to use (+ dat.)
χρή: it is necessary

οὐ γὰρ ἐχρῆν: "was it not necessary?" expecting a positive answer

ὄντα καὶ ... δυνάμενον: pr. part. agreeing with the acc. subject of ἀπελθεῖν, "being old and no longer *able* to use"

τῷ πλούτῳ: dat. after χρήσασθαι, "to use *his wealth*"

ἀπελθεῖν: aor. inf. after ἐχρῆν necessary *that he depart from*" + gen.

καινά: "you legislate *strange things*"

τὸν ... δυνάμενον: acc. subject of ἀποθνήσκειν, the one no longer *being able to*" + inf.

πρὸς ἡδονὴν: "for the purpose of pleasure"

ἀποθνήσκειν: pr. inf. in appositional clause to καινά, "strange things, namely *that he die*"

τὸ δὲ: "but this" i.e. who dies when

διέταξεν: aor. of δια-τάττω, "have ordained"

ἐξῆς πως: "some kind of order"

τὸν πρεσβύτερον (sc. ἀποθανεῖν): in apposition to τὸ πρᾶγμα, "namely, *that the older die first*"

τῇ ἡλικίᾳ: dat. pred., "whoever is *the same age*"

αὐτόν, ἀναστρέφεσθαι δὲ μηδαμῶς, μηδὲ ζῆν μὲν τὸν
ὑπέργηρων ὀδόντας τρεῖς ἔτι λοιποὺς ἔχοντα, μόγις
ὁρῶντα, οἰκέταις τέτταρσιν ἐπικεκυφότα, κορύζης
μὲν τὴν ῥῖνα, λήμης δὲ τοὺς ὀφθαλμοὺς μεστὸν ὄντα,
οὐδὲν ἔτι ἡδὺ εἰδότα, ἔμψυχόν τινα τάφον ὑπὸ τῶν
νέων καταγελώμενον, ἀποθνήσκειν δὲ καλλίστους καὶ
ἐρρωμενεστάτους νεανίσκους· ἄνω γὰρ ποταμῶν τοῦτό
γε· ἢ τὸ τελευταῖον εἰδέναι ἐχρῆν, πότε καὶ τεθνήξεται

ἀναστρέφω: to turn upside down, upset
ἄνω: upwards
ἔμψυχος, -ον: living
ἐπικύπτω: to bend oneself or stoop over
ἐρρωμένος, -η, -ον: in good health, vigorous
ἦ: at least
ἡδύς, ἡδεῖα, ἡδύ: sweet
καταγελάω: to laugh at, jeer or mock at
κόρυζα, -ης, ἡ: a running at the nose, mucous
λήμη, ἡ: a humour that gathers in the corner of the eye, rheum
λοιπός, -ή, -όν: remaining, the rest
μεστός, -ή, -όν: full, filled, filled full

μηδαμῶς: not at all
μόγις: scarcely
νεάνισκος, ὁ: a youth, young man
ὀδούς, -όντος, ὁ: a tooth
οἰκέτης, -ου, ὁ: a house-slave, menial
ὀφθαλμός, ὁ: a eye
ποταμός, ὁ: a river, stream
πότε: when? at what time?
ῥίς, -νός, ἡ: a nose
τάφος, ὁ: a tomb
τελευταῖον, τό: the end
τέσσαρες, -ων, οἱ: four
τρεῖς, τρία: three
ὑπέργηρως, -ων: exceedingly old

ἀναστρέφεσθαι: also in apposition to τὸ πρᾶγμα, "and not *to be overturned*"
τὸν ὑπέργηρων: acc. subject of ζῆν, "not *that the very old* live"
ἔχοντα ... ὁρῶντα: pr. part. acc., "the old man *having ... seeing*"
οἰκέταις γε τέτταρσιν: dat. means, "with four slaves" i.e. with two on each side
ἐπικεκυφότα: perf. part. acc. of ἐπικύπτω, "the old man *having become stooped over*"
κορύζης ... λήμης: gen. after μεστὸν, "being full of *mucous ... of rheum*"
τὴν ῥῖνα ... τοὺς ὀφθαλμοὺς: acc. of respect, "with respect to his nose ... his eyes"
εἰδότα: perf. part. acc., "*knowing* nothing"
καταγελώμενον: pr. part. pass., "being laughed at"
ἀποθνήσκειν δὲ: answering to μηδὲ ζῆν μὲν above, "while the most beautiful young men *die*"
ἄνω γὰρ ποταμῶν τοῦτό γε: "this is up river" i.e. contrary to nature
εἰδέναι: perf. part. after ἐχρῆν, "necessary *to know*"
τεθνήξεται: fut. perf. of θνήσκω, "when each *will die*"

29

τῶν γερόντων ἕκαστος, ἵνα μὴ μάτην ἂν ἐνίους
ἐθεράπευον. νῦν δὲ τὸ τῆς παροιμίας, ἡ ἅμαξα τὸν βοῦν
πολλάκις ἐκφέρει.

ΠΛΟΥΤΩΝ: Ταῦτα μέν, ὦ Τερψίων, πολὺ συνετώτερα γίνεται
ἤπερ σοὶ δοκεῖ. καὶ ὑμεῖς δὲ τί παθόντες ἀλλοτρίοις
ἐπιχαίνετε καὶ τοῖς ἀτέκνοις τῶν γερόντων ἐσποιεῖτε
φέροντες αὐτούς; τοιγαροῦν γέλωτα ὀφλισκάνετε πρὸ
ἐκείνων κατορυττόμενοι, καὶ τὸ πρᾶγμα τοῖς πολλοῖς
ἥδιστον γίνεται· ὅσῳ γὰρ ὑμεῖς ἐκείνους ἀποθανεῖν

ἀλλότριος, -α, -ον: belonging to another
ἅμαξα, ἡ: a wagon, wain
ἀποθνήσκω: to die off, die
ἄτεκνος, -ον: without children, childless
βοῦς, ὁ: a cow
γέλως, γέλωτος, ὁ: laughter
γέρων, -οντος, ὁ: an old man
εἰσποιέω: to intervene in (+ dat.)
ἐκφέρω: to carry away
ἔνιοι, -α: some
ἐπιχαίνω: gape at, desire (+ dat.)

κατορύττω: to bury in the earth
μάτην: in vain, idly, fruitlessly
ὀφλισκάνω: to bring upon oneself
παροιμία, ἡ: a proverb
πάσχω: to suffer
πολλάκις: many times, often, oft
πολύς, πολλά, πολύ: many
συνετός, -ή, -όν: sagacious, wise
τοιγαροῦν: so then, therefore, accordingly
φέρω: to bear

ἵνα μὴ μάτην ἂν ... ἐθεράπευον: impf. contrafactual in purpose clause, "so that they
   would not be serving in vain." ἂν in this case is potential
τὸ τῆς παροιμίας: acc. of respect, "according to (word) of the proverb"
ταῦτα: "these things," i.e. the current arrangements
ἤπερ σοὶ δοκεῖ: "more *than it seems to you*"
τί παθόντες: aor. part. causal, "because you have suffered what?"
τοῖς ἀτέκνοις: dat. pl. after ἐσποιεῖτε, "intervene among *those childless ones*"
φέροντες αὐτούς: "*thrusting yourselves* upon them"
κατορυττόμενοι: pr. part. pass., "you, *by being buried*"
τοῖς πολλοῖς: dat. after ἥδιστον, "sweetest *to many*"
ὅσῳ ... τοσούτῳ: "by how much ... by so much"

εὔχεσθε, τοσούτῳ ἅπασιν ἡδὺ προαποθανεῖν ὑμᾶς αὐτῶν.
καινὴν γάρ τινα ταύτην τὴν τέχνην ἐπινενοήκατε γραῶν
καὶ γερόντων ἐρῶντες, καὶ μάλιστα εἰ ἄτεκνοι εἶεν,
οἱ δὲ ἔντεκνοι ὑμῖν ἀνέραστοι. καίτοι πολλοὶ ἤδη τῶν
ἐρωμένων συνέντες ὑμῶν τὴν πανουργίαν τοῦ ἔρωτος, ἣν
καὶ τύχωσι παῖδας ἔχοντες, μισεῖν αὐτοὺς πλάττονται,
ὡς καὶ αὐτοὶ ἐραστὰς ἔχωσιν: εἶτα ἐν ταῖς διαθήκαις
ἀπεκλείσθησαν μὲν οἱ πάλαι δορυφορήσαντες, ὁ δὲ παῖς
καὶ ἡ φύσις, ὥσπερ ἐστὶ δίκαιον, κρατοῦσι πάντων, οἱ
δὲ ὑποπρίουσι τοὺς ὀδόντας ἀποσμυγέντες.

ἀνέραστος, -ον: not loved
ἀποκλείω: to shut out, close out
ἀποσμύχομαι: to consume with a slow fire
γραῦς, τό: an old woman
διαθήκη, ἡ: a disposition, will
δίκαιος, -α, -ον: just
δορυφορέω: to carry a spear, to be a bodyguard
ἔντεκνος, -ον: having children
ἐπινοέω: to think on or of, contrive
ἐραστής, -οῦ, ὁ: a lover
ἐράω: to love
εὔχομαι: to pray

καινός, -η, -ον: new, unusual
κρατέω: to rule, overcome (+ *gen.*)
μισέω: to hate
ὀδούς, -όντος, ὁ: a tooth
πάλαι: for a long time
πανουργία, ἡ: knavery, roguery, villany
πλάττομαι: to pretend to (+ *inf.*)
προαποθνήσκω: to die before or first
συνίημι: to bring together, to understand
τέχνη, ἡ: an art, skill, craft in work
τυγχάνω: to happen to (+ *part.*)
ὑποπρίω: to gnash
φύσις, ἡ: nature

προαποθανεῖν: aor. inf. epexegetic, "it is sweet *that you die first*"

ἐπινενοήκατε: perf. of ἐπι-νοέω, "you have contrived"

ἐρῶντες: pr. part. instrumental, "by loving" + gen.

εἰ ἄτεκνοι εἶεν: pr. opt. in present general protasis, "if they are childless"

τῶν ἐρωμένων: pr. part. pass., "many *of the beloveds*"

συνέντες: aor. part. of συνίημι, "many *understanding*"

ἣν ... τύχωσι: aor. subj. in present general protasis, "if they happen to" + part.

ὡς ... ἔχωσιν: pr. subj. in purpose clause, "in order that they too have"

ἀπεκλείσθησαν: aor. pass., "they are locked out"

οἱ πάλαι δορυφορήσαντες: aor. part., "the old spear-carriers," ironic for the legacy hunters

οἱ δὲ: "but they" i.e. the legacy hunters

ἀποσμυγέντες: aor. part. pass. of ἀποσμύχομαι, "having been burned slowly"

ΤΕΡΨΙΩΝ: Ἀληθῆ ταῦτα φῄς: ἐμοῦ γοῦν Θούκριτος πόσα κατέφαγεν ἀεὶ τεθνήξεσθαι δοκῶν καὶ ὁπότε ἐσίοιμι ὑποστένων καὶ μύχιόν τι καθάπερ ἐξ ᾠοῦ νεοττὸς

ἀεί: always, for ever	κατεσθίω: to eat up, devour
ἀληθής, -ές: unconcealed, true	μύχιος, -α, -ον: inward
γοῦν: at least then, at any rate	νεοττός, ὁ: a nestling, chick
ἔσειμι: to go into	ὑποστένω: to moan in a low tone
καθάπερ: just like	ᾠόν, τό: an egg

ἐμοῦ: gen. of price, "*at my* (expense)"

πόσα κατέφαγεν: aor. of κατα-ἐσθίω, "how much Th. devoured!"

τεθνήξεσθαι: fut. perf. inf. complementing δοκῶν, "always seeming *about to die*"

ὁπότε ἐσίοιμι: pr. opt. of ἐσ-ἔρχομαι in past general temporal clause, "whenever I approached"

ὑποστένων καὶ ... ὑποκρώζων: pr. part., "Thucritus *moaning and croaking faintly*"

μύχιόν τε: acc. obj. of ὑποκρίζων, "croaking *something inward*," i.e. faint

---

General or Indefinite Clauses

A general or indefinite temporal clause in the present has the same form as a present general condition (see p. 72), with ἐπειδὰν (**whenever**) or ὅταν instead of ἐὰν with the subjunctive.

> φεύγει γὰρ τὸ ὕδωρ, ἐπειδὰν προσιόντα αἴσθηταί με: "for the water flees *whenever it perceives* me approaching"

Just as Lucian often substitutes the optativae for the subjunctive in present general conditions, he deploys the optative in present general temporal clauses:

> εἰκὸς δέ σε θεὸν ὄντα μὴ ὑλακτεῖν μόνον, ἀλλὰ καὶ ἀνθρωπίνως φθέγγεσθαι, ὁπότ' ἐθέλοις: "It is likely that you, since you are a dog, not only bark, but speak articulate langauge, *whenever you wish*."

Similarly, a general or indefinite temporal clause in the past has the same form as a past general condition (see p. 72), with ἐπειδή or ὁπότε with the optative instead of εἰ.

> ἀεὶ τεθνήξεσθαι δοκῶν καὶ ὁπότε εἰσίοιμι: "always seeming about to die *whenever I approached* (here the participle represents an imperfect indicative)"

Compare also with general relative clauses:

> Χαῖρε, ὦ Εὔφορβε ἢ Ἄπολλον ἢ ὅ τι ἂν θέλῃς. "Hello, Euphorbus or Apollo, or *whatever you wish* (to be called)."

> σοὶ δέ, ὦ Ἑρμῆ, μελήσει τὸ ἀπὸ τούτου μηδένα παραδέχεσθαι αὐτῶν, ὃς ἂν μὴ ψιλὸς ᾖ: "To you it will be a care, Hermes, not to receive any of them *who is not bare*."

32

ἀτελὴς ὑποκρώζων ὥστ᾽ ἔγωγε, ὅσον αὐτίκα οἰόμενος
ἐπιβήσειν αὐτὸν τῆς σοροῦ, ἔπεμπτόν τε πολλά, ὡς μὴ
ὑπερβάλλοιντό με οἱ ἀντερασταὶ τῇ μεγαλοδωρεᾷ, καὶ
τὰ πολλὰ ὑπὸ φροντίδων ἄγρυπνος ἐκείμην ἀριθμῶν
ἕκαστα καὶ διατάττων. ταῦτα γοῦν μοι καὶ τοῦ ἀποθανεῖν
αἴτια γεγένηται, ἀγρυπνία καὶ φροντίδες· ὁ δὲ τοσοῦτόν
μοι δέλεαρ καταπιὼν ἐφειστήκει θαπτομένῳ πρῴην
ἐπιγελῶν.

ἀγρυπνία, ἡ: sleeplessness, waking, watching	ἐπιγελάω: to laugh at
ἄγρυπνος, -ον: sleepless	ἐφίστημι: to set or place upon
αἴτιος, -α, -ον: blameworthy, culpable	θάπτω: to bury
ἀντεραστής, -οῦ, ὁ: a rival in love	καταπίνω: to gulp or swallow down
ἀριθμέω: to count or reckon up	κεῖμαι: to be laid
ἀτελής, -ές: without completing	μεγαλοδωρεά, ἡ: the giving of large presents
αὐτίκα: forthwith, straightway, at once	οἴομαι: to suppose, think, deem, imagine
γόνυ, τό: a knee	πρῷος, -η, -ον: early
δέλεαρ, -ατος, τό: a bait	σορός, ἡ: a coffin
διατάττω: to arrange, dispose	ὑπερβάλλω: to throw past, to overshoot
εἰσπέμπω: to send in	ὑποκρώζω: to croak faintly
ἐπιβαίνω: to go upon	φροντίς, -ίδος, ἡ: thought, care, heed, attention

---

ὥστε ... ἔπεμπτόν: pr. impf. in result clause, "*so that I was sending to* him"

ὅσον αὐτίκα: "as immediately as possible"

ἐπιβήσειν: fut. inf. in ind. st. after οἰόμενον, "supposing *that he would step upon*" + gen.

ὡς μὴ ὑπερβάλλοιντο: pr. opt. mid. in neg. purpose clause, "lest they pass me up"

τῇ μεγαλοδωρεᾷ: dat. of means, "pass me *by giving big gifts*"

τὰ πολλὰ: acc. adverbial, "for the most part"

ἐκείμην: plupf. with imperfect force, "I was lying"

τοῦ ἀποθανεῖν: aor. inf. artic. gen. after αἴτια, " blameworthy *of my dying*"

γεγένηται: perf., "these things *have become*"

ὁ δὲ: "but he" i.e. Thucritus

καταπιὼν: aor. part., "having swallowed down"

ἐφειστήκει: plupf. of ἐπι-ἵστημι, "he was standing over" + dat.

θαπτομένῳ: pr. part. dat. agreeing with μοι, "over me *being buried*"

33

ΠΛΟΥΤΩΝ: Εὖ γε, ὦ Θούκριτε, ζῴοις ἐπὶ μήκιστον πλουτῶν ἅμα καὶ τῶν τοιούτων καταγελῶν, μηδὲ πρότερόν γε σὺ ἀποθάνοις ἢ προπέμψας πάντας τοὺς κόλακας.

ΤΕΡΨΙΩΝ: Τοῦτο μέν, ὦ Πλούτων, καὶ ἐμοὶ ἥδιστον ἤδη, εἰ καὶ Χαροιάδης προτεθνήξεται Θουκρίτου.

ΠΛΟΥΤΩΝ: Θάρρει, ὦ Τερψίων· καὶ Φείδων γὰρ καὶ Μέλανθος καὶ ὅλως ἅπαντες προελεύσονται αὐτοῦ ὑπὸ ταῖς αὐταῖς φροντίσιν.

ΤΕΡΨΙΩΝ: Ἐπαινῶ ταῦτα. ζῴοις ἐπὶ μήκιστον, ὦ Θούκριτε.

ἐπαινέω: to approve, applaud, commend	πλουτέω: to be rich, wealthy
εὖ: well	προέρχομαι: to go forward, go on, advance
θαρρέω: to be of good courage, take courage	προθνήσκω: to die before
καταγελάω: to laugh at, jeer or mock at	προπέμπω: to send before
κόλαξ, -ακος, ὁ: a flatterer, fawner	πρότερος, -α, -ον: earlier
μήκιστος, -η, -ον: largest, longest	τοιοῦτος, -αύτη, -οῦτο: such a one
ὅλως: entirely	

ζῴοις: pr. opt. in wish for the future, "may you live!"

μηδὲ ... ἀποθάνοις: aor. opt., "may you not die!"

πρότερόν ... ἢ: "earlier ... than"

προπέμψας: aor. part., "you, *having sent before*"

εἰ ... προτεθνήξεται: fut. perf. in fut. most vivid protasis, "if Charoiades shall die before" + gen.

προελεύσονται: fut. of προ-έρχομαι, "they will go before" + gen.

ὑπὸ ταῖς αὐταῖς φροντίσιν: agency expression, "at the hands of the same cares"

ζῴοις: pr. opt. in wish for the future, "may you live!"

7 (17). Zenophantes and Kallidemides

Two legacy-hunters compare notes about their failures to achieve their goals

ΖΗΝΟΦΑΝΤΟΣ: Σὺ δὲ, ὦ Καλλιδημίδη, πῶς ἀπέθανες; ἐγὼ μὲν γὰρ ὅτι παράσιτος ὢν Δεινίου πλέον τοῦ ἱκανοῦ ἐμφαγὼν ἀπεπνίγην, οἶσθα: παρῆς γὰρ ἀποθνήσκοντί μοι.

ΚΑΛΛΙΔΗΜΙΔΗΣ: Παρῆν, ὦ Ζηνόφαντε: τὸ δὲ ἐμὸν παράδοξόν τι ἐγένετο. οἶσθα γὰρ καὶ σύ που Πτοιόδωρον τὸν γέροντα;

ΖΗΝΟΦΑΝΤΟΣ: Τὸν ἄτεκνον, τὸν πλούσιον, ᾧ σε τὰ πολλὰ ᾔδειν συνόντα.

ἀποπνίγω: to choke, throttle
ἄτεκνος, -ον: without children, childless
γέρων, -οντος, ὁ: an old man
ἐμεσθίω: to devour
Ζηνόφαντος, ὁ: Zenophantes (*unknown*)
ἱκανός, -η, -ον: becoming, sufficing
Καλλιδημίδης, ὁ: Callidemides (*unknown*)
οἶδα: to know (*perf.*)

παράδοξος, -ον: incredible, paradoxical
παράσιτος, ὁ: a parasite
πάρειμι: to be present (+ *dat.*)
πλέων, -ον: more
πλούσιος, -α, -ον: rich, wealthy, opulent
που: perhaps
Πτοιόδωρος, ὁ: Ptoeodorus (unknown)
σύνειμι: go or come together

ἀπέθανες: aor. of ἀποθνήσκω, "how *did you die?*"

ὅτι ... ἀπεπνίγην: aor. pass. of ἀπο-πνίγω in ind. st. after οἶσθα, "you know *that I was choked*"

ὤν: pr. part. circumstantial, "while I was a parasite"

τοῦ ἱκανοῦ: gen. of comp. after πλέον, "more *than enough*"

ἐμφαγών: aor. part. of ἐν-εσθίω, "having devoured"

παρῆς: impf. of πάρειμι, "you were present" + dat.

παρῆν: impf. of πάρειμι, "I was present"

τὸ δὲ ἐμὸν: "*my* (fate)"

παράδοξόν: pred. nom., "was *paradoxical*"

ᾔδειν: plupf. of οἶδα, "I knew"

συνόντα: pr. part. of σύνειμι in ind. st., "whom I knew *that you used to accompany*"

35

ΚΑΛΛΙΔΗΜΙΔΗΣ: Ἐκεῖνον αὐτὸν ἀεὶ ἐθεράπευον ὑπισχνούμενον ἐπ᾽ ἐμοὶ τεθνήξεσθαι. ἐπεὶ δὲ τὸ πρᾶγμα ἐς μήκιστον ἐπεγίνετο καὶ ὑπὲρ τὸν Τιθωνὸν ὁ γέρων ἔζη, ἐπίτομόν τινα ὁδὸν ἐπὶ τὸν κλῆρον ἐξηῦρον· πριάμενος γὰρ φάρμακον ἀνέπεισα τὸν οἰνοχόον, ἐπειδὰν τάχιστα

ἀναπείθω: to persuade, convince	μήκιστος, -η, -ον: a very long (time)
ἐξευρίσκω: to find out, discover	ὁδός, ἡ: a way, path
ἐπειδάν: whenever (+ *subj.*)	οἰνοχόος, ὁ: a wine-pourer
ἐπιγίνομαι: to come to pass	πρᾶγμα, -ατος, τό: a situation, business
ἐπίτομος, -ον: abridged, shortened	πρίαμαι: to buy, purchase
ζάω: to live	ταχύς, -εῖα, ύ: quick, swift, fleet
θεραπεύω: to be an attendant, do service	Τιθωνός, ὁ: Tithonus
θνήσκω: to die	ὑπισχνέομαι: to promise or engage (+ *inf.*)
κλῆρος, -ου, ὁ: an inheritance	φάρμακον, τό: a drug, poison

ἐθεράπευον: impf. of θεραπεύω, "*I used to attend* him"

ὑπισχνούμενον: pr. part., "him *promising*"

τεθνήξεσθαι: fut. perf. inf. of θνήσκω, complementing ὑπισχνούμενον, "promising *to die*"

ἐπεγίνετο: impf., "kept on being about to happen"

ἔζη: impf. of ζάω, "the old man *was living* beyond Tithonus"; Tithonus was granted eternal life at the request of his lover Eos.

ἐξηῦρον: aor. of ἐξ-ευρίσκω, "*I discovered* a shortcut"

πριάμενος: ao part. of πρίαμαι, "having bought"

ἀνέπεισα: aor. of ἀναπείθω, "I persuaded"

ἐπειδὰν ... αἰτήσῃ: aor. subj. in general temporal clause, "whenever he asks" + inf.

> ### Note the different meanings of the word αὐτὸς:
> 1. The nominative forms of the word without the definite article are always intensive (= Latin ipse): αὐτὸς: he himself, αὐτοί, they themselves.
>
>   αὐτὸς ἐνέγραψε: "What he himself inscribed"
>
> The other cases of the word are also intensive when they modify a noun or pronoun, either without the definite article or in predicative position:
>
>   ὁ Πύθιος αὐτὸς: "The Pythian himself"
>
> 2. Oblique cases of the word, when used without a noun or a definite article, are the unemphatic third person pronouns: him, them, etc.:
>
>   μετ᾽ αὐτὸν: "after him"; ὑπὲρ αὐτὸν: "over him"
>
> 3. Any case of the word with an article in attributive position means "the same":
>
>   ὑπὸ ταῖς αὐταῖς φροντίσιν: "at the hands of the same cares"

ὁ Πτοιόδωρος αἰτήσῃ πιεῖν, - πίνει δὲ ἐπιεικῶς
ζωρότερον - ἐμβαλόντα ἐς κύλικα ἕτοιμον ἔχειν αὐτὸ
καὶ ἐπιδοῦναι αὐτῷ· εἰ δὲ τοῦτο ποιήσειεν, ἐλεύθερον
ἐπωμοσάμην ἀφήσειν αὐτόν.

ΖΗΝΟΦΑΝΤΟΣ: Τί οὖν ἐγένετο; πάνυ γάρ τι παράδοξον
ἐρεῖν ἔοικας.

ΚΑΛΛΙΔΗΜΙΔΗΣ: Ἐπεὶ τοίνυν λουσάμενοι ἥκομεν, δύο
δὴ ὁ μειρακίσκος κύλικας ἑτοίμους ἔχων τὴν μὲν τῷ
Πτοιοδώρῳ τὴν ἔχουσαν τὸ φάρμακον, τὴν δὲ ἑτέραν

αἰτέω: to ask, beg (+ *inf.*)	ἔχω: to bear, carry, bring
ἀφίημι: to send forth, discharge	ζωρός, -όν: undiluted (wine)
δύο: two	ἥκω: to be present, come here
ἐλεύθερος, -α, -ον: free	κύλιξ, -κος, ὁ: a cup
ἐμβάλλω: to throw in, put in	λούω: to wash
ἔοικα: to seem	μειρακίσκος, ὁ: a lad, stripling
ἐπιδίδωμι: to administer	πάνυ: altogether, entirely
ἐπιεικῶς: usually	παράδοξος, -ον: incredible, paradoxical
ἐπόμνυμι: to swear, swear accordingly	τοίνυν: therefore, accordingly
ἕτερος, -α, -ον: one of two	φάρμακον, τό: a drug, medicine
ἕτοιμος, -ον: at hand, ready, prepared	

πιεῖν: aor. inf. of **πίνω**, "asks *to drink*"

ἐμβαλόντα: aor. part. acc. of **ἐν-βάλλω** agreeing with the subject of **ἔχειν**, "him, having placed into"

ἔχειν: inf. complementing **ἀνέπεισα**, "persuaded him *to have* ready"

ἐπιδοῦναι: inf. complementing **ἀνέπεισα**, "and *to give* it to him"

εἰ ... ποιήσειεν: aor. opt. representing a fut. more vivid protasis in ind. st. after **ἐπωμοσάμην**, "that *if he would do* this"

ἐπωμοσάμην: aor. ind. of **ἐπι-όμνυμι**, "I swore"

ἀφήσειν: fut. inf. of **ἀφίημι** complementing **ἐπωμοσάμην**, "I swore *that I would free*"

ἐρεῖν: fut. inf. of **λέγω** complementing **ἔοικας**, "you seem *to be about to say*"

λουσάμενοι: aor. mid. part. of **λούω**: "after having washed ourselves"

ἔχων: pr. part., "the lad *having* two cups ready"

τὴν μὲν ... τὴν δὲ: "the one (cup) ... the other"

ἔχουσαν: pr. part. of **ἔχω**, "the cup *having* the poison"

37

ἐμοί, σφαλεὶς οὐκ οἶδ᾽ ὅπως ἐμοὶ μὲν τὸ φάρμακον, Πτοιοδώρῳ δὲ τὸ ἀφάρμακτον ἔδωκεν: εἶτα ὁ μὲν ἔπινεν, ἐγὼ δὲ αὐτίκα μάλα ἐκτάδην ἐκείμην ὑποβολιμαῖος ἀντ᾽ ἐκείνου νεκρός. τί τοῦτο γελᾷς, ὦ Ζηνόφαντε; καὶ μὴν οὐκ ἔδει γε ἑταίρῳ ἀνδρὶ ἐπιγελᾶν.

ΖΗΝΟΦΑΝΤΟΣ: Ἀστεῖα γάρ, ὦ Καλλιδημίδη, πέπονθας. ὁ γέρων δὲ τί πρὸς ταῦτα;

ΚΑΛΛΙΔΗΜΙΔΗΣ: Πρῶτον μὲν ὑπεταράχθη πρὸς τὸ αἰφνίδιον, εἶτα συνείς, οἶμαι, τὸ γεγενημένον ἐγέλα καὶ αὐτός, οἷά γε ὁ οἰνοχόος εἴργασται.

αἰφνίδιος, -ον: unforeseen, sudden
ἀνήρ, ἀνδρός, ὁ: a man
ἀστεῖος, -α, -ον: charming
αὐτίκα: forthwith, straightway, at once
ἀφάρμακτος, -ον: unpoisoned
γελάω: to laugh
δεῖ: impersonal: it is necessary
δίδωμι: to give
εἶτα: then, next
ἐκτάδην: (adv.) outstretched
ἐπιγελάω: to laugh at
ἐργάζομαι: to do, perform
ἑταῖρος, ὁ: a comrade, companion, mate

κεῖμαι: to be laid, to lie
μάλα: very, very much, exceedingly
νεκρός, ὁ: a corpse
οἶδα: to know (perf.)
οἶμαι: to suppose, think
οἰνοχόος, ὁ: a wine-pourer
πάσχω: to suffer, experience
πρῶτος, -η, -ον: first
συνίημι: to understand
σφάλλω: to mistake
ὑποβολιμαῖος, -α, -ον: substituted
ὑποταράττω: to stir up

σφαλεὶς: aor. pass. part. of σφάλλω, circumstantial, "having become confused"
οὐκ οἶδ᾽ ὅπως: parenthetical., "I don't know how"
ἐμοὶ μὲν ... Πτοιοδώρῳ δὲ: "he gave to me ... but to Ptoeodorus"
ἐκείμην: impf. of κεῖμαι, "I was laid out"
νεκρός: nom. pred., "laid out as a corpse"
καὶ μὴν οὐκ: adversative, "indeed not"
ἐπιγελᾶν: pr. inf. after ἔδει: "it was not necessary (for you) to laugh at" + dat."
πέπονθας: perf. of πάσχω, "you have experienced"
ὑπεταράχθη: aor. pass., "he was stirred up"
συνείς: aor. part. circumstantial of συνίημι, "once he understood"
τὸ γεγενημένον: perf. part., obj. of συνείς, "understood what had taken place"
ἐγέλα: impf. of γελάω, "he began laughing"
οἷά: n. pl. acc. respect, "because of what"
εἴργασται: perf. of ἐργάζομαι, "what he had done"

ΖΗΝΟΦΑΝΤΟΣ: Πλὴν ἀλλ᾽ οὐδὲ σὲ τὴν ἐπίτομον ἐχρῆν τραπέσθαι: ἧκε γὰρ ἄν σοι διὰ τῆς λεωφόρου ἀσφαλέστερον, εἰ καὶ ὀλίγῳ βραδύτερον.

ἀσφαλής, -ές: safe
βραδύς, -εῖα, -ύ: slow
ἐπίτομος, -ον: abridged, shortened
λεωφόρος, -ον: (sc. ὁδόν) a thoroughfare

ὀλίγος, -η, -ον: few, little, scanty, small
τρέπομαι: to turn one's steps, to take a course
χρή: it is necessary

ἐχρῆν: impf. of χρή, "it was not necessary" + inf.

τραπέσθαι: aor. inf. mid., after χρή, "for you *to have turned toward* the short path"

ἧκε: impf. of ἧκω, in a pr. contrafactual apodosis, "a safer route *would come*"

βραδύτερον (sc. ἦν): pr. contrary to fact protasis, "even if (it were) shorter"

ὀλίγῳ: dat. degree of difference after βραδύτερον, "shorter *by a little*"

Endings of the Second Person Singular Middle

The regular middle-passive endings in the singular are as follows:

	Primary	Secondary
	-μαι	-μην
	-σαι	-σο
	-ται	-το

The endings of the second person middle (-σαι, -σο) undergo changes when preceded by the thematic vowel -ε- in the conjugation of verbs like παύομαι. Specifically, the intervocalic -σ- drops out and the vowels contract: εσαι → εαι → η (sometimes spelled ει) and εσο → εο → ου. Compare the following:

κεῖμαι	παύομαι		ἐκείμην	ἐπαυόμην	
κεῖσαι	παύῃ		ἐκείσο	ἐπαύου	
κεῖται	παύεται		ἐκεῖτο	ἐπαύετο	

Contract verbs undergo further changes in the present system, producing an ending that can sometimes be confused with active endings.

θεῶμαι	ποιοῦμαι	δηλοῦμαι	ἐθεώμην	ἐποιούμην	ἐδηλούμην
θεᾷ	ποιῇ	δηλοῖ	ἐθεῶ	ἐποιοῦ	ἐδηλοῦ
θεᾶται	ποιεῖται	δηλοῦται	ἐθέατο	ἐποίειτο	ἐδηλοῦτο

Particularly noteworthy is that the 2 s. middle primary ending is identical to the 3 s. active ending of the subjunctive, in both contract and uncontracted verbs.

Note also the effect of the loss of intervocalic -σ- in the present middle imperative of contract verbs:

τιμάε-σο	→	τιμά-εο	→	τιμῶ
ποιέ-εσο	→	ποιέ-εο	→	ποιοῦ
δηλό-εσο	→	δηλό-εο	→	δηλοῦ

and the first aorist of παύομαι: ἐπαύσα-σο → ἐπαύσα-ο → ἐπαύσω

Defective Verbs

The principal parts of some verbs come from completely different words. Sometimes there are more than one form for a specific tense, in which case one will usually be preferred. Here are some important examples:

Present	Future	Aorist	Perfect	Aorist passive	Translation
ἔρχομαι	εἶμι ἐλεύσομαι	ἦλθον	ἐλήλουθα		to go
λέγω	ἐρέω λέξω	εἶπον ἔλεξα	εἴρηκα λέλεγμαι	ἐρρήθην ἐλέχθην	to speak
φέρω	οἴσω	1st ao. ἤνεγκα 2nd ao. ἤνεγκον	ἐνήνοχα	ἠνέχθην	to carry
αἱρέω	αἱρήσω	εἷλον	ᾕρηκα	ᾑρέθην	to take
ὁράω impf. ἑώρων	ὄψομαι	εἶδον	οἶδα fut. εἴσομαι	plupf. ᾔδη	to see perf. to know
τρέχω	δραμοῦμαι	ἔδραμον	δεδράμηκα		to run
ἐσθίω	ἔδομαι	ἔφαγον	ἐδήδοκα	ἠδέσθην	to eat

8 (18). Cnemon and Damnippus

Cnemon the legacy-hunter complains about his miscalculations and sudden death.

ΚΝΗΜΩΝ: Τοῦτο ἐκεῖνο τὸ τῆς παροιμίας· ὁ νεβρὸς τὸν λέοντα.

ΔΑΜΝΙΠΠΟΣ: Τί ἀγανακτεῖς, ὦ Κνήμων;

ΚΝΗΜΩΝ: Πυνθάνῃ ὅ τι ἀγανακτῶ; κληρονόμον ἀκούσιον καταλέλοιπα κατασοφισθεὶς ἄθλιος, οὓς ἐβουλόμην ἂν μάλιστα σχεῖν τἀμὰ παραλιπών.

ΔΑΜΝΙΠΠΟΣ: Πῶς τοῦτο ἐγένετο;

ἀγανακτέω: to feel irritation
ἄθλιος, -α, -ον: wretched
ἀκούσιος, -ον: against one's will, involuntary
βούλομαι: to will, wish
καταλείπω: to leave behind
κατασοφίζομαι: to to outwit

κληρονόμος, ὁ: an heir
λέων, -οντος, ὁ: a lion
νεβρός, ὁ: a fawn
παραλείπω: to leave aside
παροιμία, ἡ: a proverb, maxim, saw
πυνθάνομαι: to learn inquiry, to ask

ἐκεῖνο τὸ τῆς παροιμίας: "that (meaning) of the proverb"
πυνθάνῃ: "do you ask?"
κληρονόμον ἀκούσιον: "an involuntary heir," i.e. an heir he did not want
καταλέλοιπα: perf., "I have left behind"
κατασοφισθεὶς: aor. part., "I, having been outwitted"
ἐβουλόμην ἂν: impf. in pr. contrafactual, "those whom *I would wish to*" + inf.
σχεῖν: aor. inf. complementing ἐβουλόμην, "wish *to have* my things"
παραλιπών: aor. part., "*having left aside* those"

41

ΚΝΗΜΩΝ: Ἑρμόλαον τὸν πάνυ πλούσιον ἄτεκνον ὄντα ἐθεράπευον ἐπὶ θανάτῳ, κἀκεῖνος οὐκ ἀηδῶς τὴν θεραπείαν προσίετο. ἔδοξε δή μοι καὶ σοφὸν τοῦτο εἶναι, θέσθαι διαθήκας ἐς τὸ φανερόν, ἐν αἷς ἐκείνῳ καταλέλοιπα τἀμὰ πάντα, ὡς κἀκεῖνος ζηλώσειε καὶ τὰ αὐτὰ πράξειε.

ΔΑΜΝΙΠΠΟΣ: Τί οὖν δὴ ἐκεῖνος;

ΚΝΗΜΩΝ: Ὅ τι μὲν αὐτὸς ἐνέγραψε ταῖς ἑαυτοῦ διαθήκαις οὐκ οἶδα· ἐγὼ γοῦν ἄφνω ἀπέθανον τοῦ τέγους μοι ἐπιπεσόντος, καὶ νῦν Ἑρμόλαος ἔχει τἀμὰ ὥσπερ τις λάβραξ καὶ τὸ ἄγκιστρον τῷ δελέατι συγκατασπάσας.

ἄγκιστρον, τό: a fish-hook
ἀηδής, -ές: disagreeable, distasteful
ἄτεκνος, -ον: without children, childless
ἄφνω: suddenly
γοῦν: at least then, at any rate, any way
δέλεαρ, -ατος, τό: a bait
διαθήκη, ἡ: a disposition, legacy, will
ἐγγράφω: to inscribe
ἐπιπίπτω: to fall upon or over
ζηλόω: to rival, vie with, emulate
θάνατος, ὁ: death

θεραπεία, ἡ: a service
λάβραξ, -ακος, ὁ: a bass
πράττω: to do
προσίημι: to submit to, agree to
σοφός, -ή, -όν: wise
συγκατασπάω: to pull down X (acc.) with Y (dat.)
τέγος, -εος, τό: a roof
τίθημι: to set, put, place
φανερός, -ά, -όν open to sight, visible

ἄτεκνον: pred. acc., "being *childless*"
ἐπὶ θανάτῳ: causal, "on account his (anticipated) death"
οὐκ ἀηδῶς: litotes, "not disagreeably"
προσίετο: impf. of προσίημι, "he was submitting to" + acc.
σοφὸν: nom. pred., "this seemed *wise*"
θέσθαι: aor. inf. in apposition to τοῦτο, "this, namely *to place*"
ἐν αἷς: "the dispositions *in which*"
ἐκείνῳ: dat. ind. obj., "to that one" i.e. Hermolaus
ὡς κἀκεῖνος ζηλώσειε: aor. opt. in purpose clause, "so that he would emulate"
ὡς ... πράξειε: aor. opt. also in purpose clause, "and would do the same"
ὅ τι ... ἐνέγραψε: aor. in noun clause after οἶδα, "know *what he inscribed*"
ἐπιπεσόντος: aor. part. in gen. abs., "the roof *having fallen on* me"
συγκατασπάσας: aor. part., "*having pulled down* the hook with the bait"

ΔΑΜΝΙΠΠΟΣ: Οὐ μόνον, ἀλλὰ καὶ αὐτόν σε τὸν ἁλιέα: ὥστε τὸ σόφισμα κατὰ σαυτοῦ συντέθεικας.

ΚΝΗΜΩΝ: Ἔοικα: οἰμώζω τοιγαροῦν.

ἁλιεύς, ὁ: a fisherman	σόφισμα, -ατος, τό: cleverness
ἔοικα: to seem	συντίθημι: to put together
οἰμώζω: to wail aloud, lament	τοιγαροῦν: so then, therefore

οὐ μόνον, ἀλλὰ καὶ: "*not only* that, *but also* you the fisherman"

ὥστε ... συντέθεικας: perf. in result clause indicating actual result, "so that you have constructed"

Result Clauses

ὥστε (sometimes ὡς) introduces result clauses either with an infinitive or with a finite verb.

ὥστε + infinitive indicates a possible or intended result, without emphasizing its actual occurrence. The infinitive does not express time, but only aspect.

> τοσούτους ἀπέκτεινα μιᾶς ἡμέρας, ὥστε τοὺς δακτυλίους αὐτῶν μεδίμνοις ἀπομετρῆσαι.
> "I killed so many in one day *that you could count up* their rings with bushel baskets."

ὥστε + indicative emphasizes the actual occurrence of the result. Both time and aspect are indicated by the form of the verb.

> Οὐ μόνον, ἀλλὰ καὶ αὐτόν σε τὸν ἁλιέα: ὥστε τὸ σόφισμα κατὰ σαυτοῦ συντέθεικας
> "Not only that, but also you, the fisherman, *so that you have constructed* a trap for yourself."

9 (19). Simylos and Polystratus

Simylos tells Polystratus how he fooled his legacy-hunters, stringing them along and then passing over them when he died.

ΣΙΜΥΛΟΣ: Ἥκεις ποτέ, ὦ Πολύστρατε, καὶ σὺ παρ' ἡμᾶς ἔτη οἶμαι οὐ πολὺ ἀποδέοντα τῶν ἑκατὸν βεβιωκώς;

ΠΟΛΥΣΤΡΑΤΟΣ: Ὀκτὼ ἐπὶ τοῖς ἐνενήκοντα, ὦ Σιμύλε.

ΣΙΜΥΛΟΣ: Πῶς δαὶ τὰ μετ' ἐμὲ ταῦτα ἐβίως τριάκοντα; ἐγὼ γὰρ ἀμφὶ τὰ ἑβδομήκοντά σου ὄντος ἀπέθανον.

ΠΟΛΥΣΤΡΑΤΟΣ: Ὑπερήδιστα, εἰ καί σοι παράδοξον τοῦτο δόξει.

ΣΙΜΥΛΟΣ: Παράδοξον, εἰ γέρων τε καὶ ἀσθενὴς ἄτεκνός τε προσέτι ἤδεσθαι τοῖς ἐν τῷ βίῳ ἐδύνασο.

ἀμφί: about, nearly
ἀποδέω: to be in want of, lack
ἀποθνήσκω: to die off, die
ἀσθενής, -ές: weak, feeble
ἄτεκνος, -ον: without children, childless
βίος, ὁ: life
βιόω: to live, pass one's life
γέρων, -οντος, ὁ: an old man
δύναμαι: to be able (+ *inf.*)
ἑβδομήκοντα: seventy

ἑκατόν: a hundred
ἐνενήκοντα: ninety
ἔτος, -εος, τό: a year
ἥδομαι: to enjoy oneself
ὀκτώ: eight
παράδοξος, -ον: incredible, paradoxical
προσέτι: over and above, besides
τριάκοντα: thirty
ὑπερήδιστος, -ον: exceptionally pleasurable

οἶμαι: parenthetical, "I suppose"
ἔτη οὐ πολὺ ἀποδέοντα: pr. part. in acc. of duration, "for (a number of) years not much lacking" + gen. i.e. for nearly 100 years
βεβιωκώς: perf. part., "you, *having lived*"
Πῶς δαὶ: "how in the world?" δαὶ strengthens the interrogative word
ταῦτα … τριάκοντα: acc. of duration, "these thirty years"
ἐβίως: impf., "how *were you living*?"
σου ὄντος: gen abs., "*you being* about seventy"
εἰ καί … δόξει: concessive, "even if this seems"
εἰ … ἐδύνασο: aor. in simple protasis, "if you were able" + inf.
τοῖς ἐν τῷ βίῳ: dat. after ἥδεσθαι, "to enjoy *the things in life*"

ΠΟΛΥΣΤΡΑΤΟΣ: Τὸ μὲν πρῶτον ἅπαντα ἐδυνάμην· ἔτι καὶ παῖδες ὡραῖοι ἦσαν πολλοὶ καὶ γυναῖκες ἁβρόταται καὶ μύρα καὶ οἶνος ἀνθοσμίας καὶ τράπεζα ὑπὲρ τὰς ἐν Σικελίᾳ.

ΣΙΜΥΛΟΣ: Καινὰ ταῦτα· ἐγὼ γάρ σε πάνυ φειδόμενον ἠπιστάμην.

ΠΟΛΥΣΤΡΑΤΟΣ: Ἀλλ' ἐπέρρει μοι, ὦ γενναῖε, παρὰ ἄλλων τὰ ἀγαθά· καὶ ἕωθεν μὲν εὐθὺς ἐπὶ θύρας ἐφοίτων μάλα πολλοί, μετὰ δὲ παντοῖά μοι δῶρα προσήγετο ἀπανταχόθεν τῆς γῆς τὰ κάλλιστα.

ΣΙΜΥΛΟΣ: Ἐτυράννησας, ὦ Πολύστρατε, μετ' ἐμέ;

ἁβρός, -ά, -όν: delicate, graceful	καινός, -ή, -όν: new, strange
ἀγαθός, -ή, -όν: good	μάλα: very, exceedingly
ἀνθοσμίας, -ου: redolent of flowers (of wine)	μύρον, τό: unguent, balsam
ἀπανταχόθεν: from all sides	οἶνος, ὁ: wine
ἅπας, ἅπασα, ἅπαν: quite all	παῖς, παιδός, ὁ: a child
γενναῖος, -α, -ον: noble	παντοῖος, -α, -ον: of all sorts or kinds
γυνή, -αικός, ἡ: a woman	προσάγω: to bring to or upon
δύναμαι: to be able	Σικελία, -ου, ἡ: Sicily
δῶρον, τό: a gift, present	τράπεζα, -ης, ἡ: a table, feast
ἐπιρρέω: to flow	τυραννεύω: to be a tyrant
ἐπίσταμαι: to know	φείδομαι: to spare
ἕωθεν: from morning	φοιτάω: to go to and fro, to stalk
θύρα, ἡ: a door	ὡραῖος, -α, -ον: beautiful

παῖδες ὡραῖοι: nom. pred., "there were *beautiful boys*"

οἶνος ἀνθοσμίας: "wine with a fine bouquet"

ὑπὲρ τὰς ἐν Σικελίᾳ: "beyond those (feasts) in Sicily"

σε πάνυ φειδόμενον: pr. part. in ind. st. after ἠπιστάμην, "I knew *you to be sparing*"

ἐπέρρει: impf. of ἐπι-ρέω, "the good things *were flowing*"

ἐφοίτων: impf., "they kept coming and going"

μετὰ δὲ: "and later (in the day)"

προσήγετο: impf. pass. of προσ-άγω, "gifts *were being brought*"

Ἐτυράννησας: aor. inceptive, "did you become a tyrannt?"

45

ΠΟΛΥΣΤΡΑΤΟΣ: Οὔκ, ἀλλ' ἐραστὰς εἶχον μυρίους.

ΣΙΜΥΛΟΣ: Ἐγέλασα· ἐραστὰς σὺ τηλικοῦτος ὤν, ὀδόντας τέτταρας ἔχων;

ΠΟΛΥΣΤΡΑΤΟΣ: Νὴ Δία, τοὺς ἀρίστους γε τῶν ἐν τῇ πόλει· καὶ γέροντά με καὶ φαλακρόν, ὡς ὁρᾷς, ὄντα καὶ λημῶντα προσέτι καὶ κορυζῶντα ὑπερήδοντο θεραπεύοντες, καὶ μακάριος ἦν αὐτῶν ὅντινα ἂν καὶ μόνον προσέβλεψα.

ἄριστος, -η, -ον: best
γελάω: to laugh
ἐραστής, -οῦ, ὁ: a lover
θεραπεύω: to be an attendant, do service
κορυζάω: to run at the nose
λημάω: to be blear-eyed or purblind
μακάριος, -α, -ον: blessed, happy
μυρίος, -α, -ον: numberless

νή: yes! (+ acc.)
ὀδούς, -όντος, ὁ: a tooth
πόλις, -εως, ἡ: a city
προσβλέπω: to look at or upon
τέσσαρες, -ων, οἱ: four
τηλικοῦτος, -η, -ο: of such an age
ὑπερήδομαι: to be overjoyed at
φαλακρός, -ά, -όν: bald-headed, bald

εἶχον: impf., "I had"
ἐγέλασα: aor., "I burst out laughing" i.e. that claim is ridiculous!
ἐραστὰς: acc. pl. with verb understood from previous clause, "(you had) lovers!"
Νὴ Δία: "yes! by Zeus!"
τοὺς ἀρίστους: "(I had) the best"
γέροντά καὶ φαλακρόν: acc. pred., "me being *old and bald*"
θεραπεύοντες: pr. part. suppl. after ὑπερήδοντο, "they enjoyed *serving* me"
καὶ μακάριος ἦν: "*and happy was the man* whom"
ὅντινα ἂν ... προσέβλεψα: aor. with ἂν indicating past potential, "whomever I might look upon"

ΣΙΜΥΛΟΣ: Μῶν καὶ σύ τινα ὥσπερ ὁ Φάων τὴν Ἀφροδίτην ἐκ Χίου διεπόρθμευσας, εἶτά σοι εὐξαμένῳ ἔδωκε νέον εἶναι καὶ καλὸν ἐξ ὑπαρχῆς καὶ ἀξιέραστον;

ΠΟΛΥΣΤΡΑΤΟΣ: Οὔκ, ἀλλὰ τοιοῦτος ὢν περιπόθητος ἦν.

ΣΙΜΥΛΟΣ: Αἰνίγματα λέγεις.

ΠΟΛΥΣΤΡΑΤΟΣ: Καὶ μὴν πρόδηλός γε ὁ ἔρως οὑτοσὶ πολὺς ὢν ὁ περὶ τοὺς ἀτέκνους καὶ πλουσίους γέροντας.

ΣΙΜΥΛΟΣ: Νῦν μανθάνω σου τὸ κάλλος, ὦ θαυμάσιε, ὅτι παρὰ τῆς χρυσῆς Ἀφροδίτης ἦν.

ΠΟΛΥΣΤΡΑΤΟΣ: Ἀτάρ, ὦ Σιμύλε, οὐκ ὀλίγα τῶν ἐραστῶν ἀπολέλαυκα μονονουχὶ προσκυνούμενος ὑπ᾽ αὐτῶν· καὶ

αἴνιγμα, -ατος, τό: a riddle
ἀξιέραστος, -ον: worthy of love
ἀπολαύω: to have enjoyment of (+ gen.)
ἀτάρ: but, yet
διαπορθμεύω: to carry over or across
δίδωμι: to give, grant
ἔρως, -τος, ὁ: love, passion
εὔχομαι: to pray
θαυμάσιος, -ον: wondrous, wonderful
κάλλος, -ους, τό: beauty
μανθάνω: to come to learn
μονονυχί: in a single night

μῶν: but surely not? is it so?
νέος, -η, -ον: young
ὀλίγος, -η, -ον: few, little, scanty, small
περιπόθητος, -ον: much-beloved
πλούσιος, -α, -ον: rich, wealthy, opulent
πρόδηλος, -ον: clear beforehand, obvious
προσκυνέω: to make obeisance, worship
τοιοῦτος, -αύτη, -οῦτο: such as this
ὑπαρχή, ἡ: a beginning
Φάων, ὁ: Phaon
Χίος, ἡ: Chios
χρύσεος, -ῆ, -οῦν: golden

μῶν ... διεπόρθμευσας: aor., "surely you must have ferried"
ὥσπερ ὁ Φάων: "like Phaon," a ferryman of Miletus whose kindness to Aphrodite was returned by his rejuvenation
σοι εὐξαμένῳ: dat. ind. obj. after ἔδωκε, "granted *to you having prayed*"
νέον εἶναι: inf. complementing ἔδωκε, "granted *to be young*"
καὶ μὴν: "and yet"
πολὺς: nom. pred., "is clearly being *great*" i.e. is clearly great
ὁ περὶ τοὺς: attrib. phrase, "the love *aimed toward*"
ἀπολέλαυκα: perf., "I have had enjoyment from" + gen.
ὑπ᾽ αὐτῶν: expressing agency, "being worshipped *by them*"

ἐθρυπτόμην δὲ πολλάκις καὶ ἀπέκλειον αὐτῶν τινας ἐνίοτε, οἱ δὲ ἡμιλλῶντο καὶ ἀλλήλους ὑπερεβάλλοντο ἐν τῇ περὶ ἐμὲ φιλοτιμίᾳ.

ΣΙΜΥΛΟΣ: Τέλος δ' οὖν πῶς ἐβουλεύσω περὶ τῶν κτημάτων;

ΠΟΛΥΣΤΡΑΤΟΣ: Ἐς τὸ φανερὸν μὲν ἕκαστον αὐτῶν κληρονόμον ἀπολιπεῖν ἔφασκον, ὁ δ' ἐπίστευέν τε ἂν καὶ κολακευτικώτερον παρεσκεύαζεν ἑαυτόν, ἄλλας δὲ τὰς ἀληθεῖς διαθήκας ἔχων, ἐκείνας κατέλιπον οἰμώζειν ἅπασι φράσας.

ἀληθής, -ές: unconcealed, true
ἀλλήλων: of one another
ἀμιλλάομαι: to compete, vie, contend with
ἀποκλείω: to shut off from
ἀπολείπω: to leave behind, bequeath
βουλεύω: to take counsel, deliberate
διαθήκη, ἡ: a disposition, will
ἕκαστος, -η, -ον: every, each
ἐνίοτε: sometimes
θρύπτω: to break, to be coy
καταλείπω: to leave behind, abandon
κληρονόμος, ὁ: an heir

κολακευτικός, -ή, -όν: flattering, fawning
κτῆμα, -ατος, τό: a possession
παρασκευάζω: to get ready, prepare
πιστεύω: to trust, believe in
πολλάκις: many times, often, oft
τέλος: (adv.) finally
ὑπερβάλλω: to outstrip
φανερόν, τό: open sight
φάσκω: to say, affirm, assert
φιλοτιμία, ἡ: ambition, rivalry
φράζω: to declare, show, indicate

ἐθρυπτόμην: impf., as are the following verbs, "I kept being coy"

ἐβουλεύσω: aor., "how *did you decide*"

κληρονόμον: pred. acc., "to leave each *as my heir*"

ἀπολιπεῖν: aor. inf. after ἔφασκον, "I claimed *to bequeath*"

ὁ δ': "each one of them"

ἐπίστευέν τε ἂν καὶ παρεσκεύαζεν: impf. with customary sense of past potential, "each *would believe* and *would prepare* himself"

ἔχων: pr. part., "I, all the time *having*"

κατέλιπον: aor., "those (dispositions) I left behind" i.e. I abandoned

φράσας: aor. part., "*having told* them all" + inf.

οἰμώζειν: pr. inf. after φράσας, "told them *to wail*," i.e. cursing them

48

ΣΙΜΥΛΟΣ: Τίνα δὲ αἱ τελευταῖαι τὸν κληρονόμον ἔσχον; ἢ πού τινα τῶν ἀπὸ τοῦ γένους;

ΠΟΛΥΣΤΡΑΤΟΣ: Οὐ μὰ Δία, ἀλλὰ νεώνητόν τινα τῶν μειρακίων τῶν ὡραίων Φρύγα.

ΣΙΜΥΛΟΣ: Ἀμφὶ πόσα ἔτη, ὦ Πολύστρατε;

ΠΟΛΥΣΤΡΑΤΟΣ: Σχεδὸν ἀμφὶ τὰ εἴκοσι.

ΣΙΜΥΛΟΣ: Ἤδη μανθάνω ἅτινά σοι ἐκεῖνος ἐχαρίζετο.

ΠΟΛΥΣΤΡΑΤΟΣ: Πλὴν ἀλλὰ πολὺ ἐκείνων ἀξιώτερος κληρονομεῖν, εἰ καὶ βάρβαρος ἦν καὶ ὄλεθρος, ὃν ἤδη καὶ αὐτοὶ οἱ ἄριστοι θεραπεύουσιν. ἐκεῖνος τοίνυν ἐκληρονόμησέ μου καὶ νῦν ἐν τοῖς εὐπατρίδαις ἀριθμεῖται,

---

ἀμφί: about
ἄξιος, -α, -ον: worthy
ἀριθμέω: to count or reckon up
βάρβαρος, -ον: barbarous
γένος, -ους, τό: a family
εἴκοσι, -indecl.: twenty
ἔτος, -εος, τό: a year
εὐπατρίδης, -ου, ὁ: member of a noble family
ἦ: in truth, truly, verily, of a surety
κληρονομέω: to inherit a portion
μανθάνω: to learn

μειράκιον, τό: a boy, lad, stripling
νεώνητος, -ον: newly bought (slave)
ὄλεθρος, -ον: ruinous
πλήν: except, but
πόσος, -η, -ον: how many?
σχεδόν: close, near, hard by, nigh
τελευταῖος, -α, -ον: last
τοίνυν: therefore, accordingly
Φρύξ, -γος, ὁ: a Phrygian
χαρίζω: to oblige, gratify
ὡραῖος, -α, -ον: beautiful

τίνα ... ἔσχον: aor., "whom did they have?"

αἱ τελευταῖαι (sc. *διαθῆκαι*), "the final dispositions"

ἦ πού τινα: "surely some one"

ἅτινά ... ἐχαρίζετο: noun clause after *μανθάνω*, "I know *what favor he provided*"

ἐκείνων: gen. of comp., "more worthy *than them*"

κληρονομεῖν: inf. epexegetic after *ἀξιώτερος*, "more worthy *to inherit*"

εἰ καὶ ... ἦν: concessive, "even if he was"

49

ὑπεξυρημένος μὲν τὸ γένειον καὶ βαρβαρίζων, Κόδρου
δὲ εὐγενέστερος καὶ Νιρέως καλλίων καὶ Ὀδυσσέως
συνετώτερος λεγόμενος εἶναι.

ΣΙΜΥΛΟΣ: Οὔ μοι μέλει· καὶ στρατηγησάτω τῆς Ἑλλάδος,
εἰ δοκεῖ, ἐκεῖνοι δὲ μὴ κληρονομείτωσαν μόνον.

βαρβαρίζω: to speak like a barbarian
γένειον, τό: a chin
Ἑλλάς, -άδος, ἡ: Greece
εὐγενής, -ές: well-born
καλλίων, -ον: comparative of καλός, more
   handsome
Κόδρος, ὁ: Kodrus, legendary king of Athens

μέλω: to be an object of care to (+ *dat.*)
μόνον: only
Νιρεύς, -έως, ὁ: Nireus, a legendary beauty
Ὀδυσσεύς, -έως, ὁ: Odysseus
στρατηγέω: to be general
συνετός, -ή, -όν: intelligent, sagacious, wise
ὑποξυράω: to shave

ὑπεξυρημένος: perf. part. mid., "he, having shaved"
εὐγενέστερος: nom. pred., "said to be *more noble* than Kodrus"
Νιρέως: gen. of comp., "more handsome *than Nireus*"
Ὀδυσσέως: "more sagacious *than Odysseus*"
λεγόμενος: pr. part. pass., "*being said* to be"
στρατηγησάτω: aor. imper. 3 s., "*let him be general* of Greece!"
μὴ κληρονομείτωσαν: pr. imper. 3 pl., in prohibition, "let those not inherit"

10 (20). Charon and Hermes

Charon insists that the souls leave any earthly "baggage" behind before crossing in to the underworld

ΧΑΡΩΝ: Ἀκούσατε ὡς ἔχει ὑμῖν τὰ πράγματα. μικρὸν μὲν ὑμῖν, ὡς ὁρᾶτε, τὸ σκαφίδιον καὶ ὑπόσαθρόν ἐστι καὶ διαρρεῖ τὰ πολλά, καὶ ἢν τραπῇ ἐπὶ θάτερα, οἰχήσεται περιτραπέν, ὑμεῖς δὲ ἅμα τοσοῦτοι ἥκετε πολλὰ ἐπιφερόμενοι ἕκαστος. ἢν οὖν μετὰ τούτων ἐμβῆτε, δέδια μὴ ὕστερον μετανοήσητε, καὶ μάλιστα ὁπόσοι νεῖν οὐκ ἐπίστασθε.

ΕΡΜΗΣ: Πῶς οὖν ποιήσαντες εὐπλοήσομεν;

δείδω: to fear
διαρρέω: to flow through, leak
ἐμβαίνω: to step in
ἐπίσταμαι: to know (+ inf.)
ἐπιφέρω: to bring along
εὐπλοέω: have a good voyage
ἥκω: to have come, be present, be here
θάτερος, -α, -ον: one of two, the other
μετανοέω: to regret, be sorry
μικρός, -ά, -όν: small, little
νέω: to swim

οἰχέομαι: to be gone, to have gone
ὁπόσος, -η, -ον: as many as
περιτρέπω: to turn round, overturn
πολύς, πολλά, πολύ: many
πρᾶγμα, -ατος, τό: a matter
πῶς: how? in what way or manner?
σκαφίδιον, τό: a small skiff
τοσοῦτος, -αύτη, -οῦτο: so much
τρέπω: to turn or direct
ὑπόσαθρος, -ον: somewhat rotten
ὕστερον: later

ἀκούσατε: aor. imper., "Hear!"

ὡς ἔχει: ind. quest., "hear *how matters are*"

ὡς ὁρᾶτε: parenthetical, "as you see"

ἢν τραπῇ: aor. subj. in fut. more vivid protasis, "if you turn"

περιτραπέν: aor. part. pass. supplementing οἰχήσεται, "the ship will go *upside down*" i.e. it will capsize

ἢν ... ἐμβῆτε: aor. subj. in present general protasis, "if you embark"

δέδια: perf. of δείδω, "I am afraid"

μὴ ... μετανοήσητε: aor. subj. after verb of fearing, "afraid *that you will be sorry*"

ποιήσαντες: aor. part. instrumental, "by doing how?"

εὐπλοήσομεν: fut., "will we sail well?"

51

ΧΑΡΩΝ: Ἐγὼ ὑμῖν φράσω: γυμνοὺς ἐπιβαίνειν χρὴ τὰ περιττὰ ταῦτα πάντα ἐπὶ τῆς ἠϊόνος καταλιπόντας: μόλις γὰρ ἂν καὶ οὕτως δέξαιτο ὑμᾶς τὸ πορθμεῖον. σοὶ δέ, ὦ Ἑρμῆ, μελήσει τὸ ἀπὸ τούτου μηδένα παραδέχεσθαι αὐτῶν, ὃς ἂν μὴ ψιλὸς ᾖ καὶ τὰ ἔπιπλα, ὥσπερ ἔφην, ἀποβαλών. παρὰ δὲ τὴν ἀποβάθραν ἑστὼς διαγίνωσκε αὐτοὺς καὶ ἀναλάμβανε γυμνοὺς ἐπιβαίνειν ἀναγκάζων.

ΕΡΜΗΣ: Εὖ λέγεις, καὶ οὕτω ποιήσωμεν. - Οὑτοσὶ τίς ὁ πρῶτός ἐστι;

ἀναγκάζω: to force, compel (+ *inf.*)
ἀναλαμβάνω: to take up, capture
ἀποβάθρα, ἡ: a ladder, a gangway
ἀποβάλλω: to throw off
γυμνός, -ή, -όν: naked, unclad
δέχομαι: to take, accept, receive
διαγινώσκω: to discern, watch carefully
ἐπιβαίνω: to go upon
ἔπιπλα, τά: implements, utensils, stuff
εὖ: well
ἠϊών, ἠϊόνος, ἡ: a shore, beach
ἵστημι: to make to stand
μέλω: to be a care to (+ *dat.*)
μόλις: scarcely
παραδέχομαι: to receive
περιττός, -ή, -όν: very large, prodigious
πορθμεῖον, τό: a ferry
πρῶτος, -ή, -όν: first
φράζω: to point out, shew, indicate
χρή: it is necessary
ψιλός, -η, -ον: bare

γυμνοὺς: acc. subject of ἐπιβαίνειν after χρὴ, "it is necessary for (them) *naked* to go upon"

καταλιπόντας: aor. part. acc. agreeing with the subject of ἐπιβαίνειν, "*having left behind* all"

ἂν ... δέξαιτο: aor. opt. pot., "the ferry *would receive*"

τὸ ... παραδέχεσθαι: pr. inf. artic. subj. of μελήσει, "*the receiving* will be a care to you"

ἀπὸ τούτου (sc. χρόνου): "*from this time* forward"

ὃς ἂν μὴ ψιλὸς ᾖ: pr. subj. in general relative clause, "whoever is not bare"

ἀποβαλών: aor. part. taking the place of an aor. subj. parallel to the previous clause, "and whoever *has not cast off*"

ἑστὼς: perf. part. of ἵστημι, "having stood yourself," i.e. standing

διαγίνωσκε καὶ ἀναλάμβανε: pr. imper., "*inspect and catch* them"

γυμνοὺς: acc. pred., "compelling them to board *naked*"

ποιήσωμεν: aor. subj. hortatory, "let's do it!"

οὑτοσὶ (οὑτος-ὶ): "this one *here*"

ΜΕΝΙΠΠΟΣ: Μένιππος ἔγωγε. ἀλλ' ἰδοὺ ἡ πήρα μοι, ὦ Ἑρμῆ, καὶ τὸ βάκτρον ἐς τὴν λίμνην ἀπερρίφθων, τὸν τρίβωνα δὲ οὐδὲ ἐκόμισα εὖ ποιῶν.

ΕΡΜΗΣ: Ἔμβαινε, ὦ Μένιππε ἀνδρῶν ἄριστε, καὶ τὴν προεδρίαν ἔχε παρὰ τὸν κυβερνήτην ἐφ' ὑψηλοῦ, ὡς ἐπισκοπῇς ἅπαντας. ὁ καλὸς δ' οὗτος τίς ἐστι;

ΧΑΡΜΟΛΕΩΣ: Χαρμόλεως ὁ Μεγαρικὸς ἐπέραστος, οὗ τὸ φίλημα διτάλαντον ἦν.

ΕΡΜΗΣ: Ἀπόδυθι τοιγαροῦν τὸ κάλλος καὶ τὰ χείλη αὐτοῖς φιλήμασι καὶ τὴν κόμην τὴν βαθεῖαν καὶ τὸ ἐπὶ τῶν παρειῶν ἐρύθημα καὶ τὸ δέρμα ὅλον. ἔχει καλῶς,

---

ἅπας, ἅπασα, ἅπαν: quite all
ἀποδύνω: strip off
ἀπορρίπτω: to throw away, put away
ἄριστος, -η, ον: best
βαθύς, -εῖα, -υ: deep or high
βάκτρον, τό: a stick, cudgel
δέρμα, -ατος, τό: skin, hide
διτάλαντος, -ον: worth or weighing two talents
ἐπέραστος, -ον: lovely, amiable
ἐπισκοπέω: to inspect, observe
ἐρύθημα, -ατος, τό: a redness on the skin
κάλλος, -εος, τό: beauty
καλός, -η, -ον: handsome
κόμη, ἡ: an hair

κομίζω: to bring along
κυβερνήτης, -ου, ὁ: a steersman
λίμνη, ἡ: a pool of standing water
Μεγαρικός, -ή, -όν: Megarian
ὅλος, -η, -ον: whole, entire
παρειά, ἡ: a cheek
πήρα, ἡ: a leather pouch, a wallet
προεδρία, ἡ: the privilege of the front seats
τοιγαροῦν: so then, accordingly
τρίβων, -ονος, ὁ: a cloak
ὑψηλός, -ή, -όν: high, lofty, high-raised
φίλημα, -ατος, τό: a kiss
Χαρμόλεως, ὁ: Charmoleos (*unknown*)
χεῖλος, -εος, τό: a lip

ἰδού: aor. imper., "look!"
ἀπερρίφθων: perf. imper. 3 pl. of ἀπο-ρίπτω, "Let them have been thrown away"
εὖ ποιῶν: pr. part. circumstantial, "in this way *doing well*"
ὡς ἐπισκοπῇς: pr. subj. in purpose clause, "in order for you to observe"
οὗ: relative pronoun gen., "*whose* kiss"
ἀπόδυθι: aor. imper., "strip off!"
αὐτοῖς φιλήμασι: "with even the lips," i.e., "lips and all"
ἔχει: pr. 2 s. mid., "*you keep yourself* well"; or 3 s. act., "*it is* well"

53

εὔζωνος εἶ, ἐπίβαινε ἤδη. ὁ δὲ τὴν πορφυρίδα οὑτοσὶ καὶ τὸ διάδημα ὁ βλοσυρὸς τίς ὢν τυγχάνεις;

ΛΑΜΠΙΧΟΣ: Λάμπιχος Γελῴων τύραννος.

ΕΡΜΗΣ: Τί οὖν, ὦ Λάμπιχε, τοσαῦτα ἔχων πάρει;

ΛΑΜΠΙΧΟΣ: Τί οὖν; ἐχρῆν, ὦ Ἑρμῆ, γυμνὸν ἥκειν τύραννον ἄνδρα;

ΕΡΜΗΣ: Τύραννον μὲν οὐδαμῶς, νεκρὸν δὲ μάλα· ὥστε ἀπόθου ταῦτα.

ΛΑΜΠΙΧΟΣ: Ἰδού σοι ὁ πλοῦτος ἀπέρριπται.

ΕΡΜΗΣ: Καὶ τὸν τῦφον ἀπόρριψον, ὦ Λάμπιχε, καὶ τὴν ὑπεροψίαν· βαρήσει γὰρ τὸ πορθμεῖον συνεμπεσόντα.

ἀπορρίπτω: to throw away, put away
ἀποτίθημι: to put away, stow away
βαρέω: to weigh down, depress
βλοσυρός, -ά, -όν: grim, fierce
Γελῷοι, οἱ: the citizens of Gela, in Sicily
διάδημα, -ατος, τό: a band or fillet
εὔζωνος, -ον: well-girdled
Λάμπιχος, ὁ: Lampichos
μάλα: very, very much
νεκρός, ὁ: a dead body, corpse
οὐδαμῶς: in no wise

πάρειμι: to be present
πλοῦτος, ὁ: wealth
πορθμεῖον, τό: a ferry
πορφυρίς, -ίδος, ἡ: a purple garment or covering
συνεμπίπτω: to fall in or upon together
τυγχάνω: to happen to (+ part.)
τύραννος, ὁ: an absolute sovereign
τῦφος, ὁ: delusion, vanity
ὑπεροψία, ἡ: contempt, disdain

εὔζωνος εἶ: "you are well-girded," ironic, since he is now naked
ὁ δὲ τὴν: "the one (having) the purple"
τίς ὤν: pr. part. suppl. with τυγχάνεις, "who do you happen *to be?*"
πάρει: 2 s., "why *are you present?*"
ἥκειν: pr. inf. after ἐχρῆν, "was it necessary *to have come?*"
ὥστε ἀπόθου: aor. imper. of ἀπο-τίθημι in result clause, "and so remove these things!"
σοι: dat. of advantage, "for your benefit"
ἀπέρριπται: perf. of ἀπο-ρίπτω, "wealth *has been taken away*"
ἀπόρριψον: aor. imper., "cast off!"
συνεμπεσόντα: aor. part. n. nom pl. of συν-εμ-πίπτω, subject of βαρήσει, "*those things having fallen together into* will weigh down the ferry"

ΛΑΜΠΙΧΟΣ: Οὐκοῦν ἀλλὰ τὸ διάδημα ἔασόν με ἔχειν καὶ τὴν ἐφεστρίδα.

ΕΡΜΗΣ: Οὐδαμῶς, ἀλλὰ καὶ ταῦτα ἄφες.

ΛΑΜΠΙΧΟΣ: Εἶεν. τί ἔτι; πάντα γὰρ ἀφῆκα, ὡς ὁρᾷς.

ΕΡΜΗΣ: Καὶ τὴν ὠμότητα καὶ τὴν ἄνοιαν καὶ τὴν ὕβριν καὶ τὴν ὀργήν, καὶ ταῦτα ἄφες.

ΛΑΜΠΙΧΟΣ: Ἰδού σοι ψιλός εἰμι.

ΕΡΜΗΣ: Ἔμβαινε ἤδη. σὺ δὲ ὁ παχύς, ὁ πολύσαρκος τίς ὢν τυγχάνεις;

ΔΑΜΑΣΙΑΣ: Δαμασίας ὁ ἀθλητής.

ΕΡΜΗΣ: Ναί, ἔοικας· οἶδα γάρ σε πολλάκις ἐν ταῖς παλαίστραις ἰδών.

ἀθλητής, ὁ: a prizefighter
ἄνοια, ἡ: folly
ἀφίημι: to send forth, discharge
Δαμασίας, ὁ: Damasias
διάδημα, -ατος, τό: a band or fillet
ἔοικα: to seems so
ἐφεστρίς, -ίοος, ἡ: an upper garment, wrapper
ὀργή, ἡ: harsh nature, anger

οὐδαμῶς: in no wise
οὐκοῦν: therefore, then, accordingly
παλαίστρα, ἡ: a palaestra, wrestling-school
παχύς, -εῖα, ύ: thick, stout
πολλάκις: many times, often, oft
πολύσαρκος, -ον: very fleshy
ὕβρις, -εως, ἡ: wantonness, insolence
ψιλός, -ή, όν: bare
ὠμότης, -ητος, ἡ: rawness

ἔασόν: aor. imper. of ἐάω, "allow me!" + inf.
ἄφες: aor. imper. of ἀφίημι, "let go!"
εἶεν: pr. opt. 3 pl., "let these things be!" i.e. well OK then
ἀφῆκα: aor. of ἀφίημι, "I have released"
ἰδών: aor. part., "I, *having seen*"

ΔΑΜΑΣΙΑΣ: Ναί, ὦ Ἑρμῆ: ἀλλὰ παράδεξαί με γυμνὸν ὄντα.

ΕΡΜΗΣ: Οὐ γυμνόν, ὦ βέλτιστε, τοσαύτας σάρκας περιβεβλημένον: ὥστε ἀπόδυθι αὐτάς, ἐπεὶ καταδύσεις τὸ σκάφος τὸν ἕτερον πόδα ὑπερθεὶς μόνον: ἀλλὰ καὶ τοὺς στεφάνους τούτους ἀπόρριψον καὶ τὰ κηρύγματα.

ΔΑΜΑΣΙΑΣ: Ἰδού σοι γυμνός, ὡς ὁρᾷς, ἀληθῶς εἰμι καὶ ἰσοστάσιος τοῖς ἄλλοις νεκροῖς.

ΕΡΜΗΣ: Οὕτως ἄμεινον ἀβαρῆ εἶναι: ὥστε ἔμβαινε. καὶ σὺ τὸν πλοῦτον ἀποθέμενος, ὦ Κράτων, καὶ τὴν μαλακίαν δὲ προσέτι καὶ τὴν τρυφὴν μηδὲ τὰ ἐντάφια κόμιζε μηδὲ

ἀβαρής, -ές: without weight
ἀμείνων, -ον: better
ἀποδύνω: strip off
ἀπορρίπτω: to throw away, put away
ἀποτίθημι: to put away, stow away
βέλτιστος, -η, -ον: best
γυμνός, -ή, -όν: naked, unclad
ἐντάφιος, -ον: burial equipment
ἰσοστάσιος: equivalent to (+ dat.)
καταδύω: to sink down, plunge
κήρυγμα, -ατος, τό: a proclamation (of victory)
Κράτων, ὁ: Crato

μαλακία, ἡ: delicacy, effeminacy
μόνον: only
παραδέχομαι: to receive from
περιβάλλω: to throw round, wrap
πλοῦτος, ὁ: wealth
πούς, ποδός, ὁ: a foot
προσέτι: over and above, besides
σάρξ, -ρκος, ἡ: flesh
σκάφος, -εος, τό: a ship
στέφανος, ὁ: a crown
τρυφή, ἡ: luxury, delicacy, daintiness
ὑπερτίθημι: to set higher, erect

παράδεξαι: aor. imper., "receive me!"
γυμνὸν ὄντα: pr. part. causal, "since I am naked" wrestling was conducted in the nude.
περιβεβλημένον: perf. part. mid., "(you) having wrapped around"
ὥστε ἀπόδυθι: aor. imper. in result clause, "and so strip off!"
καταδύσεις: fut., "you will sink"
ὑπερθεὶς: aor. part. of ὑπερ-τίθημι, "having set down one foot"
ἀπόρριψον: aor. imper., "throw away!"
εἶναι: inf. epexegetic after ἄμεινον, "better to be weightless"
ἀποθέμενος: aor. part. mid., "you, who have stowed away"
μηδὲ ... κόμιζε μηδὲ: "bring along neither ... nor"

τὰ τῶν προγόνων ἀξιώματα, κατάλιπε δὲ καὶ γένος καὶ
δόξαν καὶ εἴ ποτέ σε ἡ πόλις ἀνεκήρυξε καὶ τὰς τῶν
ἀνδριάντων ἐπιγραφάς, μηδέ, ὅτι μέγαν τάφον ἐπί σοι
ἔχωσαν, λέγε· βαρύνει γὰρ καὶ ταῦτα μνημονευόμενα.

ΚΡΑΤΩΝ: Οὐχ ἑκὼν μέν, ἀπορρίψω δέ· τί γὰρ ἂν καὶ
πάθοιμι;

ΕΡΜΗΣ: βαβαί. σὺ δὲ ὁ ἔνοπλος τί βούλει; ἢ τί τὸ τρόπαιον
τοῦτο φέρεις;

ΣΤΡΑΤΗΓΟΣ: Ὅτι ἐνίκησα, ὦ Ἑρμῆ, καὶ ἠρίστευσα καὶ ἡ
πόλις ἐτίμησέν με.

ἀνακηρύττω: to proclaim
ἀνδριάς, -άντος, ὁ: a statue
ἀξίωμα, -ατος, τό: an honor
ἀπορρίπτω: to throw away, put away
ἀριστεύω: to be bravest, to have an *aristeia*
βαβαί: bless me
βαρύνω: to weigh down
βούλομαι: to will, wish, be willing
γένος, -ους, τό: a race, stock, family
δόξα, ἡ: good opinion, reputation
ἑκών, -οῦσα, -όν: willing
ἔνοπλος, -ον: in arms, armed

ἐπιγραφή, ἡ: an inscription
καταλείπω: to leave behind
μνημονεύω: to call to mind, remember
νικάω: to conquer, prevail, vanquish
πάσχω: to suffer
πόλις, -εως, ἡ: a city
πρόγονος, -ον: ancestral
τάφος, ὁ: a tomb
τιμάω: to honor
τρόπαιον, τό: a trophy
φέρω: to bear
χόω: to throw or heap up

εἴ ποτέ σε... ἀνεκήρυξε: aor. of **ἀνα-κηρύττω**, "if ever the city proclaimed you"
τὰς ... ἐπιγραφάς: also obj. of **ἀνεκήρυξε**, "proclaimed *inscriptions*"
ὅτι ... ἔχωσαν: aor. of **χόω** in ind. st. after **λέγε**, "do not say *that they heaped up*"
μνημονευόμενα: pr. part. n. pl. nom., "such *rememberings* weigh down"
τί γὰρ ἂν καὶ πάθοιμι: aor. opt. pot., "what more might I suffer?" i.e. what can I do?
ὅτι ἐνίκησα: aor. answering previous question, "because I conquered"

ΕΡΜΗΣ: Ἄφες ὑπὲρ γῆς τὸ τρόπαιον· ἐν Ἅδου γὰρ εἰρήνη καὶ οὐδὲν ὅπλων δεήσει. ὁ σεμνὸς δὲ οὗτος ἀπό γε τοῦ σχήματος καὶ βρενθυόμενος, ὁ τὰς ὀφρῦς ἐπηρκώς, ὁ ἐπὶ τῶν φροντίδων τίς ἐστιν, ὁ τὸν βαθὺν πώγωνα καθειμένος;

ΜΕΝΙΠΠΟΣ: Φιλόσοφός τις, ὦ Ἑρμῆ, μᾶλλον δὲ γόης καὶ τερατείας μεστός· ὥστε ἀπόδυσον καὶ τοῦτον· ὄψει γὰρ πολλὰ καὶ γελοῖα ὑπὸ τῷ ἱματίῳ σκεπόμενα.

ΕΡΜΗΣ: Ἀπόθου σὺ τὸ σχῆμα πρῶτον, εἶτα καὶ ταυτὶ πάντα. ὦ Ζεῦ, ὅσην μὲν τὴν ἀλαζονείαν κομίζει, ὅσην δὲ ἀμαθίαν καὶ ἔριν καὶ κενοδοξίαν καὶ ἐρωτήσεις ἀπόρους

ἀλαζονεία, ἡ: false pretension, imposture
ἀμαθία, ἡ: ignorance
ἀποδύω: to take off
ἄπορος, -ον: idle, with no outcome
ἀποτίθημι: to set aside
ἀφίημι: to discard, leave behind
βαθύς, -εῖα, ύ: deep or high
βρενθύομαι: bear oneself haughtily, swagger
γέλοιος, -α, -ον: causing laughter, laughable
γόης, -ητος, ὁ: a sorcerer, enchanter
εἰρήνη, ἡ: peace, time of peace
ἐπαίρω: to lift up and set on
ἔρις, ἔριδις, ἡ: strife, quarrel
ἐρώτησις, -εως, ἡ: a questioning
ἱμάτιον, τό: an outer garment

καθίημι: to send down, let fall
κενοδοξία, ἡ: vainglory
μεστός, -ή, -όν: full of (+ gen.)
ὅπλον, τό: a tool, implement
ὅσος, -η, -ον: how much?
ὀφρῦς, ἡ: an eyebrow
πώγων, -ωνος, ὁ: a beard
σεμνός, -ή, -όν: revered, august
σκέπω: to shelter, hide
σχῆμα, -ατος, τό: a form, figure, appearance
τερατεία, ἡ: a talking marvels, jugglery
τρόπαιον, τό: a trophy
φιλόσοφος, ὁ: a philosopher
φροντίς, -ίδος, ἡ: thought, attention

ἄφες: aor. imper., "leave behind!"

οὐδὲν: adverbial, "not at all"

δεήσει: fut. of δεῖ, "there will be need of" + gen.

ἀπό γε τοῦ: at least from his appearance"

ὁ ἐπηρκώς: perf. part. of ἐπαίρω, "the one who has lifted up his eyebrows" i.e. who is being supercilious

ὁ ... καθειμένος: perf. part. of κατα-ίημι, "the one who has let down his beard"

μᾶλλον δὲ: "but rather" i.e. but really

ἀπόδυσον: ao imper., "strip off!"

ὄψει: fut. of ὁράω, "you will see"

ἀπόθου: aor. imper. of ἀπο-τίθημι, "set aside!"

καὶ λόγους ἀκανθώδεις καὶ ἐννοίας πολυπλόκους, ἀλλὰ
καὶ ματαιοπονίαν μάλα πολλὴν καὶ λῆρον οὐκ ὀλίγον
καὶ ὕθλους καὶ μικρολογίαν, νὴ Δία καὶ χρυσίον γε
τουτὶ καὶ ἡδυπάθειαν δὲ καὶ ἀναισχυντίαν καὶ ὀργὴν καὶ
τρυφὴν καὶ μαλακίαν· οὐ λέληθε γάρ με, εἰ καὶ μάλα
περικρύπτεις αὐτά. καὶ τὸ ψεῦδος δὲ ἀπόθου καὶ τὸν
τῦφον καὶ τὸ οἴεσθαι ἀμείνων εἶναι τῶν ἄλλων· ὡς εἴ
γε ταῦτα πάντα ἔχων ἐμβαίης, ποία πεντηκόντορος
δέξαιτο ἄν σε;

ΦΙΛΟΣΟΦΟΣ: Ἀποτίθεμαι τοίνυν αὐτά, ἐπείπερ οὕτω
κελεύεις.

ἀκανθώδης, -ες: full of thorns, thorny
ἀναισχυντία, ἡ: shamelessness
ἀποτίθημι: to put away, stow away
ἐμβαίνω: to step in
ἔννοια, ἡ: a notion, conception
ἐπείπερ: seeing that
ἡδυπάθεια, ἡ: luxury
κελεύω: to command, order
λανθάνω: to escape notice of (+ acc.)
λῆρος, ὁ: silly talk, nonsense, trumpery
μάλα: very, very much
μαλακία, ἡ: delicacy, effeminacy
ματαιοπονία, ἡ: labour in vain
μικρολογία, ἡ: frivolity, pettiness, meanness

οἴομαι: to suppose, think
ὀλίγος, -η, -ον: few, little
ὀργή, ἡ: wrath, anger
πεντηκόντορος, ἡ: a ship with fifty oars
περικρύπτω: to conceal entirely
ποῖος, -α, -ον: of what sort?
πολύπλοκος, -ον: much-tangled
τοίνυν: therefore, accordingly
τρυφή, ἡ: softness, daintiness
τῦφος, ὁ: delusion
ὕθλος, ὁ: idle talk, nonsense
χρυσίον, τό: a piece of gold
ψεῦδος, -εος, τό: a falsehood, untruth, lie

οὐ λέληθε: perf. of λανθάνω, "he has not escaped my notice"
ἀπόθου: aor. imper. of ἀπο-τίθημι, "put away!"
τὸ οἴεσθαι: pr. inf. artic., also obj. of ἀπόθου, "put away *the supposing*" + inf.
ἀμείνων εἶναι: pr. inf. complementing οἴεσθαι, "supposing *that you are better than*" + gen.
ὡς εἰ ... ἐμβαίης: aor. opt. in fut. less vivid protasis, "as if you were stepping in"
ποία ... δέξαιτο ἄν: aor. opt. in fut. less vivid apodosis in the form of a question, "what sort of (ship) would receive you"

59

ΜΕΝΙΠΠΟΣ: Ἀλλὰ καὶ τὸν πώγωνα τοῦτον ἀποθέσθω, ὦ Ἑρμῆ, βαρύν τε ὄντα καὶ λάσιον, ὡς ὁρᾷς: πέντε μναῖ τριχῶν εἰσι τοὐλάχιστον.

ΕΡΜΗΣ: Εὖ λέγεις: ἀπόθου καὶ τοῦτον.

ΦΙΛΟΣΟΦΟΣ: Καὶ τίς ὁ ἀποκείρων ἔσται;

ΕΡΜΗΣ: Μένιππος οὑτοσὶ λαβὼν πέλεκυν τῶν ναυπηγικῶν ἀποκόψει αὐτὸν ἐπικόπῳ τῇ ἀποβάθρᾳ χρησάμενος.

ΜΕΝΙΠΠΟΣ: Οὔκ, ὦ Ἑρμῆ, ἀλλὰ πρίονά μοι ἀνάδος: γελοιότερον γὰρ τοῦτο.

ΕΡΜΗΣ: Ὁ πέλεκυς ἱκανός. εὖ γε. ἀνθρωπινώτερος νῦν ἀναπέφηνας ἀποθέμενος σαυτοῦ τὴν κινάβραν.

ἀναδίδωμι: to deliver
ἀναφαίνω: to make to give light, make to blaze up
ἀνθρώπινος, -η, -ον: human
ἀποβάθρα, ἡ: a gangway
ἀποκείρω: to clip or cut off
ἀποκόπτω: to cut off, hew off
βαρύς, -εῖα, -ύ: heavy
γέλοιος, -α, -ον: laughable
ἐλάχιστος: the smallest, least
ἐπίκοπον, τό: cutting block
θρίξ, τριχός, ἡ: hair

ἱκανός, -η, -ον: sufficient
κινάβρα, ἡ: the rank smell of a he-goat
λαμβάνω: to take
λάσιος, -ον: hairy, rough, shaggy, woolly
μνᾶ, ἡ: a weight equal to 100 drachmae
ναυπηγικός, ὁ: one skilled in shipbuilding
πέλεκυς, -εως, ὁ: an axe
πέντε: five
πρίων, -ονος, ὁ: a saw
πώγων, -ωνος, ὁ: a beard
χράομαι: to use (+ dat.)

ἀποθέσθω: aor. imper. 3 s. of ἀποτίθημι, "let him remove!"
ὄντα: pr. part. causal, "since it is heavy"
τοὐλάχιστον (=τό ἐλάχιστον): adverbial, "at the very least"
ὁ ἀποκείρων: "the one who cuts"
λαβών: aor. part., "having taken an axe"
ἐπικόπῳ: dat. pred., "using the gangway as a cutting block"
ἀνάδος: aor. imper. of ἀναδίδωμι, "deliver to me!"
ἀναπέφηνας: perf. of ἀναφαίνω, "you appear more human"

60

ΜΕΝΙΠΠΟΣ: Βούλει μικρὸν ἀφέλωμαι καὶ τῶν ὀφρύων;

ΕΡΜΗΣ: Μάλιστα: ὑπὲρ τὸ μέτωπον γὰρ καὶ ταύτας ἐπῆρκεν, οὐκ οἶδα ἐφ' ὅτῳ ἀνατείνων ἑαυτόν. τί τοῦτο; καὶ δακρύεις, ὦ κάθαρμα, καὶ πρὸς θάνατον ἀποδειλιᾷς; ἔμβηθι δ' οὖν.

ΜΕΝΙΠΠΟΣ: Ἓν ἔτι τὸ βαρύτατον ὑπὸ μάλης ἔχει.

ΕΡΜΗΣ: Τί, ὦ Μένιππε;

ΜΕΝΙΠΠΟΣ: Κολακείαν, ὦ Ἑρμῆ, πολλὰ χρησιμεύσασαν αὐτῷ ἐν τῷ βίῳ.

ΦΙΛΟΣΟΦΟΣ: Οὐκοῦν καὶ σύ, ὦ Μένιππε, ἀπόθου τὴν ἐλευθερίαν καὶ παρρησίαν καὶ τὸ ἄλυπον καὶ τὸ γενναῖον καὶ τὸν γέλωτα: μόνος γοῦν τῶν ἄλλων γελᾷς.

ἄλυπος, -ον: without pain
ἀνατείνω: to stretch up, hold up
ἀποδειλιάω: to be cowardly
ἀποτίθημι: to put away, stow away
ἀφαιρέω: to take from, take away from
βίος, ὁ: life
γελάω: to laugh at (+ *gen.*)
γέλως, γέλωτος, ὁ: laughter
γενναῖος, -α, -ον: noble
γοῦν: at least then, at any rate, any way
δακρύω: to weep, shed tears
εἷς, μία, ἕν: one
ἐλευθερία, ἡ: freedom, liberty

ἐμβαίνω: to step in
ἐπαίρω: to lift up and set on
θάνατος, ὁ: death
κάθαρμα, τό: trash
κολακεία, ἡ: flattery, fawning
μάλη, ἡ: an arm-pit
μέτωπον, τό: a brow, forehead
μικρός, -ά, -όν: small, little
οὐκοῦν: therefore, then, accordingly
ὀφρύς, ἡ: an eyebrow
παρρησία, ἡ: freespokenness, openness, frankness
χρησιμεύω: to be useful to (+ *dat.*)

ἀποθέμενος: aor. part. mid., "having put away"
ἀφέλωμαι: aor. subj. of ἀφαιρέω after βούλει, "do you wish *that I should remove*"
ἐπῆρκεν: perf. of ἐπαίρω, "he has *lifted* them"
οὐκ οἶδα ἐφ' ὅτῳ: parenthetical, "I don't know for what purpose"
ἀνατείνων: pr. part. circumstantial, ""*stretching* himself"
ἔμβηθι: aor. imper., "step in!"
χρησιμεύσασαν: aor. part. acc. f. agreeing with κολακείαν, "flattery, *having been useful*"
ὄντα: pr. part. causal, "*since they are* light"
ἀπόθου: aor. imper., "put away!"

ΕΡΜΗΣ: Μηδαμῶς, ἀλλὰ καὶ ἔχε ταῦτα, κοῦφα γὰρ καὶ πάνυ εὔφορα ὄντα καὶ πρὸς τὸν κατάπλουν χρήσιμα. καὶ ὁ ῥήτωρ δὲ σὺ ἀπόθου τῶν ῥημάτων τὴν τοσαύτην ἀπεραντολογίαν καὶ ἀντιθέσεις καὶ παρισώσεις καὶ περιόδους καὶ βαρβαρισμοὺς καὶ τὰ ἄλλα βάρη τῶν λόγων.

ΡΗΤΩΡ: Ἦν ἰδού, ἀποτίθεμαι.

ΕΡΜΗΣ: Εὖ ἔχει· ὥστε λύε τὰ ἀπόγεια, τὴν ἀποβάθραν ἀνελώμεθα, τὸ ἀγκύριον ἀνεσπάσθω, πέτασον τὸ ἱστίον, εὔθυνε, ὦ πορθμεῦ, τὸ πηδάλιον· εὐπλοῶμεν. τί οἰμώζετε, ὦ μάταιοι, καὶ μάλιστα ὁ φιλόσοφος σὺ ὁ ἀρτίως τὸν πώγωνα δεδῃωμένος;

ἀγκύριον, τό: a small anchor
ἀναιρέω: to take up, raise
ἀνασπάω: to draw up, pull up
ἀντίθεσις, -εως, ἡ: antithesis
ἀπεραντολογία, ἡ: interminable argument
ἀποβάθρα, ἡ: a gangway
ἀπόγαιον, τό: cable holding ship to land
ἀποτίθημι: to put away, stow away
ἀρτίως: completely, perfectly
βαρβαρισμός, ὁ: barbarism, a foreign word
βάρος, -εος, τό: weight
δῃόω: to cut off (a beard)
εὐθύνω: to guide straight, direct
εὐπλοέω: to have a good sailing voyage
εὔφορος, -ον: well or patiently borne
ἦν: see! see there! lo!
ἱστίον, τό: a sail
κατάπλοος, ὁ: a sailing along

κοῦφος, -η, -ον: light, nimble
λύω: to loose
μάταιος, -α, -ον: vain, empty, idle, trifling
μηδαμῶς: in no way
οἰμώζω: to wail aloud, lament
πάνυ: altogether, entirely
παρίσωσις, -εως, ἡ: an even balancing of the clauses
περίοδος, ἡ: a periodic sentence
πετάννυμι: to spread out
πηδάλιον, τό: a rudder
πορθμεύς, -έως, ὁ: a ferryman
πώγων, -ωνος, ὁ: a beard
ῥῆμα, -ατος, τό: a word, speech
ῥήτωρ, -ορος, ὁ: a public speaker, pleader
τοσοῦτος, -αύτη, -οῦτο: so large, so tall
χρήσιμος, -η, -ον: useful

εὖ ἔχει: "it is well"
ἀνελώμεθα: aor. subj. of ἀναιρέω hortatory, "let's raise up!"
ἀνεσπάσθω: perf. imper. 3 s., "let the anchor be raised!"
πέτασον: aor. imper. of πετάννυμι, "spread out!"
εὐπλοῶμεν: aor. subj. hortatory, "let's have a good sail!" i.e. bon voyage!
ὁ ... δεδῃωμένος: perf. part. pass. of δῃόω, "he who has been shaved"

ΦΙΛΟΣΟΦΟΣ: Ὅτι, ὦ Ἑρμῆ, ἀθάνατον ᾤμην τὴν ψυχὴν
 ὑπάρχειν.

ΜΕΝΙΠΠΟΣ: Ψεύδεται: ἄλλα γὰρ ἔοικε λυπεῖν αὐτόν.

ΕΡΜΗΣ: Τὰ ποῖα;

ΜΕΝΙΠΠΟΣ: Ὅτι μηκέτι δειπνήσει πολυτελῆ δεῖπνα
 μηδὲ νύκτωρ ἐξιὼν ἅπαντας λανθάνων τῷ ἱματίῳ τὴν
 κεφαλὴν κατειλήσας περίεισιν ἐν κύκλῳ τὰ χαμαιτυπεῖα,
 καὶ ἕωθεν ἐξαπατῶν τοὺς νέους ἐπὶ τῇ σοφίᾳ ἀργύριον
 λήψεται: ταῦτα λυπεῖ αὐτόν.

ΦΙΛΟΣΟΦΟΣ: Σὺ γάρ, ὦ Μένιππε, οὐκ ἄχθῃ ἀποθανών;

ἀθάνατος, -ον: undying, immortal
ἀποθνήσκω: to die off, die
ἀργύριον: a piece of silver, a silver coin
ἄχθομαι: to be grieved
δειπνέω: to make a meal
δεῖπνον, τό: the principal meal, dinner
ἐξαπατάω: to deceive or beguile thoroughly
ἔξειμι: to go out
ἔοικε: to seem
ἕωθεν: from morning
ἱμάτιον, τό: an outer garment, a cloak
κατειλέω: to wrap up

κεφαλή, ἡ: a head
κύκλος, ὁ: a ring, circle, round
λανθάνω: to escape notice
λυπέω: to distress, grieve
μηκέτι: no more, no longer
νύκτωρ: (*adv.*) by night
ποῖος, -α, -ον: of what sort?
πολυτελής, -ές: very expensive, very costly
σοφία, ἡ: skill
ὑπάρχω: to begin, exist really, be
χαμαιτυπεῖον, τό: a brothel
ψεύδω: to cheat by lies, beguile

ὅτι ... ᾤμην: answering the previous question, "because I thought"
ψυχὴν ὑπάρχειν: pr. inf. in ind. st. after ᾤμην, "*that the soul was* immortal"
ἄλλα: acc. subject of λυπεῖν, "seems that *other things* grieve him"
μηδὲ ... περίεισιν: fut. of περι-έρχομαι, "*nor will he go around* the brothels"
ἐξιὼν: pr. part. supplementing λανθάνων, "secretly *going out* at night"
κατειλήσας: aor. part., "*having wrapped* his head"
ἐξαπατῶν: pr. part., "deceiving"
λήψεται: fut of λαμβάνω, "no longer *will he take* money"
ἀποθανών: aor. part. suppl. after ἄχθῃ, "do you not grieve *about dying*"

63

ΜΕΝΙΠΠΟΣ: Πῶς, ὃς ἔσπευσα ἐπὶ τὸν θάνατον καλέσαντος μηδενός; ἀλλὰ μεταξὺ λόγων οὐ κραυγή τις ἀκούεται ὥσπερ τινῶν ἀπὸ γῆς βοώντων;

ΕΡΜΗΣ: Ναί, ὦ Μένιππε, οὐκ ἀφ᾿ ἑνός γε χώρου, ἀλλ᾿ οἱ μὲν ἐς τὴν ἐκκλησίαν συνελθόντες ἄσμενοι γελῶσι πάντες ἐπὶ τῷ Λαμπίχου θανάτῳ καὶ ἡ γυνὴ αὐτοῦ συνέχεται πρὸς τῶν γυναικῶν καὶ τὰ παιδία νεογνὰ ὄντα ὁμοίως κἀκεῖνα ὑπὸ τῶν παίδων βάλλεται ἀφθόνοις τοῖς λίθοις· ἄλλοι δὲ Διόφαντον τὸν ῥήτορα ἐπαινοῦσιν ἐν Σικυῶνι ἐπιταφίους λόγους διεξιόντα ἐπὶ Κράτωνι τούτῳ. καὶ νὴ

ἀκούω: to hear
ἄσμενος, -η, -ον: well-pleased, glad
ἄφθονος, -ον: ungrudging, plentiful
βάλλω: to throw
βοάω: to cry aloud, to shout
γυνή, -αικός, ἡ: a woman
εἷς, μία, ἕν: one
ἐκκλησία, ἡ: an assembly
ἐπαινέω: to approve, applaud, commend
ἐπιτάφιος, -ον: over a tomb
καλέω: to summon
κραυγή, ἡ: a screaming, shrieking, shouting
Λαμπίχος, ὁ: Lampichus

λίθος, ὁ: a stone
μεταξύ: betwixt, between
ναί: yes indeed
νεογνός, -ή, -όν:
ὅμοιος, -α, -ον: like, resembling
παιδίον, τό: a child
παῖς, παιδός, ὁ: a boy
ῥήτωρ, -ορος, ὁ: a public speaker, pleader
Σικυών, -ονος, ὁ: Sicyon, near Corinth
σπεύδω: to hasten, quicken
συνέρχομαι: to come together
συνέχω: to hold together
χῶρος, ὁ: a place

πῶς: "how (could I)?"
ὃς ἔσπευσα: aor., "I, *who hastened* toward death"
καλέσαντος: aor. part. in gen. abs., "*no one summoning* me"
βοώντων: pr. part. in gen. abs., "as though some were shouting"
συνελθόντες: aor. part., "having gathered"
συνέχεται: pr. pass., "his wife *is being held*"
πρὸς τῶν γυναικῶν: expressing agency, "is captured *by the women*"
ἀφθόνοις τοῖς λίθοις: dat. of means, "being struck *with plentiful stones*"
διεξιόντα: pr. part. acc. of δια-εξ-ἔρχομαι, "Diophantes *as he is going through*" i.e. narrating

Δία γε ἡ Δαμασίου μήτηρ κωκύουσα ἐξάρχει τοῦ θρήνου σὺν γυναιξὶν ἐπὶ τῷ Δαμασίᾳ· σὲ δέ, ὦ Μένιππε, οὐδεὶς δακρύει, καθ' ἡσυχίαν δὲ κεῖσαι μόνος.

ΜΕΝΙΠΠΟΣ: Οὐδαμῶς, ἀλλ' ἀκούσῃ τῶν κυνῶν μετ' ὀλίγον ὠρυομένων οἴκτιστον ἐπ' ἐμοὶ καὶ τῶν κοράκων τυπτομένων τοῖς πτεροῖς, ὁπόταν συνελθόντες θάπτωσί με.

ΕΡΜΗΣ: Γεννάδας εἶ, ὦ Μένιππε. ἀλλ' ἐπεὶ καταπεπλεύκαμεν ἡμεῖς, ὑμεῖς μὲν ἄπιτε πρὸς τὸ δικαστήριον εὐθεῖαν ἐκείνην προϊόντες, ἐγὼ δὲ καὶ ὁ πορθμεὺς ἄλλους μετελευσόμεθα.

ἀκούω: to hear	κύων, κύνος, ὁ: a dog
γεννάδας, ὁ: a noble	κωκύω: to shriek, cry, wail
Δαμασίας, ὁ: Damasius	μετέρχομαι: to go among, along or back
δικαστήριον, τό: a court of justice	μήτηρ, μήτερος, ἡ: a mother
ἐξάρχω: to make a beginning of (+ gen.)	οἴκτιστος, -η, -ον: most pitiable, lamentable
εὐθύς, -εῖα, -ύ: straight	ὁπόταν: whensoever (+ subj.)
ἡσυχία, ἡ: stillness, rest, quiet	οὐδαμῶς: in no wise
θάπτω: to bury	προέρχομαι· to advance
θρῆνος, ὁ: a funeral-song, dirge, lament	πτερόν, τό: feathers
καταπλέω: to sail down	συνέρχομαι: to gather
κεῖμαι: to be laid	τύπτω: to beat, strike, smite
κόραξ, -ακος, ὁ: carrion-crow	ὠρύομαι: to howl

κεῖσαι: "only *you lie* in peace"

ἀκούσῃ: fut., "you will hear" + gen.

μετ' ὀλίγον (sc. χρόνον): "after a short time"

ὁπόταν ... θάπτωσι: pr. subj. in general temporal clause, "*whenever they bury* me"

συνελθόντες: aor. part., "having gathered'

καταπεπλεύκαμεν: perf., "since we have sailed down" i.e. we have arrived

ἄπιτε: aor. imper., "you (all) go!"

εὐθεῖαν ἐκείνην (sc. ὁδόν): acc. of extent, "advancing *along that straight path*"

μετελευσόμεθα: fut. of μετέρχομαι, "*we will go back* for others"

ΜΕΝΙΠΠΟΣ: Εὐπλοεῖτε, ὦ Ἑρμῆ: προΐωμεν δὲ καὶ ἡμεῖς. τί
οὖν ἔτι καὶ μέλλετε; παντῶς δικασθῆναι δεήσει, καὶ τὰς
καταδίκας φασὶν εἶναι βαρείας, τροχοὺς καὶ λίθους καὶ
γῦπας: δειχθήσεται δὲ ὁ ἑκάστου βίος.

Hermes bringing a soul to Charon.
(From a Roman Lamp.)

βαρύς, -εῖα, -ύ: heavy	εὐπλοέω: to have a good voyage
βίος, ὁ: life	καταδίκη, ἡ: a punishment, fine
γύψ, -πος, ἡ: a vulture	λίθος, ὁ: a stone
δείκνυμι: to bring to light, display, exhibit	μέλλω: to be about to do
δικάζω: to judge, to give judgment on	τροχός, ὁ: a wheel
ἕκαστος, -η, -ον: each one	

προΐωμεν: pr. subj. hortatory of προ-έρχομαι, "let us advance"

τί ... μέλλετε: addressed to the other souls, "what are you waiting for?"

δικασθῆναι: aor. inf. pass. after δεήσει, "necessary *to be judged*"

τὰς καταδίκας εἶναι: ind. st. after φασίν, "say *that the punishments are*"

τροχοὺς καὶ λίθους καὶ γῦπας: forms of torture for, respectively, Ixion, Sisiphys,
   Prometheus

δειχθήσεται: fut. pass. of δείκνυμι, "will be revealed"

11 (21). Crates and Diogenes

Crates and Diogenes observe the folly of legacy-hunters and note that no one seems to wish to clamor for the inheritance they offer: virtue.

ΚΡΑΤΗΣ: Μοίριχον τὸν πλούσιον ἐγίνωσκες, ὦ Διόγενες, τὸν πάνυ πλούσιον, τὸν ἐκ Κορίνθου, τὸν τὰς πολλὰς ὁλκάδας ἔχοντα, οὗ ἀνεψιὸς Ἀριστέας, πλούσιος καὶ αὐτὸς ὤν, τὸ Ὁμηρικὸν ἐκεῖνο εἰώθει ἐπιλέγειν, «ἤ μ᾽ ἀνάειρ᾽ ἢ ἐγὼ σέ.»

ΔΙΟΓΕΝΗΣ: Τίνος ἕνεκα, ὦ Κράτης;

ἀναείρω: to lift up	ἐπιλέγω: to repeat
ἀνεψιός, ὁ: a first-cousin, cousin	Κόρινθος, ὁ: Corinth
Ἀριστέας, ὁ: Aristeas	Μοίριχος, ὁ: Moerichus
γινώσκω: to get to know	ὁλκάς, -άδος, ἡ: a merchant ship
ἔθω: to be accustomed	Ὁμηρικός, -ή, -όν: Homeric
ἕνεκα: on account of (+ *gen.*)	πλούσιος, -α, -ον: rich, wealthy, opulent

---

Crates (365 – 285 BC) of Thebes was a Cynic philosopher, the teacher of Zeno of Citium, the founder of Stoicism.

Diogenes of Sinope, founder of Cynic philosophy (412 -- 323 BCE)

Antisthenes (445 BCE – 365 BCE) was a Greek philosopher and a pupil of Socrates. He adopted and developed the ethical side of Socrates' teachings, advocating an ascetic life lived in accordance with virtue.

τὸν ... τὸν ... τὸν: a series of attributive phrases modifying **Μοίριχον**, "the rich one, etc."

οὗ ἀνεψιὸς: "*whose nephew,* Aristeas"

αὐτὸς ὤν: pr. part. causal, "since he (Aristeias) himself was"

εἰώθει: plupf. of **ἔθω** with the force of an impf., "he was accustomed to" + inf.

τὸ Ὁμηρικὸν: "that Homeric line," *Iliad* 23, 724, where Ajax and Odysseus wrestle inconclusively

ἀνάειρε: pr. imper., "either you *lift* me!"

ΚΡΑΤΗΣ: Ἐθεράπευον ἀλλήλους τοῦ κλήρου ἕνεκα ἑκάτερος
ἡλικιῶται ὄντες, καὶ τὰς διαθήκας ἐς τὸ φανερὸν
ἐτίθεντο, Ἀριστέαν μὲν ὁ Μοίριχος, εἰ προαποθάνοι,
δεσπότην ἀφιεὶς τῶν ἑαυτοῦ πάντων, Μοίριχον δὲ ὁ
Ἀριστέας, εἰ προαπέλθοι αὐτοῦ. ταῦτα μὲν ἐγέγραπτο,
οἱ δὲ ἐθεράπευον ὑπερβαλλόμενοι ἀλλήλους τῇ κολακείᾳ.
καὶ οἱ μάντεις, οἵ τε ἀπὸ τῶν ἄστρων τεκμαιρόμενοι
τὸ μέλλον οἵ τε ἀπὸ τῶν ὀνειράτων, ὥς γε Χαλδαίων
παῖδες, ἀλλὰ καὶ ὁ Πύθιος αὐτὸς ἄρτι μὲν Ἀριστέᾳ

ἀλλήλων: of one another
ἄρτι: just now
ἄστρον, τό: a star
ἀφίημι: to discharge, leave
γράφω: to write
δεσπότης, -ου, ὁ: a master
διαθήκη, ἡ: a disposition, will
εἴτε ... εἴτε: either ... or
ἑκάτερος: each of two
ἕνεκα: on account of
ἡλικιώτης, -ου, ὁ: an equal in age
θεραπεύω: to be an attendant, do service
κλῆρος, -ου, ὁ: an inheritance

κολακεία, ἡ: flattery, fawning
μάντις, -εως, ὁ: a seer, prophet
μέλλω: to be about to do
ὄνειρος, ὁ: a dream
παῖς, παιδός, ὁ: a child
προαπέρχομαι: to go away before
προαποθνῄσκω: to die before or first
Πύθιος, -α, -ον: Pythian
τεκμαίρομαι: to estimate
τίθημι: to set, put, place
ὑπερβάλλω: to outdo, throw over
φανερός, -ά, -όν: visible, manifest, evident

ἐθεράπευον: impf., "*they used to serve* each other"

ἡλικιῶται: nom. pred., "each being *equal in age*"

εἰς τὸ φανερὸν: "they placed *into plain sight*"

Ἀριστέαν μὲν ὁ Μοίριχος ... Μοίριχον δὲ ὁ Ἀριστέας: parallel clauses, "Moerichus
leaving Aristeas. ... Aristeias leaving Moerichus"

εἰ προαποθάνοι: aor. opt. in past general protasis, "if ever he died first"

δεσπότην: acc. pred., "would leave Moerichos *master* of his things"

ἀφιεὶς: pr. part. representing the impf. indic. in the past general apodosis, "he would
leave"

εἰ προαπέλθοι: aor. opt. of προ-απο-έρχομαι, also in past gen. protasis, "if ever he
would go away first"

ἐγέγραπτο: plupf., "these *had been inscribed*"

τὸ μέλλον: pr. part., "the future"

Χαλδαίων: the Chaldeans were famous astrologers

ὁ Πύθιος: "the Pythian himself" i.e. Apollo

ἄρτι μὲν ... ἄρτι δὲ: "at one time ... at another"

παρεῖχε: impf., "were providing X (acc.) to Y (dat.)

παρεῖχε τὸ κράτος, ἄρτι δὲ Μοιρίχῳ, καὶ τὰ τάλαντα
ποτὲ μὲν ἐπὶ ἐκεῖνον, νῦν δ' ἐπ' ἔρρεπε τοῦτον.

ΔΙΟΓΕΝΗΣ: Τί οὖν πέρας ἐγένετο, ὦ Κράτης; ἀκοῦσαι γὰρ
ἄξιον.

ΚΡΑΤΗΣ: Ἄμφω τεθνᾶσιν ἐπὶ μιᾶς ἡμέρας, οἱ δὲ κλῆροι
ἐς Εὐνόμιον καὶ Θρασυκλέα περιῆλθον ἄμφω συγγενεῖς
ὄντας οὐδὲ πώποτε προμαντευομένους οὕτω γενέσθαι
ταῦτα· διαπλέοντες γὰρ ἀπὸ Σικυῶνος ἐς Κίρραν κατὰ
μέσον τὸν πόρον πλαγίῳ περιπεσόντες τῷ Ἰάπυγι
ἀνετράπησαν.

ἀκούω: to hear
ἄμφω, οἱ: both
ἀνατρέπω: to overturn, upset
ἄξιος, -α, -ον: worthy of (+ *inf.*)
διαπλέω: to sail across
εἷς, μία, ἕν: one
Εὐνόμιος, ὁ: Eunomius
ἡμέρα, ἡ: a day
Θρασυκλῆς, ὁ: Thrasycles
Ἰᾶπυξ, -υγος, ὁ: the NW or WNW wind
Κίρρα, ἡ: Cirrha, the port for Delphi
κράτος, -εος, τό: strength, might
μέσος, -η, -ον: middle, in the middle

παρέχω: to furnish, provide, supply
πέρας, -ατος, τό: an end
περιέρχομαι: to go round
περιπίπτω: to fall around, so as to embrace
πλάγιος, -ον: placed sideways, slanting,
   aslant
πόρος, ὁ: a passage
προμαντεύομαι: to prophesy
πώποτε: ever yet
ῥέπω: to incline downwards, to sink, fall
Σικυών, -ονος, ὁ: Sicyon, near Corinth
συγγενής, -ές: related
τάλαντον, τό: a balance

ποτὲ μὲν ... νῦν δ': "now to this one ... now to that"
ἔρρεπε: impf., "would sink" i.e. the balance *would tip*
ἀκοῦσαι: aor. inf. epexegetic, "worthy *to hear*"
τεθνᾶσιν: perf., "both *died*"
περιῆλθον: aor., "went around (to)" i.e. devolved to
ὄντας ... προμαντευομένους: pr. part., "being related and not being predicted"
γενέσθαι: aor. inf. after προμαντευομένους, "predicted that these things *would happen*"
πλαγίῳ: dat. of manner, "in a sideways fashion"
περιπεσόντες: aor. part., "having fallen in with" + dat.
ἀνετράπησαν: aor. pass. of ἀνατρέπω, "they were overturned"

ΔΙΟΓΕΝΗΣ: Εὖ ἐποίησαν. ἡμεῖς δὲ ὁπότε ἐν τῷ βίῳ ἦμεν, οὐδὲν τοιοῦτον ἐνενοοῦμεν περὶ ἀλλήλων: οὔτε ἐγώ ποτε ηὐξάμην Ἀντισθένην ἀποθανεῖν, ὡς κληρονομήσαιμι τῆς βακτηρίας αὐτοῦ - εἶχεν δὲ πάνυ καρτερὰν ἐκ κοτίνου ποιησάμενος - οὔτε οἶμαι σὺ ὁ Κράτης ἐπεθύμεις κληρονομεῖν ἀποθανόντος ἐμοῦ τὰ κτήματα καὶ τὸν πίθον καὶ τὴν πήραν χοίνικας δύο θέρμων ἔχουσαν.

ΚΡΑΤΗΣ: Οὐδὲν γάρ μοι τούτων ἔδει, ἀλλ᾽ οὐδὲ σοί, ὦ Διόγενες: ἃ γὰρ ἐχρῆν, σύ τε Ἀντισθένους ἐκληρονόμησας

Ἀντισθένης, ὁ: Antisthenes	κτῆμα, -ατος, τό: a possession
ἀποθνήσκω: to die off, die	οἶμαι: to suppose,
βακτηρία, ἡ: a staff, cane	ὁπότε: when
δύο: two	πάνυ: very
ἐννοέω: to consider, have in mind	πήρα, ἡ: a wallet, scrip
ἐπιθυμέω: to desire (+ inf.)	πίθος, ὁ: a wine-jar
εὔχομαι: to pray, offer prayers	ποιέω: to make
θέρμος, ὁ: a bean	τοιοῦτος, -αύτη, -οῦτο: such as this
καρτερός, -ά, -όν: strong	χοῖνιξ, -ικος, ἡ: a dry measure, a pint
κληρονομέω: to inherit (+ gen.)	χρή: it necessary
κότινος, ὁ: a wild olive-tree	

Antisthenes: c. 445 BCE – c. 365 BCE) was a Greek philosopher and a pupil of Socrates. Antisthenes first learned rhetoric under Gorgias before becoming an ardent disciple of Socrates. He adopted and developed the ethical side of Socrates' teachings, advocating an ascetic life lived in accordance with virtue. Later writers regarded him as the founder of Cynic philosophy.

εὖ ἐποίησαν: "they did well," ironic

ἐνενοοῦμεν: impf., "we were not considering"

ηὐξάμην: aor., "I did not pray"

ἀποθανεῖν: aor. inf. in ind. st., "pray *that A. would die*"

ὡς κληρονομήσαιμι: aor. opt. in purpose clause, "so that I would inherit" + gen.

καρτερὰν: acc. pred., "having made it *strong*"

ποιησάμενος: aor. part., "he *having made* it"

οὔτε οἶμαι: parenthetical, "I suppose"

ἀποθανόντος: aor. part. in gen. abs., "me having died"

οὐδὲν: adverbial, "not at all"

ἐκληρονόμησας: aor., "you inherited X (acc.) from Y (gen.)"

70

καὶ ἐγώ σου, πολλῷ μείζω καὶ σεμνότερα τῆς Περσῶν ἀρχῆς.

ΔΙΟΓΕΝΗΣ: Τίνα ταῦτα φής;

ΚΡΑΤΗΣ: Σοφίαν, αὐτάρκειαν, ἀλήθειαν, παρρησίαν, ἐλευθερίαν.

ΔΙΟΓΕΝΗΣ: Νὴ Δία, μέμνημαι τοῦτον διαδεξάμενος τὸν πλοῦτον παρὰ Ἀντισθένους καὶ σοὶ ἔτι πλείω καταλιπών.

ΚΡΑΤΗΣ: Ἀλλ' οἱ ἄλλοι ἠμέλουν τῶν τοιούτων κτημάτων καὶ οὐδεὶς ἐθεράπευεν ἡμᾶς κληρονομήσειν προσδοκῶν, ἐς δὲ τὸ χρυσίον πάντες ἔβλεπον.

ἀμελέω: to have no care for, be neglectful of
ἀρχή, ἡ: an empire
αὐτάρκεια, ἡ: independence
βλέπω: to see, look at
διαδέχομαι: to receive one from another
ἐλευθερία, ἡ: freedom, liberty
καταλείπω: to leave behind
κτῆμα, -ατος, τό: a possession
μιμνήσκομαι: to remember

παρρησία, ἡ: openness, frankness
Πέρσης, ὁ: a Persian
πλείων, πλεῖον: more
πλοῦτος, ὁ: wealth
προσδοκάω: to expect (+ *inf*)
σεμνός, -ή, -όν: revered, august, holy, awful
σοφία, ἡ: skill, wisdom
χρυσίον, τό: a piece of gold

πολλῷ: dat of degree, "more *by much*"
τῆς ἀρχῆς: gen. of comp. after σεμνότερα, "more revered *than the empire*"
μέμνημαι: perf., "I remember" + part.
διαδεξάμενος: aor. part. supplementing μέμνημαι, "remember *having received*"
πλείω (=πλείο(ν)α): acc. pl., "more things"
καταλιπών: aor. part. also after μέμνημαι, "remember *having left* to you"
ἠμέλουν: impf., "they didn't care for" + gen.
κληρονομήσειν: fut. inf. after προσδοκῶν, "expecting *to inherit*"

ΔΙΟΓΕΝΗΣ: Εἰκότως· οὐ γὰρ εἶχον ἔνθα δέξαιντο τὰ
τοιαῦτα παρ' ἡμῶν διερρυηκότες ὑπὸ τρυφῆς, καθάπερ
τὰ σαπρὰ τῶν βαλλαντίων· ὥστε εἴ ποτε καὶ ἐμβάλοι τις
ἐς αὐτοὺς ἢ σοφίαν ἢ παρρησίαν ἢ ἀλήθειαν, ἐξέπιπτεν
εὐθὺς καὶ διέρρει, τοῦ πυθμένος στέγειν οὐ δυναμένου,

βαλλάντιον, τό: a bag, pouch, purse
δέχομαι: to receive
διαρρέω: to flow through
δύναμαι: to be able (+ *inf.*)
εἰκότως: in all likelihood, naturally
ἐκπίπτω: to fall out
ἐμβάλλω: to throw in, put in

ἔνθα: there
καθάπερ: just as
πυθμήν, -ένος, ὁ: the hollow bottom of a cup
σαπρός, -ά, -όν: rotten, putrid
στέγω: to keep within
τρυφή, ἡ: softness, delicacy, daintiness

ἔνθα δέξαιντο: aor. opt. pot. in relative clause, "they did not have (anything) *where they could receive*"

διερρυηκότες: perf. part. of διαρρέω, "having allowed to flow through" i.e. having become leaky

τὰ σαπρὰ: "just *like the rotten parts* of purses"

εἴ ... ἐμβάλοι: aor. opt. in past gen. protasis, "*if anyone ever put into* them"

ἐξέπιπτεν καὶ διέρρει: impf. in past gen. apodosis, " they always fell out and flowed through"

οὐ δυναμένου: pr. part. in gen. abs., "the bottom *not being able to*" + inf.

General Conditions

A **present general condition** has ἐάν (Attic ἤν) + subj. in the protasis; present indicative in the apodosis:

> ἢν δέ ποτε καὶ ἀρύσωμαι καὶ προσενέγκω τῷ στόματι, οὐ φθάνω βρέξας ἄκρον τὸ χεῖλος: "And if ever (i.e. whenever) I draw and bring it to my mouth, I do not manage to wet my lip."

However, Lucian often uses the optative in the protasis of such conditions, especially when the premise is unlikely to be fulfilled:

> Οὐδὲν ὄφελος, εἰ ἐπικύψαιμι: "It is no use, if (ever) I stoop."

A **past general condition** has εἰ + the optative in the protasis; imperfect indicative in the apodosis:

> εἴ ποτε καὶ ἐμβάλοι τις ἐς αὐτοὺς ἢ σοφίαν ἢ παρρησίαν ἢ ἀλήθειαν, ἐξέπιπτεν εὐθὺς καὶ διέρρει: "If anyone ever put into them wisdom or frankness or truth, they would immediately fall out and drain through."

οἷόν τι πάσχουσιν αἱ τοῦ Δαναοῦ αὗται παρθένοι ἐς τὸν
τετρυπημένον πίθον ἐπαντλοῦσαι· τὸ δὲ χρυσίον ὀδοῦσι
καὶ ὄνυξι καὶ πάσῃ μηχανῇ ἐφύλαττον.

ΚΡΑΤΗΣ: Οὐκοῦν ἡμεῖς μὲν ἕξομεν κἀνταῦθα τὸν πλοῦτον,
οἱ δὲ ὀβολὸν ἥξουσι κομίζοντες καὶ τοῦτον ἄχρι τοῦ
πορθμέως.

ἄχρι: up to (+ *gen.*)
ἐπαντλέω: to pump over or upon, pour over
ἥκω: to have come, be present, be here
κομίζω: to take care of, provide for
μηχανή, ἡ: an instrument, device
ὀβολός, ὁ: an obol
ὀδούς, -όντος, ὁ: a tooth
οἷος, -α, -ον: the sort of thing

ὄνυξ, -υχος, ὁ: a talon
οὐκοῦν: therefore, then, accordingly
παρθένος, ἡ: a maid, virgin
πίθος, ὁ: a jar
πορθμεύς, -έως, ὁ: a ferryman
τρυπάω: to bore, pierce through
φυλάττω: to keep watch and ward, keep guard

οἷόν τι πάσχουσιν: "such a thing as they suffered"
αἱ τοῦ Δαναοῦ: the daughters of Danaus killed their husbands on their wedding night and were condemned to carry water in Hades with leaky jars
τετρυπημένον: perf. part., "into *the perforated* jar"
ἐπαντλοῦσαι: pr. part. nom. f. of **ἐπι-αντλέω**, "pouring over"
ὀδοῦσι, etc.: dat. of means, "guard *with their teeth*, etc."
ἐφύλαττον: impf., "they (men in general) are accustomed to guard"
ἕξομεν: fut. of **ἔχω**, "we will have"
κἀνταῦθα (=καὶ ἐνταῦθα): "even here"
κομίζοντες: pr. part. supplementing ἥξουσι, "they will come *bringing*"

73

12. (25) Alexander, Hannibal, Minos and Scipio

Three of the greatest generals debate which of them deserves the pride of place before Minos the judge.

ΑΛΕΞΑΝΔΡΟΣ: Ἐμὲ δεῖ προκεκρίσθαι σου, ὦ Λίβυ: ἀμείνων γάρ εἰμι.

ΑΝΝΙΒΑΣ: Οὐ μὲν οὖν, ἀλλ' ἐμέ.

ΑΛΕΞΑΝΔΡΟΣ: Οὐκοῦν ὁ Μίνως δικασάτω.

ΜΙΝΩΣ: Τίνες δὲ ἐστέ;

ΑΛΕΞΑΝΔΡΟΣ: Οὗτος μὲν Ἀννίβας ὁ Καρχηδόνιος, ἐγὼ δὲ Ἀλέξανδρος ὁ Φιλίππου.

ΜΙΝΩΣ: Νὴ Δία ἔνδοξοί γε ἀμφότεροι. ἀλλὰ περὶ τίνος ὑμῖν ἡ ἔρις;

ΑΛΕΞΑΝΔΡΟΣ: Περὶ προεδρίας: φησὶ γὰρ οὗτος ἀμείνων γεγενῆσθαι στρατηγὸς ἐμοῦ, ἐγὼ δέ, ὥσπερ ἅπαντες

Ἀλέξανδρος, ὁ: Alexander (the Great)
ἀμείνων, -ον: better, abler, stronger, braver
ἀμφότερος, -α, -ον: both of two
Ἀννίβας, ὁ: Hannibal, the Carthaginian general
ἅπας, ἅπασα, ἅπαν: quite all
δικάζω: to judge, to give judgment on
ἔνδοξος, -ον: of high repute
ἔρις, -δος, ἡ: strife, quarrel

Καρχηδόνιος, -ή, -όν: Carthaginian
Λίβυς: a Libyan (here Hannibal)
Μίνως, ὁ: Minos, judge of underworld
οὐκοῦν: therefore, then, accordingly
προεδρία, ἡ: the privilege of the front seats
προκρίνω: to choose before others, prefer
στρατηγός, ὁ: a general
Φιλίππος, ὁ: Philip of Macedon, father of Alexander the Great

---

προκεκρίσθαι: perf. inf. after δεῖ, "it is necessary for me *to be preferred*"
δικασάτω: aor. imper. 3. s., "let Minos judge!"
γεγενῆσθαι: perf. inf. in ind. st., "says *that he has become*" i.e. that he is
ὥσπερ ἅπαντες ἴσασιν: parenthetical, "as all know"

74

ἴσασιν, οὐχὶ τούτου μόνον, ἀλλὰ πάντων σχεδὸν τῶν πρὸ ἐμοῦ φημι διενεγκεῖν τὰ πολέμια.

ΜΙΝΩΣ: Οὐκοῦν ἐν μέρει ἑκάτερος εἰπάτω, σὺ δὲ πρῶτος ὁ Λίβυς λέγε.

ΑΝΝΙΒΑΣ: ἓν μὲν τοῦτο, ὦ Μίνως, ὠνάμην, ὅτι ἐνταῦθα καὶ τὴν Ἑλλάδα φωνὴν ἐξέμαθον· ὥστε οὐδὲ ταύτῃ πλέον οὗτος ἐνέγκαιτό μου. φημὶ δὲ τούτους μάλιστα ἐπαίνου ἀξίους εἶναι, ὅσοι τὸ μηδὲν ἐξ ἀρχῆς ὄντες ὅμως ἐπὶ μέγα προεχώρησαν δι' αὐτῶν δύναμίν τε περιβαλόμενοι καὶ

ἄξιος, -α, -ον: worthy of (+ *gen.*)
ἀρχή, ἡ: a beginning
διαφέρω: to surpass (+ *gen.*)
δύναμις, -εως, ἡ: power, might, strength
εἶπον: to speak, say (aor.)
εἷς, μία, ἕν: one
ἑκάτερος: each of two, either, each singly
ἐκμανθάνω: to learn thoroughly
Ἑλλάς, -αδος, ἡ: Greek (language)
ἔπαινος, ὁ: approval, praise, commendation
μάλιστα: especially

μέρος, -εος, τό: a part, share
ὀνίνημι: to profit, derive benefit from
περιβάλλω: to wrap round
πλέων, πλέον: more (comparative of πολύς)
πολέμιος, -α, -ον: of or belonging to war
πρό: before (+ *gen.*)
προχωρέω: to go or come forward, advance
πρῶτος, -η, -ον: first
σχεδόν: close, near, hard by, nigh
φωνή, ἡ: a language

οὐχὶ τούτου μόνον, ἀλλὰ: "not only this one, but also"
διενεγκεῖν: aor. inf. of δια-φέρω in ind. st. after φημι, "I claim *that I surpass*" + gen.
τὰ πολέμια: acc. respect, "with regard to war"
εἰπάτω: aor. imper. 3 s., "let each one say"
ὠνάμην: aor., "*I have benefited* one thing"
ὅτι ... ἐξέμαθον: in apposition to ἓν τοῦτο: "this, *namely that I learned*"
ὥστε ... ἐνέγκαιτο: aor. opt. of φέρω in result clause, "*so that this one would not succeed*"
ταύτῃ: dat. of cause, "because of this" i.e. language
τούτους ... εἶναι: inf. in ind. st. after φημὶ, "I claim *these to be* worthy of" + gen.
ὅσοι ... προεχώρησαν: aor., "these *who advanced*"
τὸ μηδὲν: nom. pred., "who being *nothing*"
δι' αὐτῶν (=ἑαυτῶν): through themselves"
περιβαλόμενοι: aor. part., "*having wrapped around themselves* power"

Lucian

ἄξιοι δόξαντες ἀρχῆς. ἔγωγ' οὖν μετ' ὀλίγων ἐξορμήσας ἐς
τὴν Ἰβηρίαν τὸ πρῶτον ὕπαρχος ὢν τῷ ἀδελφῷ μεγίστων
ἠξιώθην ἄριστος κριθείς, καὶ τούς τε Κελτίβηρας εἷλον
καὶ Γαλατῶν ἐκράτησα τῶν ἑσπερίων καὶ τὰ μεγάλα ὄρη
ὑπερβὰς τὰ περὶ τὸν Ἠριδανὸν ἅπαντα κατέδραμον καὶ
ἀναστάτους ἐποίησα τοσαύτας πόλεις καὶ τὴν πεδινὴν
Ἰταλίαν ἐχειρωσάμην καὶ μέχρι τῶν προαστείων τῆς
προὐχούσης πόλεως ἦλθον καὶ τοσούτους ἀπέκτεινα

ἀδελφός, ὁ: a brother	κατατρέχω: to overrun
αἱρέω: to capture, conquer	Κελτίβηρες, οἱ: the Celtiberians
ἀνάστατος, -ον: evacuated	κρατέω: to defeat (+ gen.)
ἀξιόω: to think or deem worthy of	κρίνω: to pick out, choose
ἀποκτείνω: to kill, slay	μέχρι: up to (+ gen.)
ἄριστος, -η, ον: best	ὀλίγος, -η, -ον: few, small number of
ἀρχή, ἡ: rule, command	ὄρος, -εος, τό: a mountain
Γαλάται, οἱ: the Gauls	πεδινός, -η, -ον: the level part, the plain of
δοκέω: to be reputed	πόλις, -εως, ἡ: a city
ἐξορμάω: to set out to war	προάστειον, τό: the outskirts of a city
ἑσπερίος, -ον: western	προέχω: to be before, to surpass
Ἠριδανός ὁ: Eridanus River, the Po River in Italy	τοσοῦτος, -αύτη, -οῦτο: so many
Ἰβηρία, ἡ: Iberia, in Spain	ὕπαρχος, ὁ: commanding under (+ dat.)
Ἰταλία, ἡ: Italy	ὑπερβαίνω: to step over, mount, scale
	χειρόω: to master, subdue

δόξαντες: aor., "*having become reputed* worthy of" + gen.

ἐξορμήσας: aor. part., "having set out (to war) against"

τῷ ἀδελφῷ: "to my brother," i.e. Hasdrubal, the brother-in-law of Hannibal

ἠξιώθην: aor. pass. of ἀξιόω, "I was deemed worthy of" + gen.

κριθείς: aor. part. pass. causal of κρίνω, "*because I was judged* to be best"

εἷλον: aor. of αἱρέω, "I captured"

τῶν ἑσπερίων: attributive, "the Gauls, *the western ones*" as opposed to the Galatians in Anatolia

ὑπερβὰς: aor. part., "*having crossed over* the great mountains (the Alps)"

κατέδραμον: aor. of κατα-τρέχω, "I overran"

ἀναστάτους: acc. pred., "I made so many cities *evacuated*," i.e. made them empty

ἐχειρωσάμην: aor. mid., "I subdued"

προὐχούσης: pr. part. of προ-έχω, "the outskirts *of the surpassing* city" i.e. Rome

ἀπέκτεινα: aor., "*I killed* so many"

76

μιᾶς ἡμέρας, ὥστε τοὺς δακτυλίους αὐτῶν μεδίμνοις
ἀπομετρῆσαι καὶ τοὺς ποταμοὺς γεφυρῶσαι νεκροῖς. καὶ
ταῦτα πάντα ἔπραξα οὔτε Ἄμμωνος υἱὸς ὀνομαζόμενος
οὔτε θεὸς εἶναι προσποιούμενος ἢ ἐνύπνια τῆς μητρὸς
διεξιών, ἀλλ᾽ ἄνθρωπος εἶναι ὁμολογῶν, στρατηγοῖς τε
τοῖς συνετωτάτοις ἀντεξεταζόμενος καὶ στρατιώταις
τοῖς μαχιμωτάτοις συμπλεκόμενος, οὐ Μήδους καὶ
Ἀρμενίους καταγωνιζόμενος ὑποφεύγοντας πρὶν διώκειν

Ἄμμων, -ωνος, ὁ: Zeus-Ammon
ἀντεξετάζω: to try, to test
ἀπομετρέω: to measure out, count
Ἀρμενίος, ὁ: an Armenian
γεφυρόω: to bridge over
δακτύλιος, ὁ: a ring
διεξέρχομαι: to go through, to narrate
διώκω: to pursue
ἐνύπνιον, τό: a dream
ἡμέρα, ἡ: a day
καταγωνίζομαι: to prevail against, conquer
μάχιμος, -ος, -ον: warlike
μέδιμνος, ὁ: a measure, a bushel
Μῆδος, ὁ: a Mede, Persian

μήτηρ, μητρός, ἡ: a mother
νεκρός, ὁ: a dead body, corpse
ὀνομάζω: to name or address by name
ποταμός, ὁ: a river, stream
πράττω: to do
πρίν: before (+ *inf.*)
προσποιέω: to make over to
στρατηγός, ὁ: a general
στρατιώτης, -ου, ὁ: a soldier
συμπλέκω: to twine together, engage with (+ *dat.*)
συνετός, -ή, -όν: intelligent, sagacious, wise
υἱός, ὁ: a son
ὑποφεύγω: to flee from under, shun

μιᾶς ἡμέρας: gen. of time within which, "in the course of a single day"
ὥστε ... ἀπομετρῆσαι καὶ ... γεφυρῶσαι: aor. inf. in result clause, "so that you could count up ... so that you could make bridges"
νεκροῖς: dat. of means, "I made bridges *with corpses*"
ἔπραξα: aor., "*I did* these things"
υἱὸς: nom. pred., "not by being named *the son*" Alexander was declared the son of Zeus-Ammon at the Egyptian oracle in the Libyan desert
προσποιούμενος: pr. part. instrumental, "nor *by being made* to be"
διεξιών: pr. part. instrumental of δια-ἐξ-έρχομαι: "nor *by narrating* dreams"
ὁμολογῶν: pr. part. instrumental, "but by agreeing to" + inf.
ἀντεξεταζόμενος: pr. part. instrumental, "by testing myself against" + dat.
συμπλεκόμενος: pr. part. instrumental, "by engaging with" + dat.
καταγωνιζόμενος: pr. part. instrumental, "by conquering" + acc.
ὑποφεύγοντας ... παραδιδόντας: pr. part. circumstantial, "Medes *who flee .. who hand over to*"
πρὶν διώκειν: "before anyone chases"

τινὰ καὶ τῷ τολμήσαντι παραδιδόντας εὐθὺς τὴν νίκην. Ἀλέξανδρος δὲ πατρῴαν ἀρχὴν παραλαβὼν ηὔξησε καὶ παρὰ πολὺ ἐξέτεινε χρησάμενος τῇ τῆς τύχης ὁρμῇ. ἐπεὶ δ' οὖν ἐνίκησέ τε καὶ τὸν ὄλεθρον ἐκεῖνον Δαρεῖον ἐν Ἰσσῷ τε καὶ Ἀρβήλοις ἐκράτησεν, ἀποστὰς τῶν πατρῴων προσκυνεῖσθαι ἠξίου καὶ ἐς δίαιταν τὴν Μηδικὴν μετεδιῄτησεν ἑαυτὸν καὶ ἐμιαιφόνει ἐν τοῖς συμποσίοις τοὺς φίλους καὶ συνελάμβανεν ἐπὶ θανάτῳ. ἐγὼ δὲ ἦρξα

Ἀρβήλοι, οἱ: the city of Arbela
ἀρχή, ἡ: rule, empire
ἄρχω: to begin, to lead, to rule
αὐξάνω: to make large, increase, augment
ἀφίστημι: to step away, put away
Δαρεῖος, ὁ: Darius III (380-330 BCE)
δίαιτα, ἡ: a mode of life
ἐκτείνω: to stretch out
θάνατος, ὁ: death
Ἰσσός, ὁ: the Issus River
μεταδιαιτάω: to change one's way of life
Μηδικός, -ή, -όν: the war with the Medes
μιαιφονέω: to slaughter
νικάω: to conquer, prevail, vanquish

νίκη, ἡ: a victory in battle
ὄλεθρος, ὁ: a wretch
ὁρμή, ἡ: an assault, attack, onset
παραδίδωμι: to give or hand over X (acc.) to Y (dat.)
παραλαμβάνω: to receive from
πατρῷος, -α, -ον: of one's father, inherited
προσκυνέω: to make obeisance, worship
συλλαμβάνω: to gather together, to arrest
συμπόσιον, τό: a drinking-party, symposium
τολμάω: to be bold
τύχη, ἡ: fortune
φίλος, ὁ: a loved one, friend
χράομαι: to use (+ dat.)

τῷ τολμήσαντι: aor. part. dat. ind. obj., "to the one who is bold"

παραλαβὼν: aor. part., "having received"

ηὔξησε: aor., "he increased"

τῇ .. ὁρμῇ: dat. after χρησάμενος, "by having used *the force* of fortune"

ἐν Ἰσσῷ τε καὶ Ἀρβήλοις: the battles of Issus (333) and Arbela (333), better known as the battle of Guagamela, where Alexander defeated Darius

ἀποστὰς: aor. part. intransitive of ἀπο-ίστημι, "he, *having stepped away from*" + gen.

προσκυνεῖσθαι: pr. pass. inf., "to be worshipped"

ἠξίου: impf., "he started demanding to" + inf.

μετεδιῄτησεν: aor. of μετα-διαιτάω, "*he changed his lifestyle* to the Persian mode"

ἐμιαιφόνει: impf., "*he started slaughtering* his friends" most famously killing Cleitas in a drunken brawl

ἐπὶ θανάτῳ: "he started arresting them *for death*"

ἐπ᾽ ἴσης τῆς πατρίδος, καὶ ἐπειδὴ μετεπέμπετο τῶν
πολεμίων μεγάλῳ στόλῳ ἐπιπλευσάντων τῇ Λιβύῃ,
ταχέως ὑπήκουσα, καὶ ἰδιώτην ἐμαυτὸν παρέσχον καὶ
καταδικασθεὶς ἤνεγκα εὐγνωμόνως τὸ πρᾶγμα. καὶ
ταῦτα ἔπραξα βάρβαρος ὢν καὶ ἀπαίδευτος παιδείας
τῆς Ἑλληνικῆς καὶ οὔτε Ὅμηρον ὥσπερ οὗτος ῥαψῳδῶν
οὔτε ὑπ᾽ Ἀριστοτέλει τῷ σοφιστῇ παιδευθείς, μόνῃ δὲ τῇ
φύσει ἀγαθῇ χρησάμενος. ταῦτά ἐστιν ἃ ἐγὼ Ἀλεξάνδρου
ἀμείνων φημὶ εἶναι. εἰ δέ ἐστι καλλίων οὑτοσί, διότι

ἀγαθός, -ή, -όν: good
ἀπαίδευτος, -ον: uneducated
βάρβαρος, -ον: barbarous
Ἑλληνικός, -ή, -όν: Greek
ἐπιπλέω: to sail upon or over
εὐγνωμόνως: affably, with equanimity
ἰδιώτης, -ου, ὁ: a private person, an
   individual
ἴσος, -η, -ον: equal to, the same as
καλλίων, -ον: more beautiful
καταδικάζω: to condemn
Λιβύη, ἡ: Libya, the north part of Africa
μεταπέμπω: to send after (+ *gen.*)
Ὅμηρος, ὁ: Homer

παιδεία, ἡ: an education
παιδεύω: to educate, tutor
παρέχω: to furnish, provide
πατρίς, -ίδος, ἡ: a fatherland
πολέμιος, ὁ: an enemy
πρᾶγμα, -ατος, τό: a deed, act
ῥαψῳδέω: to recite (epic poems)
σοφιστής, -οῦ, ὁ: an adept, a sophist
στόλος, ὁ: equipment, navy
ταχέως: quickly
ὑπακούω: to hearken, obey
φέρω: to bear, endure
φύσις, ἡ: natural qualities

ἐπ᾽ ἴσης: "*on equal terms* with my country"

μετεπέμπετο: impf., "when she (my country) would send me against" + gen.

ἐπιπλευσάντων: aor. part. agreeing with πολεμίων, "enemies *who had sailed against*"
   + dat.

ἰδιώτην: acc. pred., "as a private citizen"

παρέσχον: aor., "I provided myself" i.e. surrendered himself

καταδικασθείς: aor. part. pass., "having been condemned"

ἤνεγκα: aor. of φέρω, "*I endured* the matter"

ὤν: pr. part., "I did these things *while being* a barbarian"

ῥαψῳδῶν: pr. part., "neither *reciting* Homer"

παιδευθείς: aor. part. pass., "nor *having been tutored* by Aristotle"

τῇ φύσει: dat. after χρησάμενος, "having made use of *nature* only"

ἃ: acc. respect, "these are the things *for which*"

Ἀλεξάνδρου: gen. of comp. after ἀμείνων, "better *than Alexander*"

διαδήματι τὴν κεφαλὴν διεδέδετο, Μακεδόσι μὲν ἴσως
καὶ ταῦτα σεμνά, οὐ μὴν διὰ τοῦτο ἀμείνων μὲν δόξειεν
ἂν γενναίου καὶ στρατηγικοῦ ἀνδρὸς τῇ γνώμῃ πλέον
ἤπερ τῇ τύχῃ κεχρημένου.

ΜΙΝΩΣ: Ὁ μὲν εἴρηκεν οὐκ ἀγεννῆ τὸν λόγον οὐδὲ ὡς Λίβυν
εἰκὸς ἦν ὑπὲρ αὑτοῦ. σὺ δέ, ὦ Ἀλέξανδρε, τί πρὸς ταῦτα
φής;

ΑΛΕΞΑΝΔΡΟΣ: Ἐχρῆν μέν, ὦ Μίνως, μηδὲν πρὸς ἄνδρα
οὕτω θρασὺν ἀποκρίνασθαι· ἱκανὴ γὰρ ἡ φήμη διδάξαι
σε, οἷος μὲν ἐγὼ βασιλεύς, οἷος δὲ οὗτος λῃστὴς ἐγένετο.
ὅμως δὲ ὅρα εἰ κατ᾽ ὀλίγον αὐτοῦ διήνεγκα, ὃς νέος ὢν ἔτι

ἀγεννής, -ές: ignoble
ἀποκρίνομαι: to answer, respond
βασιλεύς, -έως, ὁ: a king, chief
γενναῖος, -α, -ον: noble
γνώμη, ἡ: judgement, intelligence
διαδέω: to bind round
διάδημα, -ατος, τό: a band or fillet
διαφέρω: to be superior to (+ gen.)
διδάσκω: to teach
ἔοικα: to seem
θρασύς, -εῖα, -ύ: bold, impudent
ἱκανός, -η, -ον: becoming, befitting

κεφαλή, ἡ: a head
λῃστής, -οῦ, ὁ: a robber, plunderer
Μακεδών, -ονος, ὁ: a Macedonian
οἷος, -α, -ον: what sort of
ὅμως: nevertheless
πλέων, πλέον: more
σεμνός, -ή, -όν: revered, respected
στρατηγικός, -ή, -όν: of or for a general
τύχη, ἡ: fortune
φήμη, ἡ: fame, rumor
χρή: it necessary

Μακεδόσι: dat. of reference with σεμνά, "respectable *to Macedonians*"
διεδέδετο: plupf. of δια-δέω, "because *he had bound* his head"
οὐ μὴν ... δόξειεν ἂν: aor. opt. pot., "certainly he would not seem"
ἀνδρὸς: gen. of comp. after ἀμείνων, "seem better *than a man*"
κεχρημένου: perf. part. gen. agreeing with ἀνδρὸς, "a man *who has used*" + dat.
πλέον ἤπερ: "more than"
ὁ μὲν ... σὺ δέ: "while he ... but you"
εἴρηκεν: perf. of λέγω, "he has spoken"
οὐδὲ ὡς Λίβυν εἰκὸς: part. of ἔοικα, "not like a Libyan"
μηδὲν (sc. λέγειν): "it was necessary (to say) *nothing*"
διδάξαι: aor. inf. epexegetic after ἱκανὴ, "sufficient *to teach*"
εἰ ... διήνεγκα: aor. of δια-φέρω in ind. quest. after ὅρα, "consider *whether I was superior to*" + gen.

παρελθὼν ἐπὶ τὰ πράγματα καὶ τὴν ἀρχὴν τεταραγμένην
κατέσχον καὶ τοὺς φονέας τοῦ πατρὸς μετῆλθον, κᾆτα
φοβήσας τὴν Ἑλλάδα τῇ Θηβαίων ἀπωλείᾳ στρατηγὸς
τε ὑπ᾽ αὐτῶν χειροτονηθεὶς οὐκ ἠξίωσα τὴν Μακεδόνων
ἀρχὴν περιέπων ἀγαπᾶν ἄρχειν ὁπόσων ὁ πατὴρ
κατέλιπεν, ἀλλὰ πᾶσαν ἐπινοήσας τὴν γῆν καὶ δεινὸν
ἡγησάμενος, εἰ μὴ ἁπάντων κρατήσαιμι, ὀλίγους ἄγων

ἀγαπάω: to love, to be content with (+ *part.*)
ἀπώλεια, ἡ: destruction
ἀρχή, ἡ: rule, kingdom
γῆ, ἡ: earth
δεινός, -ή, -όν: fearful, terrible, dread, dire
Ἑλλάς, -άδας, ἡ: Greece
ἐπινοέω: to think on, set one's mind on
ἡγέομαι: to lead the way, to consider
Θηβαῖος, ὁ: a Theban
καταλείπω: to leave behind
κατέχω: to hold fast, to compose

κρατέω: to be strong, defeat
μετέρχομαι: to go after
ὁπόσος, -η, -ον: as much as
παρέρχομαι: to go by, arrive at
περιέπω: to treat with great care
στρατηγός, ὁ: a general
ταράττω: to stir up, to trouble
φοβέω: to put to flight, terrify
φονεύς, -έως, ὁ: a murderer, slayer
χειροτονέω: to stretch out the hand (in order to vote), to elect by voting

---

παρελθὼν: aor. part. of παρα-έρχομαι: "*having arrived at* state affairs"

τεταραγμένην: perf. part. circumstantial, "the kingdom *at a time when it had become stirred up*"

κατέσχον: aor. of κατα-έχω, "I composed"

μετῆλθον: aor., "I went after" i.e. I prosecuted

κᾆτα (=καί εἶτα): "and next"

στρατηγὸς: nom. pred., "elected *general*"

χειροτονηθεὶς: aor. part. pass., "having been elected" (by signalling with a raised hand)

περιέπων: pr. part. of περι-έπω instrumental, "*by caring for*"

ἀγαπᾶν: pr. inf. after ἠξίωσα, "I did not think it worthy *to be content to*" + inf.

ὁπόσων ... κατέλιπεν: aor. in relative clause with pron. attracted into case of antecedent, "to rule *as much as* my father *left behind*"

ἐπινοήσας: aor. part., "but having set my mind to"

δεινὸν: acc. pred. after ἡγησάμενος, "having considered it to be *a terrible thing*"

ἡγησάμενος: aor. part., "and having considered"

εἰ μὴ ... κρατήσαιμι: aor. opt. in fut. less vivid protasis, "if I were not to conquer"

ἐσέβαλον ἐς τὴν Ἀσίαν, καὶ ἐπί τε Γρανικῷ ἐκράτησα
μεγάλῃ μάχῃ καὶ τὴν Λυδίαν λαβὼν καὶ Ἰωνίαν καὶ
Φρυγίαν καὶ ὅλως τὰ ἐν ποσὶν ἀεὶ χειρούμενος ἦλθον ἐπὶ
Ἰσσόν, ἔνθα Δαρεῖος ὑπέμεινε μυριάδας πολλὰς στρατοῦ
ἄγων. καὶ τὸ ἀπὸ τούτου, ὦ Μίνως, ὑμεῖς ἴστε ὅσους
ὑμῖν νεκροὺς ἐπὶ μιᾶς ἡμέρας κατέπεμψα· φησὶ γοῦν ὁ
πορθμεὺς μὴ διαρκέσαι αὐτοῖς τότε τὸ σκάφος, ἀλλὰ
σχεδίας πηξαμένους τοὺς πολλοὺς αὐτῶν διαπλεῦσαι.

ἄγω: to lead or carry, to convey, bring
ἀεί: always, for ever
Ἀσία, ἡ: Asia
γοῦν: at least then, at any rate, any way
Γρανικός, ὁ: the Granicus River
Δαρεῖος, ὁ: Darius
διαπλέω: to sail across
διαρκέω: to be quite sufficient
εἷς, μία, ἕν: one
εἰσβάλλω: to throw into, put into
ἔνθα: there
ἡμέρα, ἡ: a day
Ἰώνια, ἡ: Ionia
καταπέμπω: to send down

λαμβάνω: to take
Λυδία, ἡ: Lydia
μάχη, ἡ: a battle, fight, combat
μυριάς, -άδος, ἡ: a myriad (10,000)
ὅλως: completely
πήγνυμι: to fix
πορθμεύς, -έως, ὁ: a ferryman
πούς, ποδός, ὁ: a foot
σκάφος, -εος, τό: a boat
στρατός, ὁ: an encamped army
σχεδία, ἡ: a raft, float
ὑπομένω: to stay behind, survive
χειρόω: to master, subdue

ἐσέβαλον: aor., "I threw myself into"

ἐπί Γρανικῷ: "at the Granicus River (334), Alexander's first battle against the Persian empire

λαβὼν: aor. part., "having captured"

τὰ ἐν ποσὶν: "the things at my feet" i.e. everything in my path

τὸ ἀπὸ τούτου: acc. respect, "the from this" i.e. as for the the outcome

ὅσους … κατέπεμψα: ind. quest. after ἴστε, "you know *how many I sent down*"

ἐπὶ μιᾶς ἡμέρας: "in the course of one day"

μὴ διαρκέσαι: aor. inf. in ind. st. after φησὶ, "says that the boat *was not sufficient for*" + dat.

πηξαμένους: aor. part. agreeing with πολλοὺς, "most *having fashioned* rafts"

τοὺς πολλοὺς … διαπλεῦσαι: aor. inf. also in ind. st. after φησὶ, "that most sailed over"

καὶ ταῦτα διέπραττον αὐτὸς προκινδυνεύων καὶ
τιτρώσκεσθαι ἀξιῶν. καὶ ἵνα σοι μὴ τὰ ἐν Τύρῳ μηδὲ τὰ
ἐν Ἀρβήλοις διηγήσωμαι, ἀλλὰ καὶ μέχρι Ἰνδῶν ἦλθον
καὶ τὸν Ὠκεανὸν ὅρον ἐποιησάμην τῆς ἀρχῆς καὶ τοὺς
ἐλέφαντας αὐτῶν εἶχον καὶ Πῶρον ἐχειρωσάμην, καὶ
Σκύθας δὲ οὐκ εὐκαταφρονήτους ἄνδρας ὑπερβὰς τὸν
Τάναϊν ἐνίκησα μεγάλῃ ἱππομαχίᾳ, καὶ τοὺς φίλους εὖ
ἐποίησα καὶ τοὺς ἐχθροὺς ἠμυνάμην. εἰ δὲ καὶ θεὸς ἐδόκουν
τοῖς ἀνθρώποις, συγγνωστοὶ ἐκεῖνοι πρὸς τὸ μέγεθος
τῶν πραγμάτων καὶ τοιοῦτόν τι πιστεύσαντες περὶ

ἀμύνομαι: to take revenge against	πιστεύω: to trust, believe in
Ἀρβῆλοι, οἱ: Arbele (Gauagamela)	ποιέω: to do
διαπράττω: to accomplish, do	προκινδυνεύω: to run risk ahead (of others)
διηγέομαι: to set out in detail, describe in full	Πῶρος, ὁ: Porus, King of Paurava
ἐλέφας, -αντος, ὁ: the elephant	Σκύθης, -ου, ὁ: a Scythian
εὐκαταφρόνητος, -ον: contemptible	συγγνωστός, -όν: pardonable, allowable
ἐχθρός, ὁ: an enemy	Τάναϊς, ὁ: the Tanais River
Ἰνδός, ὁ: an Indian	τιτρώσκω: to wound
ἱππομαχία, ἡ: a cavalry battle	τοιοῦτος, -αύτη, -οῦτο: such as this
μέγεθος, -εος, τό: greatness, magnitude	Τύρος, ὁ: Tyre
μέχρι: so far as (+ *gen.*)	ὑπερβαίνω: to cross over
νικάω: to conquer, prevail, vanquish	φίλος ὁ: a friend
ὅρος, ὁ: a boundary, landmark	χειρόω: to master, subdue

διέπραττον: impf., "I myself *used to do* these things" ἵνα μὴ ... διηγήσωμαι: aor. subj.
   in neg. purpose clause, "lest I narrate" i.e. skipping over these things, an example
   of *praeteritio*
τὰ ἐν Τύρῳ: "the events in Tyre," site of a successful siege in 334
τὰ ἐν Ἀρβήλοις: the battle of Gaugamela in 331, Alexander's most famous victory
ὅρον: acc. pred., "I made the ocean *the boundary*"
Πῶρον: the Indian king defeated by Alexander at the battle of Hydaspes in 326
Σκύθας: Defeated by Alexander in the battle of Jaxartes in 329, but not near the
   Tanais river
ὑπερβὰς: aor. part., "*having crossed* the Tanais River"
ἠμυνάμην: aor., "I took vengeance on"
θεὸς: nom. pred., "if I seemed to be *a god*"
πιστεύσαντες: aor. part. circumstantial, "*when they believed* such a thing"

ἐμοῦ. τὸ δ' οὖν τελευταῖον ἐγὼ μὲν βασιλεύων ἀπέθανον,
οὗτος δὲ ἐν φυγῇ ὢν παρὰ Προυσίᾳ τῷ Βιθυνῷ, καθάπερ
ἄξιον ἦν πανουργότατον καὶ ὠμότατον ὄντα· ὡς γὰρ δὴ
ἐκράτησεν τῶν Ἰταλῶν, ἐῶ λέγειν ὅτι οὐκ ἰσχύι, ἀλλὰ
πονηρίᾳ καὶ ἀπιστίᾳ καὶ δόλοις, νόμιμον δὲ ἢ προφανὲς
οὐδέν. ἐπεὶ δέ μοι ὠνείδισε τὴν τρυφήν, ἐκλελῆσθαί
μοι δοκεῖ οἷα ἐποίει ἐν Καπύῃ ἑταίραις συνὼν καὶ τοὺς
τοῦ πολέμου καιροὺς ὁ θαυμάσιος καθηδυπαθῶν. ἐγὼ

ἄξιος, -α, -ον: worthy
ἀπιστία, ἡ: treachery
ἀποθνήσκω: to die off, die
βασιλεύω: to be king, to rule, reign
Βιθυνός, ὁ: a Bithynian
δόλος, ὁ: a trick
ἐάω: to allow to (+ inf.)
ἐκλανθάνω: to escape notice utterly
ἑταίρα, ἡ: a companion
θαυμάσιος, -ον: wonderful, marvellous
ἰσχύς, -ύος, ἡ: strength
Ἰταλός, ὁ: an Italian
καθάπερ: according as, just as
καθηδυπαθέω: to squander in luxury

καιρός, ὁ: a proper time, opportunity
Καπύη, ἡ: Capua
νόμιμος, -η, -ον: legitimate
ὀνειδίζω: to reproach X (dat.) with Y (acc.)
πάνουργος, -ον: wicked, knavish
πόλεμος, ὁ: a battle, fight, war
πονηρία, ἡ: a badness
Προυσίας, ὁ: Prusias
προφανής, -ές: showing onself in the open
σύνειμι: to be with (+ dat.)
τελευταῖος, -α, -ον: last
τρυφή, ἡ: softness, delicacy, daintiness
φυγή, ἡ: flight
ὠμός, -ή, -όν: raw, savage

τὸ τελευταῖον: acc. adverbial, "finally"

βασιλεύων: pr. part., "I died *while still ruling*"

παρὰ Προυσίᾳ τῷ Βιθυνῷ: "at the court of Prusias of Bithynia"

καθάπερ ἄξιον ἦν: "as it was deserving"

ὄντα: pr. part. causal, "*since he was* very wicked" but we would expect the dat. after
   ἄξιον

ἐῶ λέγειν: "I let alone to say" i.e. I pass over in silence, an example of *praeteritio*

ὅτι οὐκ ἰσχύι: dat. of means, "that (he did these things) *not by strength*"

(ὅτι) νόμιμον δὲ ἢ προφανὲς: nom. pred., "(that) nothing was *legitimate and in the
   open*"

ὠνείδισεν: aor. of ὀνειδίζω, "when *he reproached* me"

ἐκλελῆσθαι: perf. inf. after δοκεῖ, "he seems to me *to have forgotten*"

οἷα ἐποίει: impf., "what he was doing"

συνὼν: pr. part., "being with" + dat.

δὲ εἰ μὴ μικρὰ τὰ ἑσπέρια δόξας ἐπὶ τὴν ἕω μᾶλλον
ὥρμησα, τί ἂν μέγα ἔπραξα Ἰταλίαν ἀναιμωτὶ λαβὼν
καὶ Λιβύην καὶ τὰ μέχρι Γαδείρων ὑπαγόμενος; ἀλλ'
οὐκ ἀξιόμαχα ἔδοξέ μοι ἐκεῖνα ὑποπτήσσοντα ἤδη καὶ
δεσπότην ὁμολογοῦντα. εἴρηκα· σὺ δέ, ὦ Μίνως, δίκαζε·
ἱκανὰ γὰρ ἀπὸ πολλῶν καὶ ταῦτα.

ΣΚΙΠΙΩΝ: Μὴ πρότερον, ἢν μὴ καὶ ἐμοῦ ἀκούσῃς.

ΜΙΝΩΣ: Τίς γὰρ εἶ, ὦ βέλτιστε; ἢ πόθεν ὢν ἐρεῖς;

ἀναιμωτί: without shedding blood
ἀξιόμαχος, -ον: a worthy match
βέλτιστος, -η, -ον: best
Γάδειρα, τά: the city of Cadiz, at the western
   end of the Mediterranean Sea
δεσπότης, -ου, ὁ: a master
δικάζω: to judge, to give judgment on
ἑσπέριος, -α, -ον: western
ἠώς, ἡ: the dawn, the east
ἱκανός, -η, -ον: sufficing

μᾶλλον: very, exceedingly
μέχρι: up to (+ gen.)
μικρός, -ά, -όν: small, little
ὁμολογέω: to agree to, accept
ὁρμάω: to set in motion, rise up against
πόθεν: whence?
Σκιπίων, ὁ: Scipio Africanus (236–183),
   Roman general
ὑπάγω: to bring under one's power, subdue
ὑποπτήσσω: to cower beneath

εἰ μὴ… ὥρμησα: aor. in past contrafactual protasis, "if I had not attacked"
δόξας: aor. part. causal, "because I deemed"
μικρὰ: acc. pred., "deemed the west *small*"
ἐπὶ τὴν ἕω: "against the east"
τί ἂν ἔπραξα: aor. in past contrafactual apodosis, "what might I have done?"
λαβὼν: aor. part., "having captured"
ἀξιόμαχα: nom. pred., "these did not seem *worthy of fighting*"
ὑποπτήσσοντα … ὁμολογοῦντα: pr. part. nom., "already *being cowed … accepting* a
   master"
εἴρηκα: perf., "I have spoken"
ἢν μὴ … ἀκούσῃς: aor. subj. in fut. more vivid protasis, "*unless you listen to* me"
πόθεν ὢν: "being from where?"
ἐρεῖς: fut., "will you speak?"

ΣΚΙΠΙΩΝ: Ἰταλιώτης Σκιπίων στρατηγὸς ὁ καθελὼν Καρχηδόνα καὶ κρατήσας Λιβύων μεγάλαις μάχαις.

ΜΙΝΩΣ: Τί οὖν καὶ σὺ ἐρεῖς;

ΣΚΙΠΙΩΝ: Ἀλεξάνδρου μὲν ἥττων εἶναι, τοῦ δὲ Ἀννίβου ἀμείνων, ὃς ἐδίωξα νικήσας αὐτὸν καὶ φυγεῖν καταναγκάσας ἀτίμως. πῶς οὖν οὐκ ἀναίσχυντος οὗτος, ὃς πρὸς Ἀλέξανδρον ἁμιλλᾶται, ᾧ οὐδὲ Σκιπίων ἐγὼ ὁ νενικηκὼς ἐμαυτὸν παραβάλλεσθαι ἀξιῶ;

ΜΙΝΩΣ: Νὴ Δί᾽ εὐγνώμονα φής, ὦ Σκιπίων· ὥστε πρῶτος μὲν κεκρίσθω Ἀλέξανδρος, μετ᾽ αὐτὸν δὲ σύ, εἶτα, εἰ δοκεῖ, τρίτος Ἀννίβας οὐδὲ οὗτος εὐκαταφρόνητος ὤν.

ἀμείνων, -ον: better than (+ *gen.*)
ἀμιλλάομαι: to compete, vie, contend with
ἀναίσχυντος, -ον: shameless, impudent
ἀτίμως: dishonorably
διώκω: to pursue
ἐρῶ: I will say or speak
εὐγνώμων, -ον: considerate, reasonable
εὐκαταφρόνητος, -ον: contemptible, despicable
ἥττων, ἥττον: less than (+ *gen.*)
Ἰταλιώτης, ὁ: an Italian
καθαιρέω: to take down

Καρχηδών, -όνος, ἡ: Carthage
καταναγκάζω: to overpower by force, compell
κρίνω: to pick out, judge
μάχη, ἡ: a battle, fight, combat
νικάω: to conquer, prevail, vanquish
παραβάλλω: to throw beside, to compare X (*acc.*) to Y (*dat.*)
πρῶτος, -η, -ον: first
στρατηγός, ὁ: a general
τρίτος, -η, -ον: the third
φεύγω: to flee, take flight, run away

ὁ καθελών: aor. part. attributive of κατα-αιρέω, "the one who took down"
ἥττων εἶναι: ind. st., "that I am less than" + gen
ὃς ἐδίωξα: aor., "I who *chased*"
φυγεῖν: aor. inf. after καταναγκάσας, "having compelled him *to flee*"
ᾧ: dat. relative pronoun after παραβάλλεσθαι, "to whom"
ὁ νενικηκώς: perf. part. attributive, "the one who defeated"
ὥστε ... κεκρίσθω: perf. imper. 3 s., "and so let Alexander be judged"

13 (13). Diogenes and Alexander

Diogenes pokes fun at Alexander's divine pretensions while he lived.

ΔΙΟΓΕΝΗΣ: Τί τοῦτο, ὦ Ἀλέξανδρε; καὶ σὺ τέθνηκας ὥσπερ καὶ ἡμεῖς ἅπαντες;

ΑΛΕΞΑΝΔΡΟΣ: Ὁρᾷς, ὦ Διόγενες· οὐ παράδοξον δέ, εἰ ἄνθρωπος ὢν ἀπέθανον.

ΔΙΟΓΕΝΗΣ: Οὐκοῦν ὁ Ἄμμων ἐψεύδετο λέγων ἑαυτοῦ σε εἶναι, σὺ δὲ Φιλίππου ἄρα ἦσθα;

ΑΛΕΞΑΝΔΡΟΣ: Φιλίππου δηλαδή· οὐ γὰρ ἂν ἐτεθνήκειν Ἄμμωνος ὤν.

ΔΙΟΓΕΝΗΣ: Καὶ μὴν καὶ περὶ τῆς Ὀλυμπιάδος ὅμοια ἐλέγετο, δράκοντα ὁμιλεῖν αὐτῇ καὶ βλέπεσθαι ἐν τῇ εὐνῇ,

---

Ἄμμων, -ωνος, ὁ: Zeus-Ammon
ἄνθρωπος, ὁ: a human
ἅπας, ἅπασα, ἅπαν: quite all
ἄρα: then
βλέπω: to see
δηλαδή: quite clearly, manifestly
δράκων, -οντος, ὁ: a dragon
εὐνή, ἡ: a bed
θνήσκω: to die

Ὀλυμπιάς, -άδος, ἡ: Olympia, the mother of Alexander
ὁμιλέω: to consort with (+ *dat.*)
ὅμοιος, -α, -ον: like, resembling
οὐκοῦν: therefore, then
παράδοξος, -ον: incredible, paradoxical
Φίλιππος, ὁ: Philip of Macedon, father of Alexander
ψεύδομαι: to lie, beguile

τέθνηκας: perf., "*did you die* too?"

ἄνθρωπος ὤν: pr. part. causal, "since I am human"

ἑαυτοῦ: gen. pred., "that you were *his own*"

σε εἶναι: inf. in ind. st. after λέγων, "saying *that you were*"

Φιλίππου: gen. pred., "you were *of Philip*"

οὐ γὰρ ἂν ἐτεθνήκειν: plupf. in past contrafactual apodosis, "I wouldn't have died"

Ἄμμωνος ὤν: pr. part. representing the impf. in pr. contrafactual protasis, "if I were Ammon's"

καὶ μὴν καί: "and moreover"

ὁμιλεῖν ... βλέπεσθαι: pr. inf. in ind. st. after ἐλέγετο, "similar things were said, *that a snake consorted* ... and *was seen*"

87

εἶτα οὕτω σε τεχθῆναι, τὸν δὲ Φίλιππον ἐξηπατῆσθαι οἰόμενον πατέρα σου εἶναι.

ΑΛΕΞΑΝΔΡΟΣ: Κἀγὼ ταῦτα ἤκουον ὥσπερ σύ, νῦν δὲ ὁρῶ ὅτι οὐδὲν ὑγιὲς οὔτε ἡ μήτηρ οὔτε οἱ τῶν Ἀμμωνίων προφῆται ἔλεγον.

ΔΙΟΓΕΝΗΣ: Ἀλλὰ τὸ ψεῦδος αὐτῶν οὐκ ἄχρηστόν σοι, ὦ Ἀλέξανδρε, πρὸς τὰ πράγματα ἐγένετο· πολλοὶ γὰρ ὑπέπτησσον θεὸν εἶναί σε νομίζοντες. ἀτὰρ εἰπέ μοι, τίνι τὴν τοσαύτην ἀρχὴν καταλέλοιπας;

ΑΛΕΞΑΝΔΡΟΣ: Οὐκ οἶδα, ὦ Διόγενες· οὐ γὰρ ἔφθασα ἐπισκῆψαί τι περὶ αὐτῆς ἢ τοῦτο μόνον, ὅτι ἀποθνήσκων

ἀκούω: to hear
ἀρχὴ, ἡ: rule, empire
ἀτάρ: but, yet
ἄχρηστος, -ον: useless to (+ dat.)
εἶπον: to speak, say (aor.)
ἐξαπατάω: to deceive
ἐπισκήπτω: to support, command
μήτηρ, μητερος, ἡ: a mother
νομίζω: to believe
οἴομαι: to suppose, think, deem, imagine

πατήρ, πατέρος, ὁ: a father
πρᾶγμα, -ατος, τό: a deed, business (of ruling)
προφήτης, -ου ὁ: a prophet
τίκτω: to give birth
τοσοῦτος, -αύτη, -οῦτο: so large, so tall
ὑγιής, -ές: sound, healthy
ὑποπτήσσω: to cower
φθάνω: to do X (inf.) before
ψεῦδος, -εος, τό: a falsehood

σε τεχθῆναι: inf. aor. pass. of τίκτω, also after ἐλέγετο, "that you were born"
ἐξηπατῆσθαι: perf. inf. pass. also after ἐλέγετο, "that Philip *was deceived*"
οἰόμενον: pr. part. agreeing with **Φίλιππον**, "*supposing* himself to be"
κἀγὼ = καί ἐγώ
ὅτι ... ἔλεγον: ind. st. after ὁρῶ, "I see *that they spoke* nothing sound"
οὔτε ... οὔτε: the negatives are emphatic
ἐγένετο: aor., "*was* not useless"
θεὸν εἶναί σε: ind. st. after νομίζοντες, "believing *you to be a god*"
καταλέλοιπας: perf. of καταλείπω, "to whom *did you leave*?"
οὐ ἔφθασα: aor. of φθάνω, "*I didn't do X (inf.) before* (dying)"
ἐπισκῆψαι: aor. inf. supplementing φθάνω (the part. is more common), "I didn't *command* anything before (dying)"
ἢ τοῦτο μόνον: "except for this alone"

Περδίκκᾳ τὸν δακτύλιον ἐπέδωκα. πλὴν ἀλλὰ τί γελᾷς,
ὦ Διόγενες;

ΔΙΟΓΕΝΗΣ: Τί γὰρ ἄλλο ἢ ἀνεμνήσθην οἷα ἐποίει ἡ
Ἑλλάς, ἄρτι σε παρειληφότα τὴν ἀρχὴν κολακεύοντες
καὶ προστάτην αἱρούμενοι καὶ στρατηγὸν ἐπὶ τοὺς
βαρβάρους, ἔνιοι δὲ καὶ τοῖς δώδεκα θεοῖς προστιθέντες
καὶ οἰκοδομοῦντές σοι νεὼς καὶ θύοντες ὡς δράκοντος
υἱῷ. ἀλλ᾿ εἰπέ μοι, ποῦ σε οἱ Μακεδόνες ἔθαψαν;

ΑΛΕΞΑΝΔΡΟΣ: Ἔτι ἐν Βαβυλῶνι κεῖμαι τριακοστὴν ταύτην
ἡμέραν, ὑπισχνεῖται δὲ Πτολεμαῖος ὁ ὑπασπιστής, ἤν

αἱρέομαι: to choose
ἀναμιμνήσκω: to remind
ἄρτι: just, exactly
Βαβυλών, -ῶνος, ἡ: Babylon
βάρβαρος, ὁ: a barbarian
γελάω: to laugh
δακτύλιος, ὁ: a ring, seal-ring
δώδεκα: twelve
Ἑλλάς, ἡ: Hellas
ἔνιοι, -α,: some
ἐπιδίδωμι: to bestow upon (+ *dat.*)
ἡμέρα, ἡ: a day
θάπτω: to bury
θύω: to make sacrifices to (+ *dat.*)
κεῖμαι: to be laid out
κολακεύω: to flatter

Μακεδών, ὁ: a Macedonian
νεώς, -ώ, ὁ: a temple
οἰκοδομέω: to build a house
οἷος, -α, -ον: what sort of
παραλαμβάνω: to receive from
Περδίκκας, ὁ: Perdiccas, one of Alexander's
  generals
προστάτης, -ου, ὁ: a chief
προστίθημι: to add to
Πτολεμαῖος, ὁ: Ptolemy, one of Alexander's
  generals who became ruler of Egypt
στρατηγός, ὁ: a general
τριακοστός, -ή, -όν: the thirtieth
υἱός, ὁ: a son
ὑπασπιστής, -οῦ, ὁ: a shield-bearer
ὑπισχνέομαι: to promise (+ *fut. inf.*)

ὅτι ... ἐπέδωκα: aor. of ἐπι-δίδωμι in noun clause in apposition to τοῦτο, "namely,
  that I bestowed"

τί ἄλλο ἤ: "what else than?"

ἀνεμνήσθην: aor. pass. of ἀναμιμνήσκω, "I remembered"

παρειληφότα: perf. part. acc. of παραλαμβάνω, "you *having received*"

προστάτην ... στρατηγὸν: acc. pred., "choosing you *as leader and general*"

προστιθέντες: pr. part., "some *adding* you to" + dat.

νεὼς: acc. pl. of νεώς, "building *temples*"

ὡς ... υἱῷ (sc. ὄντι): "as though being the son"

ἔθαψαν: aor., "where *did they bury* you?"

τριακοστὴν ἡμέραν ταύτην: acc. of duration, "for the thirtieth day" i.e. for thirty
  days up to the present one

ποτε ἀγάγῃ σχολὴν ἀπὸ τῶν θορύβων τῶν ἐν ποσίν, ἐς Αἴγυπτον ἀπαγαγὼν θάψειν ἐκεῖ, ὡς γενοίμην εἶς τῶν Αἰγυπτίων θεῶν.

ΔΙΟΓΕΝΗΣ: Μὴ γελάσω οὖν, ὦ Ἀλέξανδρε, ὁρῶν καὶ ἐν Ἅδου ἔτι σε μωραίνοντα καὶ ἐλπίζοντα Ἄνουβιν ἢ Ὄσιριν γενήσεσθαι; πλὴν ἀλλὰ ταῦτα μέν, ὦ θειότατε, μὴ ἐλπίσῃς: οὐ γὰρ θέμις ἀνελθεῖν τινα τῶν ἅπαξ διαπλευσάντων τὴν λίμνην καὶ ἐς τὸ εἴσω τοῦ στομίου

ἄγω: to lead, do
Αἰγύπτιος, -η, -ον: Egyptian
Αἴγυπτος, ὁ: Egypt
ἀνέρχομαι: to go up (out of Hades)
Ἄνουβις, ὁ: Anubis, Egyptian god of mummification
ἀπάγω: to lead away, carry off
ἅπαξ: once
διαπλέω: to sail across
εἶς, μία, ἕν: one
εἴσω: to within, into

ἐλπίζω: to hope for (+ fut. inf.)
θεῖος, -η, -ον: divine
θέμις, ἡ: customary, permitted (+ inf.)
θόρυβος, ὁ: a disturbance
λίμνη, ἡ: a pool water
μωραίνω: to be silly, foolish
Ὄσιρις, ὁ: Osiris, Egyptian god of underworld
πούς, ποδός, ὁ: a foot
στόμιον, τό: a mouth
σχολή, ἡ: leisure

ἢν ποτε ἀγάγῃ: aor. subj. in fut. more vivid protasis, "*if he has* leisure"

τῶν ἐν ποσίν: attrib. phrase, "from the disturbances *at his feet*" i.e. present and pressing disturbances

ἀπαγαγὼν: aor. part. of ἀπο-ἄγω, "having carried me off"

θάψειν: fut. inf. after ὑπισχνεῖται, "promises *to bury* me there"

ὡς γενοίμην: aor. opt. in purpose clause, implying ind. st., "*in order that I become* (so he said) one of the gods"

μὴ γελάσω: aor. subj. deliberative quest., "should I not laugh?"

σε μωραίνοντα καὶ ἐλπίζοντα: pr. part. in ind. st. ὁρῶν, "seeing *that you are foolish and hope*" + inf.

γενήσεσθαι: fut. inf. after ἐλπίζοντα, "hope *to become*"

πλὴν ἀλλὰ: strong adversative, "but"

μὴ ἐλπίσῃς: aor. subj. in prohibition, "don't hope for!"

ἀνελθεῖν: aor. inf. after θέμις, "it is not permitted for anyone *to go up*"

τῶν ἅπαξ διαπλευσάντων: aor. part. gen., "anyone *of those having sailed over once*"

τὸ εἴσω: "into *the inside*"

παρελθόντων: οὐ γὰρ ἀμελὴς ὁ Αἰακὸς οὐδὲ ὁ Κέρβερος
εὐκαταφρόνητος. ἐκεῖνο δέ γε ἡδέως ἂν μάθοιμι παρὰ
σοῦ, πῶς φέρεις, ὁπόταν ἐννοήσῃς, ὅσην εὐδαιμονίαν
ὑπὲρ γῆς ἀπολιπὼν ἀφῖξαι, σωματοφύλακας καὶ
ὑπασπιστὰς καὶ σατράπας καὶ χρυσὸν τοσοῦτον καὶ
ἔθνη προσκυνοῦντα καὶ Βαβυλῶνα καὶ Βάκτρα καὶ τὰ
μεγάλα θηρία καὶ τιμὴν καὶ δόξαν καὶ τὸ ἐπίσημον εἶναι
ἐξελαύνοντα διαδεδεμένον ταινίᾳ λευκῇ τὴν κεφαλὴν

Αἰακὸς, ὁ: Aeacus
ἀμελής, -ές: careless, negligent
ἀπολείπω: to leave over or behind
ἀφικνέομαι: to arrive
Βαβυλών, -ῶνος, ἡ: Babylon
Βάκτρα, τά: Bactra, in central Asia
διαδέω: to bind round
δόξα, ἡ: glory
ἔθνος, -εος, τό: a tribe, race
ἐννοέω: to consider, reflect
ἐξελαύνω: to drive out from, process
ἐπίσημος, -ον: conspicuous
εὐδαιμονία, ἡ: happiness
εὐκαταφρόνητος, -ον: easily despised
ἡδέως: (adv) sweetly
θηρίον, τό: a wild animal, beast

Κέρβερος, ὁ: Cerberos
κεφαλή, ἡ: a head
λευκός, -ή, -όν: white, bright
μανθάνω: to learn
ὁπόταν: whenever (+ subj.)
ὅσος, -η, -ον: how much
παρέρχομαι: to pass by
προσκυνέω: to make obeisance
σατράπης, -ου, ὁ: a satrap, viceroy
σωματοφύλαξ, -κος, ὁ: a bodyguard
ταινία, ἡ: a headband, fillet
τιμή, ἡ: esteem
τοσοῦτος, -αύτη, -οῦτο: so much
φέρω: to bear
χρυσός, ὁ: gold

ἂν μάθοιμι: aor. opt. pot., "I would like to know"

ὁπόταν ἐννοήσῃς: aor. subj. in general temporal clause, "whenever you reflect"

ἀπολιπὼν: aor. part. governing ὅσην, which introduces the ind. quest., "how much
happiness *having left behind* you have arrived'"

ἀφῖξαι: 2 s. perf. of ἀφικνέομαι in ind. quest. after ἐννοήσῃς, "consider *that you have
arrived*"

σωματοφύλακας: acc. pl. in apposition to εὐδαιμονίαν, like the rest of this sentence

καὶ τὸ ἐπίσημον εἶναι: artic. inf., "and the being distinguished"

ἐξελαύνοντα: pr. part. acc. m. agreeing with the subject of εἶναι, "as you processed
out"

διαδεδεμένον: perf. part. of δια-δέω, also agreeing with the subject of εἶναι, "*having
bound* your head"

91

πορφυρίδα ἐμπεπορπημένον. οὐ λυπεῖ ταῦτά σε ὑπὲρ
τὴν μνήμην ἰόντα; τί δακρύεις, ὦ μάταιε; οὐδὲ ταῦτά σε
ὁ σοφὸς Ἀριστοτέλης ἐπαίδευσε μὴ οἴεσθαι βέβαια εἶναι
τὰ παρὰ τῆς τύχης;

ΑΛΕΞΑΝΔΡΟΣ: Ὁ σοφός; ἁπάντων ἐκεῖνος κολάκων
ἐπιτριπτότατος ὤν; ἐμὲ μόνον ἔασον τὰ Ἀριστοτέλους
εἰδέναι, ὅσα μὲν ᾔτησε παρ’ ἐμοῦ, οἷα δὲ ἐπέστελλεν, ὡς
δὲ κατεχρῆτό μου τῇ περὶ παιδείαν φιλοτιμίᾳ θωπεύων
καὶ ἐπαινῶν ἄρτι μὲν πρὸς τὸ κάλλος, ὡς καὶ τοῦτο μέρος

αἰτέω: to ask, beg
Ἀριστοτέλης, -ους, ὁ: Aristotle
ἄρτι: just, exactly
βέβαιος, -α, -ον: sure, certain
δακρύω: to weep, shed tears
ἐάω: to allow, grant
ἐμπορπάω: to fasten with a brooch
ἐπαινέω: to approve, praise
ἐπιστέλλω: to send as a message
ἐπίτριπτος, -ον: disreputable
θωπεύω: to flatter
κάλλος, -ους, τό: beauty
καταχράομαι: to make full use of (+ dat.)
κόλαξ, -ακος, ὁ: a flatterer

λυπέω: to give pain to
μάταιος, -α, -ον: vain, empty
μέρος, -ους, τό: a part, share
μνήμη, ἡ: a remembrance, memory, record
οἴομαι: to suppose, think, deem, imagine
οἷος, -α, -ον: what sort of
παιδεία, ἡ: an education
παιδεύω: to educate, teach
πορφυρίς, -ίδος, ἡ: a purple garment or covering
σοφός, -ή, -όν: wise
τύχη, ἡ: fortune
φιλοτιμία, ἡ: zealous ambition

ἐμπεπορπημένον: perf. part. of ἐν-πορπάω, also agreeing with the subject of εἶναι, "having fastened with a brooch" your purple cloak"

ταῦτά: nom. pl., "do these things pain you?"

σε ... ἰόντα: pr. part. or ἔρχομαι, "you going over them in your memory"

Ἀριστοτέλης: Aristotle the philosopher was Alexander's personal tutor

μὴ οἴεσθαι: pr. inf. in com. st. after ἐπαίδευσεν, "did he teach you not to suppose?"

βέβαια: nom. pred., "to be secure"

ἐπιτριπτότατος ὤν: pr. part. concessive, "although being the most disreputable"

ἔασον: aor. imper. of ἐάω, "grant"!

ἐμὲ ... εἰδέναι: perf. inf. in ind. st. after ἔασον, "grant that I alone know"

ᾔτησε: aor. of αἰτέω, "how much he begged"

ἐπέστελλεν: aor., "what sort of messages he sent"

ὡς δὲ κατεχρῆτό: impf. of κατα-χράομαι, "how he used" + dat.

ἄρτι μὲν .... ἄρτι δὲ: "at one time ... at another time"

ὡς ... ὄν: part. with ὡς indicating an alleged opinion, "as though this was"

ὃν τἀγαθοῦ, ἄρτι δὲ ἐς τὰς πράξεις καὶ τὸν πλοῦτον. καὶ
γὰρ αὖ καὶ τοῦτο ἀγαθὸν ἡγεῖτο εἶναι, ὡς μὴ αἰσχύνοιτο
καὶ αὐτὸς λαμβάνων· γόης, ὦ Διόγενες, ἄνθρωπος καὶ
τεχνίτης. πλὴν ἀλλὰ τοῦτό γε ἀπολέλαυκα αὐτοῦ τῆς
σοφίας, τὸ λυπεῖσθαι ὡς ἐπὶ μεγίστοις ἀγαθοῖς ἐκείνοις,
ἃ κατηριθμήσω μικρῷ γε ἔμπροσθεν.

ΔΙΟΓΕΝΗΣ: Ἀλλ᾽ οἶσθα ὃ δράσεις; ἄκος γάρ σοι τῆς λύπης
ὑποθήσομαι. ἐπεὶ ἐνταῦθά γε ἐλλέβορος οὐ φύεται, σὺ
δὲ κἂν τὸ Λήθης ὕδωρ χανδὸν ἐπισπασάμενος πίε καὶ

ἀγαθός, -ή, -όν: good
αἰσχύνομαι: to be ashamed of (+ *part.*)
ἄκος, -εος, τό: a cure, remedy
ἀπολαύω: to have benefit from
αὖ: again, anew
γόης, -ητος, ὁ: a sorcerer, enchanter
δράω: to do
ἐλλέβορος, ὁ: hellebore, a deadly poison
ἔμπροσθεν: before, in front
ἐπισπάω: to draw from
ἡγέομαι: to consider
καταριθμέω: to enumerate
λαμβάνω: to take

λυπέομαι: to be grieved, to feel distress
λύπη, ἡ: pain
μικρός, -ά, -όν: small, little
πίνω: to drink
πλοῦτος, ὁ: wealth
πρᾶξις, -εως, ἡ: a deed, business
σοφία, ἡ: wisdom
τεχνίτης, -ου, ὁ: an artificer, craftsman
ὕδωρ, ὕδατος, τό: water
ὑποτίθημι: to place under, suggest
φύομαι: to grow
χανδόν: with mouth wide open, greedily

τἀγαθοῦ (=τοῦ ἀγαθοῦ), "part *of the Good*"
ἡγεῖτο: impf. of ἡγέομαι, "*he considered* this too to be"
ὡς μὴ αἰσχύνοιτο: pr. opt. in neg. purpose clause, "lest he be ashamed of" + part.
πλὴν ἀλλὰ τοῦτό γε: "but at least this (part)"
ἀπολέλαυκα: perf. of ἀπο-λαύω, "I benefited"
τὸ λυπεῖσθαι: pr. inf. articular in apposition to τοῦτό, "this thing, namely *the grieving over* these things"
ὡς ἐπὶ μεγίστοις ἀγαθοῖς, "as though over the greatest goods"
κατηριθμήσω: aor. mid. 2. s., "which you enumerated"
μικρῷ γε ἔμπροσθεν: "before by a little" where μικρῷ is a dat. of degree of difference
ὃ δράσεις: fut. in ind. quest., "do you know *what you shall do?*"
ὑποθήσομαι: fut. of ὑπο-τίθημι: "I will suggest"
κἂν (=καί ἄν) ... ἐπισπασάμενος: aor. part. representing an aor. subj. in a future more
    vivid protasis, "if ever having drawn"

93

αὖθις πίε καὶ πολλάκις: οὕτως γὰρ παύσῃ ἐπὶ τοῖς
Ἀριστοτέλους ἀγαθοῖς ἀνιώμενος. καὶ γὰρ Κλεῖτον
ἐκεῖνον ὁρῶ καὶ Καλλισθένην καὶ ἄλλους πολλοὺς ἐπὶ
σὲ ὁρμῶντας, ὡς διασπάσαιντο καὶ ἀμύναιντό σε ὧν
ἔδρασας αὐτούς. ὥστε τὴν ἑτέραν σὺ ταύτην βάδιζε καὶ
πῖνε πολλάκις, ὡς ἔφην.

Diogenes and Alexander by Johann Joachim Winckelmann
after a bas-relief of Villa Albani in Rome, engraving, 1767.

ἀμύνω: to take vengeance on
ἀνιάω: to grieve, distress
αὖθις: back, back again
βαδίζω: to go slowly, to walk
διασπάω: to tear asunder, part forcibly
δράω: to do
Καλλισθένης, ὁ: Alexander's official
  historian, who ran afoul of Alexander

Κλεῖτος: Cleitus, a companion whom
  Alexander killed
ὁρμάω: to rise up
παύομαι: to cease (+ *part.*)
πίνω: to drink
πολλάκις: many times

πίε: aor. imper., "drink!"

ἀνιώμενος: pr. part. supplementing παύσαιο, "cease being distressed"

ὁρμῶντας: pr. part., "*rising up* against you"

ὡς διασπάσαιντο καὶ ἀμύναιντο: aor. opt. in purpose clause, implying an alleged
  motive., "*in order (so it seems) to tear you apart and take vengeance* on you"

ὧν: relative pron. attracted into the gen. case of its antecedent, "(because of the
  things) which you did"

τὴν ἑτέραν ταύτην (sc. ὁδόν): "that other road"

14 (12). Philip and Alexander

Philip criticizes Alexander for his claims to being a god and diminishes his accomplishments

ΦΙΛΙΠΠΟΣ: Νῦν μέν, ὦ Ἀλέξανδρε, οὐκ ἂν ἔξαρνος γένοιο μὴ οὐκ ἐμὸς υἱὸς εἶναι· οὐ γὰρ ἂν τεθνήκεις Ἄμμωνός γε ὤν.

ΑΛΕΞΑΝΔΡΟΣ: Οὐδ' αὐτὸς ἠγνόουν, ὦ πάτερ, ὡς Φιλίππου τοῦ Ἀμύντου υἱός εἰμι, ἀλλ' ἐδεξάμην τὸ μάντευμα ὡς χρήσιμον ἐς τὰ πράγματα εἶναι οἰόμενος.

ΦΙΛΙΠΠΟΣ: Τί λέγεις; χρήσιμον ἐδόκει σοι τὸ παρέχειν σεαυτὸν ἐξαπατηθησόμενον ὑπὸ τῶν προφητῶν;

ἀγνοέω: not to perceive or know
Ἄμμων, -ωνος, ὁ: Zeus-Ammon
δέχομαι: to take, accept, receive
ἐξαπατάω: to deceive or beguile
ἔξαρνος, -ον: denying
μάντευμα, -ατος, τό: an oracle
οἴομαι: to suppose (+ *inf.*)

παρέχω: to provide, supply
πρᾶγμα, -ατος, τό: an action, matter
προφήτης, -ου: prophet, priest
σεαυτὸν: yourself (*refl.*)
υἱός, ὁ: a son
χρήσιμος, -η, -ον: useful

οὐκ ἂν γένοιο: aor. opt. pot., "you could not be"
μὴ οὐκ ... εἶναι: inf. after the idea of denial in ἔξαρνος, "denying *that you are not*"
οὐ γὰρ ἂν τεθνήκεις: perf. in pr. contrafactual, "for you would not be dead"
Ἄμμωνός γε ὤν: pr. part. conditional, "if you were Ammon's son" Alexander claimed descent from the Egyptian god Ammon, associated with Zeus by the Greeks
ἠγνόουν: impf., "nor *was I ignorant*"
ἐδεξάμην: aor. of δέχομαι, "*I accepted* the oracle"
εἰς τὰ πράγματα: "for the business (of ruling)"
τὸ παρέχειν: inf. artic. subject of ἐδόκει, "*to supply* yourself seemed useful?"
ἐξαπατηθησόμενον: fut. part. pass. acc. agreeing σεαυτὸν, indicating purpose, "in order to be deceived"

95

ΑΛΕΞΑΝΔΡΟΣ: Οὐ τοῦτο, ἀλλ' οἱ βάρβαροι κατεπλάγησάν με καὶ οὐδεὶς ἔτι ἀνθίστατο οἰόμενοι θεῷ μάχεσθαι, ὥστε ῥᾷον ἐκράτουν αὐτῶν.

ΦΙΛΙΠΠΟΣ: Τίνων δὲ ἐκράτησας σύ γε ἀξιομάχων ἀνδρῶν, ὃς δειλοῖς ἀεὶ συνηνέχθης τοξάρια καὶ πελτάρια καὶ γέρρα οἰσύϊνα προβεβλημένοις; Ἑλλήνων κρατεῖν ἔργον ἦν, Βοιωτῶν καὶ Φωκέων καὶ Ἀθηναίων, καὶ τὸ Ἀρκάδων ὁπλιτικὸν καὶ τὴν Θετταλὴν ἵππον καὶ τοὺς Ἠλείων ἀκοντιστὰς καὶ τὸ Μαντινέων πελταστικὸν ἢ Θρᾷκας ἢ Ἰλλυριοὺς ἢ καὶ Παίονας χειρώσασθαι,

ἀεί: always, for ever	καταπλήττω: to strike down
Ἀθήναιος, ὁ: an Athenian	κρατέω: to rule, overcome (+ gen.)
ἀκοντιστής, -οῦ, ὁ: a javelin-thrower	Μαντινέος, ὁ: a Mantinean
ἀνήρ, ἀνδρός, ὁ: a man	μάχομαι: to fight
ἀνθίστημι: to set against	οἰσύϊνος, -η, -ον: made of osier
ἀξιόμαχος, -ον: battleworthy	ὁπλιτικόν, τό: the heavy armed soldiery
βάρβαρος, ὁ: barbarian	Παίων, -ονος, ὁ: a Paionian
Βοιωτός, ὁ: a Boeotian	πελτάριον, τό: paltry slinger
γέρρον, τό: anything made of wicker-work	πελταστικόν, τό: an army of slingers
δειλός, ὁ: a coward	προβάλλω: to throw before
Ἕλλην, ὁ: Greek	ῥᾴων, ῥᾷον: easier
Ἠλεῖος, ὁ: an Elian	συμφέρω: to meet in battle with (+ dat.)
Θετταλός, -η, -ον: Thessalian	τοξάριον, τό: paltry bow
Θρᾷξ, -κος, ὁ: a Thracian;	Φωκέος, ὁ: a Phocian
Ἰλλυριος, ὁ: an Illyrian	χειρόω: to subdue
ἵππος, ἡ: the cavalry	

κατεπλάγησαν: aor. pass. of καταπλήττω, "they were struck with amazement"
ἀνθίστατο: impf. of ἀντ-ἵστημι, "no one *would oppose*"
ὥστε ἐκράτουν: impf. in result clause emphasizing actual result, "so that I used to conquer" + gen.
συνηνέχθης: aor. pass. of συν-φέρω, "you who have met in battle with" + dat.
γέρρα οἰσύϊνα: " osier wicker-work," referring to the shields used in battle by the Persians
προβεβλημένοις: perf. part. of προ-βάλλω, dat. agreeing with δειλοῖς, "cowards *who had thrown up*" i.e. used as weapons
ἔργον ἦν: "it was your task to" + inf.
χειρώσασθαι: aor. inf. after ἔργον ἦν, "to subdue" + acc.

ταῦτα μεγάλα· Μήδων δὲ καὶ Περσῶν καὶ Χαλδαίων,
χρυσοφόρων ἀνθρώπων καὶ ἁβρῶν, οὐκ οἶσθα ὡς πρὸ
σοῦ μύριοι μετὰ Κλεάρχου ἀνελθόντες ἐκράτησαν οὐδ᾽
ἐς χεῖρας ὑπομεινάντων ἐλθεῖν ἐκείνων, ἀλλὰ πρὶν ἢ
τόξευμα ἐξικνεῖσθαι φυγόντων;

ΑΛΕΞΑΝΔΡΟΣ· Ἀλλ᾽ οἱ Σκύθαι γε, ὦ πάτερ, καὶ οἱ Ἰνδῶν
ἐλέφαντες οὐκ εὐκαταφρόνητόν τι ἔργον, καὶ ὅμως οὐ
διαστήσας αὐτοὺς οὐδὲ προδοσίαις ὠνούμενος τὰς νίκας
ἐκράτουν αὐτῶν· οὐδ᾽ ἐπιώρκησα πώποτε ἢ ὑποσχόμενος

ἁβρός, -ά, -όν: delicate, graceful
ἀνέρχομαι: to go up, to advance
διΐστημι: to separate, set a variance
ἐλέφας, -αντος, ὁ: an elephant
ἐξικνέομαι: to reach, arrive at
ἐπιορκέω: to swear falsely, forswear oneself
εὐκαταφρόνητος, -ον: contemptible
Ἰνδός, ὁ: an Indian
Μῆδος, ὁ: a Mede, Median
μυρίος, -ος, -ον: 10,000
νίκη, ἡ: victory in battle
Πέρσης: a Persian

πρίν: before (+ *inf.*)
προδοσία, ἡ: a betrayal, treason
πώποτε: ever yet
Σκύθης, ὁ: a Scythian
τόξευμα, -ατος, τό: an arrow
ὑπισχνέομαι: to promise
ὑπομένω: to stay behind, remain
φεύγω: to flee, take flight, run away
Χαλδαῖος, ὁ: a Chaldean
χείρ, χειρός, ἡ: a hand
χρυσοφόρος, -ον: wearing gold
ὠνέομαι: to buy, purchase

ταῦτα μεγάλα: "these (would be) great deeds"

Μήδων ... ἁβρῶν: gen. abs., "the Medes, etc. being delicate"

ὡς ... ἐκράτησαν: ind. st. after οἶσθα, "do you not *know that they subdued?*"

μύριοι: the "10,000" who fought their way back from Persia, recorded by Xenophon in his *Anabasis*

μετὰ Κλεάρχου: Klearchus was one of the leaders of the expedition of the 10,000

ἀνελθόντες: aor. part. of ἀνα-έρχομαι, "having advanced"

εἰς χεῖρας: "to come *into the hands*" i.e. into hand to hand fighting

ὑπομεινάντων: aor. part. gen. agreeing with ἐκείνων, obj. of ἐκράτησαν, "subdued those, not even *having waited* to" + inf.

ἐξικνεῖσθαι: pr. inf. after πρὶν ἢ, "before an arrow *arrived*"

φυγόντων: aor. part. also agreeing with ἐκείνων, "but rather *having fled*"

διαστήσας: aor. part. instrumental of δια-ΐστημι, "not by having set them at variance with one another," referring to Philip's own policy of divide and conquer

ὠνούμενος: pr. part. instrumental, "nor *by buying*"

ἐπιώρκησα: aor., "nor *did I swear falsely*"

ὑποσχόμενος: aor. part. instrumental, "by having promised"

ἐψευσάμην ἢ ἄπιστον ἔπραξά τι τοῦ νικᾶν ἕνεκα. καὶ τοὺς
Ἕλληνας δὲ τοὺς μὲν ἀναιμωτὶ παρέλαβον, Θηβαίους δὲ
ἴσως ἀκούεις ὅπως μετῆλθον.

ΦΙΛΙΠΠΟΣ: Οἶδα ταῦτα πάντα: Κλεῖτος γὰρ ἀπήγγειλέ μοι,
ὃν σὺ τῷ δορατίῳ διελάσας μεταξὺ δειπνοῦντα ἐφόνευσας,
ὅτι με πρὸς τὰς σὰς πράξεις ἐπαινέσαι ἐτόλμησε. σὺ δὲ καὶ
τὴν Μακεδονικὴν χλαμύδα καταβαλὼν κάνδυν, ὥς φασι,
μετενέδυς καὶ τιάραν ὀρθὴν ἐπέθου καὶ προσκυνεῖσθαι

ἀναιμωτί: without shedding blood
ἀπαγγέλλω: to bring a report, announce
ἄπιστος, -ον: not to be trusted
δειπνέω: to dine
διελαύνω: to drive through, penetrate
δοράτιον, τό: javelin
ἕνεκα: on account of (+ *gen.*)
ἐπαινέω: to approve, applaud, commend
ἐπιτίθημι: to set upon
κάνδυς, -υος, ὁ: a Median cloak with sleeves
καταβάλλω: to throw aside
Κλεῖτος, ὁ: Cleitus
Μακεδονικός, -η, -ον, ὁ: Macedonian
μεταξύ: between

μετενδύω: to put on instead
μετέρχομαι: to go among, attack
νικάω: to conquer, prevail
ὀρθός, -ή, -όν: upright
παραλαμβάνω: to receive from, to take control of
πρᾶξις, -εως, ἡ: a deed
πράττω: to do, accomplish
προσκυνέω: to make obeisance
τιάρα, ἡ: a tiara
τολμάω: to dare to (+ *inf.*)
φονεύω: to murder, kill, slay
χλαμύς, -ύδος, ἡ: a short mantle
ψεύδομαι: to cheat by lies, beguile

ἐψευσάμην: aor., "nor did I lie"

ἔπραξα: aor. of πράττω, "nor *did I do* anything"

τοῦ νικᾶν: pr. inf. artic. gen. with ἕνεκα, "for the sake of winning"

ὅπως μετῆλθον: aor. of μετα-ἔρχομαι in ind. quest. after ἀκούεις, "you know *how I attacked them*" Alexander wiped out Thebes, cowing the Athenians and the rest of Greece

Κλεῖτος ἀπήγγειλε: aor., "Clitus reported"

ὃν σὺ ... ἐφόνευσας: aor., "whom you murdered" an infamous incident of Alexander's bad temper

διελάσας: aor. part. nom. of δια-ελαύνω, "having pierced"

δειπνοῦντα: pr. part. acc. agreeing with ὃν, "whom, *while dining*"

ἐπαινέσαι: aor. inf. complementing ἐτόλμησεν, "he dared *to praise*"

καταβαλὼν: aor. part., "having cast aside"

μετενέδυς: aor. of μετα-ἐν-δύω, "*you put on instead* a Median cloak"

ἐπέθου: aor. mid. of ἐπι-τίθημι, "you set upon yourself"

ὑπὸ Μακεδόνων, ὑπ' ἐλευθέρων ἀνδρῶν, ἠξίους, καὶ τὸ
πάντων γελοιότατον, ἐμιμοῦ τὰ τῶν νενικημένων. ἐῶ
γὰρ λέγειν ὅσα ἄλλα ἔπραξας, λέουσι συγκατακλείων
πεπαιδευμένους ἄνδρας καὶ γάμους τοιούτους γαμῶν καὶ
Ἡφαιστίωνα ὑπεραγαπῶν. ἓν ἐπήνεσα μόνον ἀκούσας,
ὅτι ἀπέσχου τῆς τοῦ Δαρείου γυναικὸς καλῆς οὔσης,
καὶ τῆς μητρὸς αὐτοῦ καὶ τῶν θυγατέρων ἐπεμελήθης·
βασιλικὰ γὰρ ταῦτα.

ἀκούω: to hear
ἀνήρ, ἀνδρός, ὁ: a man
ἀξιόω: to think worthy, to request (+ *inf.*)
ἀπέχω: to keep off or away from
βασιλικός, -ή, -όν: royal, worthy of a king
γαμέω: to marry
γάμος, ὁ: a wedding, wedding-feast
γέλοιος, -α, -ον: causing laughter, laughable
Δαρεῖος, ὁ: Darius
ἐάω: to allow (+ *inf.*)
εἷς, μία, ἕν: one

ἐλεύθερος, -ον: free
ἐπιμελέομαι: to take care of
Ἡφαιστίων, -ονος, ὁ: Hephaistion, Alexander's favorite companion
θυγάτηρ, -τέρος, ἡ: a daughter
λέων, -οντος, ὁ: a lion
μήτηρ, μητρός, ἡ: a mother
μιμέομαι: to mimic, imitate
παιδεύω: to educate
συγκατακλείω: to shut X (*acc.*) in with Y (*dat.*)
ὑπεραγαπάω: to love exceedingly

προσκυνεῖσθαι: pr. inf. complementing ἠξίους, "you ordered yourself *to be honored with obeisance*" the *prokynesis* was a Persian gesture of deference to the king, thought by the Greeks to be slavish
ἠξίους; impf. of ἀξιόω, "you requested" + inf.
ἐμιμοῦ: impf. mid., "you imitated"
νενικημένων: perf. part. gen., "the manners *of the conquered*"
ἐῶ λέγειν: "I allow to say" i.e. I pass over in silence, an example of *aposiopesis*
ἔπραξας: aor. of πράττω, "the others *you did*"
πεπαιδευμένους: perf. part., "*educated* men"
γάμους γαμῶν: pr. part. with cognate acc., "arranging such marriages"
ἐπήνεσα: aor. mid. of ἐπι-αινέω, "I praised"
ὅτι ἀπέσχου: aor. of ἀπο-ἔχω, "that you kept away from" + gen.
καλῆς: gen. pred., "(her) being *beautiful*"
ἐπεμελήθης: aor. pass., "you cared for" + gen.

ΑΛΕΞΑΝΔΡΟΣ: Τὸ φιλοκίνδυνον δέ, ὦ πάτερ, οὐκ ἐπαινεῖς καὶ τὸ ἐν Ὀξυδράκαις πρῶτον καθαλέσθαι ἐντὸς τοῦ τείχους καὶ τοσαῦτα λαβεῖν τραύματα;

ΦΙΛΙΠΠΟΣ: Οὐκ ἐπαινῶ τοῦτο, ὦ Ἀλέξανδρε, οὐχ ὅτι μὴ καλὸν οἴομαι εἶναι καὶ τιτρώσκεσθαί ποτε τὸν βασιλέα καὶ προκινδυνεύειν τοῦ στρατοῦ, ἀλλ' ὅτι σοι τὸ τοιοῦτο ἥκιστα συνέφερε· θεὸς γὰρ εἶναι δοκῶν εἴ ποτε τρωθείης, καὶ βλέποιέν σε φοράδην τοῦ πολέμου ἐκκομιζόμενον, αἵματι ῥεόμενον, οἰμώζοντα ἐπὶ τῷ τραύματι, ταῦτα

αἷμα, -ατος, τό: blood
βασιλεύς, -έως, ὁ: a king, chief
βλέπω: to see
ἐκκομίζω: to carry out
ἐντός: within, inside (+ gen.)
ἥκιστος, -η, -ον: least
καθάλλομαι: to leap down
οἰμώζω: to wail aloud, lament
οἴομαι: to suppose, think
Ὀξυδράκαι, αἱ: Oxydracae, an Indian nation that strenuously resisted the advance of Alexander

πόλεμος, ὁ: a battle, fight, war
προκινδυνεύω: to run risk before (+ gen.)
ῥέω: to flow, run, stream, gush
στρατός, ὁ: an army
συμφέρω: to benefit, be expedient to (+ dat.)
τεῖχος, -ους, τό: a wall
τιτρώσκω: to wound
τραῦμα, -ατος, τό: a wound, hurt
φιλοκίνδυνος, -ον: fond of danger, adventurous
φοράδην: (adv.) borne or carried in a litter

τὸ ... καθαλέσθαι: aor. inf. artic. of κατα-άλλομαι, "*the having leapt down* first"

(τό) λαβεῖν: aor. inf. articular, "*the having received* wounds"

οὐχ ὅτι ... ἀλλ' ὅτι: "not because ... but because"

μὴ καλὸν: nom. pred., "I think it to be *not brave*"

τιτρώσκεσθαί ... προκινδυνεύειν: pr. inf. epexegetic with καλὸν, "brave *to be wounded ... to be first in risking*"

ἥκιστα: adv., "least appropriately"

συνέφερε: impf. of συν-φέρω, "because it *would benefit* you least of all"

δοκῶν: pr. part., "*while seeming* to be"

εἴ ποτε τρωθείης: aor. pass. opt. of τιτρώσκω in past gen. protasis, "if ever you were wounded"

εἴ ... καὶ βλέποιεν: pr. opt. also in past gen. protasis, "*if ever they saw* you"

ἐκκομιζόμενον ... ῥεόμενον, οἰμώζοντα: pr. part. acc. agreeing with σε, "you *being carried out ... flowing* with blood, *groaning*"

100

γέλως ἦν τοῖς ὁρῶσιν, ᾗ καὶ ὁ Ἄμμων γόης καὶ
ψευδόμαντις ἠλέγχετο καὶ οἱ προφῆται κόλακες. ἢ τίς
οὐκ ἂν ἐγέλασεν ὁρῶν τὸν τοῦ Διὸς υἱὸν λειποψυχοῦντα,
δεόμενον τῶν ἰατρῶν βοηθεῖν; νῦν μὲν γὰρ ὁπότε ἤδη
τέθνηκας, οὐκ οἴει πολλοὺς εἶναι τοὺς τὴν προσποίησιν
ἐκείνην ἐπικερτομοῦντας, ὁρῶντας τὸν νεκρὸν τοῦ
θεοῦ ἐκτάδην κείμενον, μυδῶντα ἤδη καὶ ἐξῳδηκότα
κατὰ νόμον σωμάτων ἁπάντων; ἄλλως τε καὶ τοῦτο,
ὃ χρήσιμον ἔφης, ὦ Ἀλέξανδρε, τὸ διὰ τοῦτο κρατεῖν

ἄλλως: in another way or manner	κεῖμαι: to be placed, to be laid out
Ἄμμων, -ωνος, ὁ: Zeus-Ammon	κόλαξ, -ακος, ὁ: a flatterer, fawner
ἀποψύχω: to faint, swoon	κρατέω: to be strong, rule
βοηθέω: to come to aid	μυδάω: to ooze with damp, be clammy
γελάω: to laugh	νεκρός, ὁ: a dead body, corpse
γέλως, γέλωτος, ὁ: laughter	νόμος, ὁ: a custom, manner
γόης, -ητος, ὁ: a sorcerer, enchanter	ὁράω: to see
δέομαι: to need (+ *gen.*)	προσποίησις, -εως, ἡ: a pretension, affectation
ἐκτάδην: (adv.) outstretched	προφήτης, -ου, ὁ: a prophet
ἐλέγχω: to disgrace, put to shame	σῶμα, -ατος, τό: body
ἐξοιδέω: to swell up	χρήσιμος, -η, -ον: useful
ἐπικερτομέω: to mock	ψευδόμαντις, -εως, ὁ: a false prophet
ἰατρός, ὁ: a doctor	

γέλως ἦν: impf. in past gen. apodosis, "these things were a laugh"

τοῖς ὁρῶσιν: pr. part. dat., "to those seeing"

γόης καὶ ψευδόμαντις: nom. pred., "is disgraced *as a sorcerer and false prophet*"

κόλακες: nom. pred., "and his prophets as *flatterers*"

οὐκ ἂν ἐγέλασεν: aor. in past contrafactual, "who would not have laughed?"

δεόμενον: pr. part. acc. agreeing with υἱὸν, "the son *being in need of*" + gen.

τέθνηκας: perf., "when you have died"

οὐκ οἴει: 2 s. mid., "do you not suppose?"

πολλοὺς εἶναι: ind. st. after οἴει, "that those *are many*"

τοὺς ... ἐπικερτομοῦντας: pr. part. acc. subject of εἶναι, "*those who are mocking*"

ὁρῶντας: pr. part. circumstantial, "when they see"

κείμενον, μυδῶντα: pr. part. acc. agreeing with νεκρὸν, "corpse *lying, being clammy*"

ἐξῳδηκότα: perf. part. also modifying νεκρὸν, "and *swollen*"

ἄλλως τε καὶ: "in other ways, but especially"

χρήσιμον: nom. pred., "this thing, which you claim to be *useful*"

τὸ ... κρατεῖν: pr. inf. artic. in apposition to τοῦτο, "namely, the ruling"

ῥαδίως, πολὺ τῆς δόξης ἀφήρει τῶν κατορθουμένων:
πᾶν γὰρ ἐδόκει ἐνδεὲς ὑπὸ θεοῦ γίγνεσθαι δοκοῦν.

ΑΛΕΞΑΝΔΡΟΣ: Οὐ ταῦτα φρονοῦσιν οἱ ἄνθρωποι περὶ ἐμοῦ,
ἀλλὰ Ἡρακλεῖ καὶ Διονύσῳ ἐνάμιλλον τιθέασί με. καίτοι
τὴν Ἄορνον ἐκείνην, οὐδετέρου ἐκείνων λαβόντος, ἐγὼ
μόνος ἐχειρωσάμην.

ΦΙΛΙΠΠΟΣ: Ὁρᾷς ὅτι ταῦτα ὡς Ἄμμωνος υἱὸς λέγεις, ὃς
Ἡρακλεῖ καὶ Διονύσῳ παραβάλλεις σεαυτόν; καὶ οὐκ
αἰσχύνῃ, ὦ Ἀλέξανδρε, οὐδὲ τὸν τῦφον ἀπομαθήσῃ καὶ
γνώσῃ σεαυτὸν καὶ συνήσεις ἤδη νεκρὸς ὤν;

αἰσχύνομαι: to be ashamed	Ἡρακλέης, ὁ: Heracles
Ἄμμων, -ωνος, ὁ: Zeus-Ammon	κατορθόω: to set upright, erect
Ἄορνος, ἡ: Aornos, a mountain refuge	οὐδέτερος, -α, -ον: not either, neither
ἀπομανθάνω: to unlearn	παραβάλλω: to compare
ἀφαιρέω: to take from (+ *gen.*)	ῥάδιος, -α, -ον: easy
γιγνώσκω: to learn to	συνίημι: to bring together, understand
Διόνυσος, ὁ: Dionysus	τίθημι: to set, put, place
δόξα, ἡ: glory, reputation	τῦφος, ὁ: nonsense, delusion
ἐνάμιλλος, -ον: a match for, equal to (+ *dat.*)	φρονέω: to think
ἐνδεής, -ές: in need of, lacking	χειρόω: to manage, master, subdue

---

ῥᾳδίως: adverbial pred., "the ruling was *easy*"

ἀφήρει: impf. of ἀπο-αίρέω, "this *detracts from*" + gen.

τῶν κατορθουμένων: pr. part. gen., "the glory *of the things accomplished*"

ἐδόκει: impf., "everything *seemed* lacking"

ὑπὸ θεοῦ: agency, "at the hands of a god"

δοκοῦν: pr. part. nom. agreeing with πᾶν, "since everything *appearing* to happen"

ἐνάμιλλον: acc. pred., "they place me *equal to*" + dat.

τὴν Ἄορνον ἐκείνην: "that famous Aornos," a mountain fortification besieged and captured in dramatic fashion by Alexander

οὐδετέρου ... λαβόντος: aor. part. in gen. abs., "neither (i.e. Dionysus or Heracles) having captured"

ἐχειρωσάμην: aor., "I alone *mastered* it"

ὁρᾷς ὅτι: "do you see that"

ὡς Ἄμμωνος υἱὸς: "speak *as though the son of Ammon*"

οὐδὲ ... ἀπομαθήσῃ: fut., "will you not unlearn?"

γνώσῃ: fut., "*will you come to know* yourself"

συνήσεις: fut. of συνίημι, "will you understand?"

νεκρὸς ὤν: pr. part. in ind. st. after συνήσεις, "that you are a corpse"

15 (26). Achilleus and Antilochus

Odysseus and Achilleus have just spoken in the underworld (cf. Odyssey 11, 465-540) and Antilochus chides Achilleus for his rejection of the heroic ethos.

ΑΝΤΙΛΟΧΟΣ: Οἷα πρῴην, Ἀχιλλεῦ, πρὸς τὸν Ὀδυσσέα σοι εἴρηται περὶ τοῦ θανάτου, ὡς ἀγεννῆ καὶ ἀνάξια τοῖν διδασκάλοιν ἀμφοῖν, Χείρωνός τε καὶ Φοίνικος. ἠκροώμην γάρ, ὁπότε ἔφης βούλεσθαι ἐπάρουρος ὢν θητεύειν παρά τινι τῶν ἀκλήρων, «ᾧ μὴ βίοτος πολὺς εἴη,» μᾶλλον ἢ πάντων ἀνάσσειν τῶν νεκρῶν. ταῦτα μὲν οὖν ἀγεννῆ τινα Φρύγα δειλὸν καὶ πέρα τοῦ καλῶς

ἀγεννής, -ές: ignoble
ἄκληρος, -ον: poor, needy
ἀκροάομαι: to listen to
ἄμφω, οἱ: both
ἀνάξιος, -ον: unworthy of (+ *gen.*)
ἀνάσσω: to be lord, to rule
βίοτος, ὁ: livelihood
βούλομαι: to will, wish to (+ *inf.*)
δειλός, ή, -ον: cowardly
διδάσκαλος, ὁ: a teacher, master
ἐπάρουρος, -ον: attached to the soil

θάνατος, ὁ: death
θητεύω: to be a serf or menial, serve for hire
Ὀδυσσεύς, ὁ: Odysseus
πέρα: beyond (+ *gen.*)
πολύς, πολλά, πολύ: many
πρῷος, -α, -ον: early
Φοίνιξ, -ικος, ὁ: Phoenix, a mentor of Achilleus
Φρύξ, Φρύγος, ὁ: a Phrygian
Χείρων, -ωνος, ὁ: Cheiron, the centaur and teacher of Achileus

---

οἷα ... εἴρηται: perf. in exclamation, "such things were said!"
πρῴην
ὡς ἀγεννῆ: also an exclamation, "how ignoble!"
τοῖν ... ἀμφοῖν: gen. dual after ἀνάξια, "unworthy of *both* teachers"
βούλεσθαι: inf. in ind. st. after ἔφης, "you said *that you wished*"
ἐπάρουρος ὢν: pr. part. circumstantial, "being attached to the land"
θητεύειν: inf. complementing βούλεσθαι, "wished *to be a serf*"
μὴ εἴη: pr. opt. pot. (without ἄν), "whose livelihood *would not be*"
μᾶλλον ἢ ... ἀνάσσειν: "rather than to rule" + gen.
τινα Φρύγα: acc. subject of λέγειν, "it was necessary *for some Phygian* to say"
πέρα: adv. with φιλόζῳον, "loving life *beyond*" + gen.

103

ἔχοντος φιλόζῳον ἴσως ἐχρῆν λέγειν, τὸν Πηλέως δὲ υἱόν,
τὸν φιλοκινδυνότατον ἡρώων ἁπάντων, ταπεινὰ οὕτω
περὶ αὑτοῦ διανοεῖσθαι πολλὴ αἰσχύνη καὶ ἐναντιότης
πρὸς τὰ πεπραγμένα σοι ἐν τῷ βίῳ, ὃς ἐξὸν ἀκλεῶς ἐν
τῇ Φθιώτιδι πολυχρόνιον βασιλεύειν, ἑκὼν προείλου τὸν
μετὰ τῆς ἀγαθῆς δόξης θάνατον.

ΑΧΙΛΛΕΥΣ: Ὦ παῖ Νέστορος, ἀλλὰ τότε μὲν ἄπειρος ἔτι
τῶν ἐνταῦθα ὢν καὶ τὸ βέλτιον ἐκείνων ὁπότερον ἦν
ἀγνοῶν τὸ δύστηνον ἐκεῖνο δοξάριον προετίμων τοῦ
βίου, νῦν δὲ συνίημι ἤδη ὡς ἐκείνη μὲν ἀνωφελής, εἰ

ἀγαθός, -ή, -όν: good	ἔξεστι: is possible to (+ *inf.*)
ἀγνοέω: not to perceive or know	ἥρως, ὁ: a warrior, hero
αἰσχύνη, ἡ: disgrace, dishonor	Νέστωρ, -ορος, ὁ: Nestor
ἀκλεής, -ές: without fame, inglorious	ὁπότερος, -α, -ον: which of two
ἀνωφελής, -ές: unprofitable, useless	Πηλεύς, -έως, ὁ: Peleus
ἄπειρος, -ον: without experience of (+ *gen.*)	πολυχρόνιος, -ον: long-lasting
βασιλεύω: to be king, to rule, reign	πράττω: to do, act
βελτίων, -ον: better	προαιρέομαι: to prefer
βίος, ὁ: life	προτιμάω: to honor X (*acc.*) before Y (*gen.*)
διανοέω: have in mind	συνίημι: to bring together, understand
δόξα, ἡ: glory, a good reputation	ταπεινός, -ή, -όν: low
δοξάριον, τό: a tiny bit of glory	Φθιῶτις, -δος, ἡ: Phthia, Achilleus' home
δύστηνος, -ον: wretched, unhappy	φιλόζῳος, -ον: loving life
ἑκών, -οῦσα, -όν: willing, of free will, readily	φιλοκίνδυνος, -ον: fond of danger
ἐναντιότης, -ητος, ἡ: contradiction	χρή: it is necessary

τοῦ καλῶς ἔχοντος: pr. part. after πέρα, "beyond *what is good*"

τὸν Πηλέως δὲ υἱόν ... διανοεῖσθαι: acc. + inf. after αἰσχύνη (sc. ἐστι): "it is shameful *that the son of Peleus have in mind*"

πρὸς τὰ πεπραγμένα: perf. part. of πράττω, "contradiction *to the things that have been done*"

ὃς ... προείλου: aor. of προ-αἱρέω, "you who preferred"

ἐξὸν: pr. part. of ἔξεστι used absolutely, "it being possible" + inf.

τότε μὲν προετίμων ... νῦν δὲ συνίημι: "then I used to prefer ... but now I understand"

τῶν ἐνταῦθα: "inexperienced *of the things here*" i.e. in Hades

ὁπότερον ἦν: ind. quest. after ἀγνοῶν, "not knowing *which of the two was* better"

ὡς ἐκείνη (sc. ἐστι): ind. st. after συνίημι, "understand *that that is*" καὶ ὅτι μάλιστα οἱ ἄνω ῥαψῳδήσουσι. μετὰ νεκρῶν δὲ ὁμοτιμία, καὶ οὔτε τὸ κάλλος ἐκεῖνο, ὦ Ἀντίλοχε, οὔτε ἡ ἰσχὺς πάρεστιν, ἀλλὰ κείμεθα ἅπαντες ὑπὸ τῷ αὐτῷ ζόφῳ ὅμοιοι καὶ κατ᾽ οὐδὲν ἀλλήλων διαφέροντες, καὶ οὔτε οἱ τῶν Τρώων νεκροὶ δεδίασίν με οὔτε οἱ τῶν Ἀχαιῶν θεραπεύουσιν, ἰσηγορία δὲ ἀκριβὴς καὶ νεκρὸς ὅμοιος, «ἠμὲν κακὸς ἠδὲ καὶ ἐσθλός.» ταῦτά με ἀνιᾷ καὶ ἄχθομαι, ὅτι μὴ θητεύω ζῶν.

ΑΝΤΙΛΟΧΟΣ: Ὅμως τί οὖν ἄν τις πάθοι, ὦ Ἀχιλλεῦ; ταῦτα γὰρ ἔδοξε τῇ φύσει, πάντως ἀποθνήσκειν ἅπαντας,

---

ἀκριβής, -ές: exact, accurate
ἀλλήλων: of one another
ἀνιάω: to grieve, distress
ἅπας, ἅπασα, ἅπαν: quite all
ἀποθνήσκω: to die off, die
Ἀχαιός, ὁ: an Achaian
ἄχθομαι: to be distressed
δείδω: to fear
διαφέρω: to differ
ἐσθλός, -ή, -όν: brave
ζάω: to live
ζόφος, ὁ: the gloom of the world below
θεραπεύω: to be an attendant to, serve
θητεύω: to be a serf, serve for hire
ἰσηγορία: equal freedom of speech, equality

ἰσχύς, -ύος, ἡ: strength
κακός, -ή, -όν: cowardly
κάλλος, -ους, τό: beauty
κεῖμαι: to be laid
νεκρός, ὁ: a dead body, corpse
ὅμοιος, -α, -ον: like, resembling
ὁμοτιμία, ἡ: sameness of value or honor
ὅμως: nevertheless
πάντως: altogether
πάρειμι: to be present
πάσχω: to experience, to suffer
ῥαψῳδέω: to recite epic poems
Τρῶες, οἱ: the Trojans
φύσις, ἡ: nature

ὅτι μάλιστα: strengthened superlative, "as much as possible"
οἱ ἄνω: "those above" i.e. on earth
μετὰ νεκρῶν: "among corpses"
κατ᾽ οὐδὲν: "differing *in no way*"
δεδίασιν: perf. with present sense, "they do not fear me"
ἠμὲν ... ἠδὲ: "both ... and"
ὅτι μὴ θητεύω: causal, "because I am not serving for hire"
τί οὖν ἄν τις πάθοι: aor. opt. pot., "what can one experience?" i.e. what can one do about it?
ἀποθνήσκειν: pr. inf. after ἔδοξε, "it seemed proper *that all die*"

ὥστε χρὴ ἐμμένειν τῷ νόμῳ καὶ μὴ ἀνιᾶσθαι τοῖς
διατεταγμένοις. ἄλλως τε ὁρᾷς τῶν ἑταίρων ὅσοι περὶ
σέ ἐσμεν οἴδε· μετὰ μικρὸν δὲ καὶ Ὀδυσσεὺς ἀφίξεται

ἀνιάω: to grieve, distress	μικρός, -ά, -όν: small, little
ἀφικνέομαι: to come to, arrive	νόμος, ὁ: a custom, law
διατάττω: to ordain, dispose	Ὀδυσσεύς, -έως, ὁ: Odysseus
ἐμμένω: to abide in (+ dat.)	ὁράω: to see
ἑταῖρος, ὁ: a comrade, companion, mate	ὅσος, -η, -ον: how many

---

ὥστε χρὴ: result clause, "so that it is necessary to" + inf.

μὴ ἀνιᾶσθαι: pr. inf. after χρὴ, "necessary *not to be annoyed*"

τοῖς διατεταγμένοις: perf. part. of διατάττω dat. of means, "*by the things having been disposed* in this way"

ἄλλως τε: "besides"

Participles: general principles

Participles fall into three broad classes of use, with many other distinctions:

1. Attributive participles modify a noun or pronoun like other adjectives. They can occur with an article in the attributive position or with no article:

> ὥστε χρὴ ἐμμένειν τῷ νόμῳ καὶ μὴ ἀνιᾶσθαι τοῖς διατεταγμένοις: and so it it is necessary to abide by the law and not be annoyed *by the things that have been arranged.*

2. Circumstantial participles are added to a noun or pronoun to set forth some circumstance under which an action takes place. Although agreeing with a noun or pronoun, these participles actually qualify the verb in a sentence, indicating time, manner, means, cause, purpose, concession, condition or attendant circumstance. Circumstantial participles can occur in the genitive absolute construction.

> Ἀλλ' οὐκ εἶδες, ὦ Μένιππε, ζῶσαν τὴν γυναῖκα: But you did not see the woman *when she was living.*

For more examples, see p. 5

3. Supplementary participles complete the idea of certain verbs. Often it is the participle itself that expresses the main action:

> Κἀγὼ ἤδη ἄπειμι, μὴ καί τις ἡμᾶς νεκρὸς λάθῃ διαφυγών: And I am already going lest some corpse escape our notice *escaping*

The participial form of indirect discourse after verbs of showing and perceiving is a special class of supplementary participles.

πάντως. φέρει δὲ παραμυθίαν καὶ ἡ κοινωνία τοῦ πράγματος καὶ τὸ μὴ μόνον αὐτὸν πεπονθέναι. ὁρᾷς τὸν Ἡρακλέα καὶ τὸν Μελέαγρον καὶ ἄλλους θαυμαστοὺς ἄνδρας, οἳ οὐκ ἂν οἶμαι δέξαιντο ἀνελθεῖν, εἴ τις αὐτοὺς ἀναπέμψειε θητεύσοντας ἀκλήροις καὶ ἀβίοις ἀνδράσιν.

ΑΧΙΛΛΕΥΣ: Ἑταιρικὴ μὲν ἡ παραίνεσις, ἐμὲ δὲ οὐκ οἶδ' ὅπως ἡ μνήμη τῶν παρὰ τὸν βίον ἀνιᾷ, οἶμαι δὲ καὶ ὑμῶν ἕκαστον· εἰ δὲ μὴ ὁμολογεῖτε, ταύτῃ χείρους ἐστὲ καθ' ἡσυχίαν αὐτὸ πάσχοντες.

ἄβιος, -ον, -α: starving
ἄκληρος, -ον: poor, needy
ἀναπέμπω: to send up
ἀνέρχομαι: to go up
δέχομαι: to take, accept, receive
ἕκαστος, -η, -ον: every one, each one
ἑταιρικός, -ή, -όν: friendly
ἡσυχία, ἡ: stillness, rest, quiet
θαυμαστός, -ή, -όν: wonderful, marvellous
θητεύω: to be a serf or menial, serve for hire
κοινωνία, ἡ: communion, fellowship

Μελέαγρος, ὁ: Meleagar, a famous Calydonian hero
μνήμη, ἡ: a remembrance, memory, record
ὁμολογέω: to agree
πάντως: altogether
παραίνεσις, -εως, ἡ: an exhortation, address
παραμυθία, ἡ: comfort, palliation
πάσχω: to suffer, experience
πρᾶγμα, -ατος, τό: a deed, matter
φέρω: to bear
χείρων, -ον: worse, meaner

μετὰ μικρὸν (sc. χρόνον): "after a little time"

τὸ ... πεπονθέναι: perf. inf. of πάσχω, subject of φέρει, "the having experienced"

οἳ οὐκ ἂν δέξαιντο: aor. opt. in fut. less vivid apodosis, "who would not accept to" + inf.

εἴ τις ἀναπέμψειε: aor. opt. in fut. less vivid protasis, "if someone were to send them up"

θητεύσοντας: fut. part. agreeing with αὐτοὺς and expressing purpose, "in order that they serve for hire to" + dat.

οὐκ οἶδ' ὅπως: parenthetical, "I know not how"

τῶν παρὰ τὸν βίον: gen. after μνήμη, "memory *of the things during life*"

χείρους (=χείρο(ν)ες): nom. pl., "you are *worse*"

καθ' ἡσυχίαν: "in silence"

ΑΝΤΙΛΟΧΟΣ: Οὔκ, ἀλλ' ἀμείνους, ὦ Ἀχιλλεῦ: τὸ γὰρ
ἀνωφελὲς τοῦ λέγειν ὁρῶμεν: σιωπᾶν γὰρ καὶ φέρειν
καὶ ἀνέχεσθαι δέδοκται ἡμῖν, μὴ καὶ γέλωτα ὄφλωμεν
ὥσπερ σὺ τοιαῦτα εὐχόμενοι.

Antilochus being carried into the wagon of Nestor.
Etruscan relief.

ἀμείνων, -ον: better, abler	εὔχομαι: to pray for
ἀνέχομαι: to hold up, endure	ὀφλισκάνω: to owe, to incur
ἀνωφελής, -ές: unprofitable, useless	σιωπάω: to be silent
γέλως, -ωτος, ὁ: laughter	

τοῦ λέγειν: pr. inf. artic. gen. after ἀνωφελὲς, "the uselessness *of speaking*"

δέδοκται: perf. of δοκέω, "*it has seemed good* to us" + inf.

μὴ ... ὄφλωμεν: aor. subj. of ὀφλισκάνω in neg. purpose clause, "*lest we incur* laughter"

εὐχόμενος: pr. part. instrumental, "incur laughter *by praying for* such things"

16 (11). Diogenes and Heracles

Diogenes expresses amazement that Heracles, a god, is among the dead in the underworld. The dialogue foregrounds the absurdities of Homer's account of Heracles in Odysseus' trip to the underworld.

ΔΙΟΓΕΝΗΣ: Οὐχ Ἡρακλῆς οὗτός ἐστιν; οὐ μὲν οὖν ἄλλος, μὰ τὸν Ἡρακλέα. τὸ τόξον, τὸ ῥόπαλον, ἡ λεοντῆ, τὸ μέγεθος, ὅλος Ἡρακλῆς ἐστιν. εἶτα τέθνηκεν Διὸς υἱὸς ὤν; εἰπέ μοι, ὦ καλλίνικε, νεκρὸς εἶ; ἐγὼ γάρ σοι ἔθυον ὑπὲρ γῆς ὡς θεῷ.

ΗΡΑΚΛΗΣ: Καὶ ὀρθῶς ἔθυες: αὐτὸς μὲν γὰρ ὁ Ἡρακλῆς ἐν τῷ οὐρανῷ τοῖς θεοῖς σύνεστι «καὶ ἔχει καλλίσφυρον Ἥβην,» ἐγὼ δὲ εἴδωλόν εἰμι αὐτοῦ.

εἴδωλον, τό: an image, a phantom
εἶπον: to speak, say (aor.)
Ἥβη, ἡ: Hebe
θνήσκω: to die
θύω: to worship, sacrifice to (+ dat.)
καλλίνικος, -ον: with glorious victory
καλλίσφυρος, ὁ: beautiful-ankled
λεοντῆ, ἡ: a lion's skin
μά: indicating affirmation

μέγεθος, -εος, τό: size, stature
νεκρός, ὁ: a dead body, corpse
ὅλος, -η, -ον: whole, entire
ὀρθός, -ή, -όν: correct
οὐρανός, ὁ: heaven
ῥόπαλον, τό: a club, cudgel
σύνειμι: to be together with (+ dat.)
τόξον, τό: a bow

οὐχ ... ἐστιν?: expecting a positive answer, "isn't this Heracles?"
τέθνηκεν: perf., "has he died?"
ὤν: pr. part. concessive, *"although being* the son"
ὡς θεῷ: "as though a god"
καὶ ἔχει καλλίσφυρον Ἥβην: *Od.* 11, 603, Hebe, the cup-bearer of Zeus, became Heracles' wife on Olympus
εἴδωλον: see *Od.* 11. 601-2. where this idea is set forth

ΔΙΟΓΕΝΗΣ: Πῶς λέγεις; εἴδωλον τοῦ θεοῦ; καὶ δυνατὸν ἐξ ἡμισείας μέν τινα θεὸν εἶναι, τεθνάναι δὲ τῷ ἡμίσει;

ΗΡΑΚΛΗΣ: Ναί· οὐ γὰρ ἐκεῖνος τέθνηκεν, ἀλλ᾽ ἐγὼ ἡ εἰκὼν αὐτοῦ.

ΔΙΟΓΕΝΗΣ: Μανθάνω· ἄντανδρόν σε τῷ Πλούτωνι παρέδωκεν ἀνθ᾽ ἑαυτοῦ, καὶ σὺ νῦν ἀντ᾽ ἐκείνου νεκρὸς εἶ.

ΗΡΑΚΛΗΣ: Τοιοῦτό τι.

ΔΙΟΓΕΝΗΣ: Πῶς οὖν ἀκριβὴς ὁ Αἰακὸς ὢν οὐ διέγνω σε μὴ ὄντα ἐκεῖνον, ἀλλὰ παρεδέξατο ὑποβολιμαῖον Ἡρακλέα παρόντα;

ΗΡΑΚΛΗΣ: Ὅτι ἐῴκειν ἀκριβῶς.

ἀκριβής, -ές: exact, accurate
ἄντανδρος, -ον: as a substitute
ἀντί: in the place of (+ gen.)
διαγιγνώσκω: to distinguish, discern
δυνατός, -ή, -όν: possible to (+ inf.)
εἰκών, -όνος, ἡ: a likeness, image
ἔοικα: to be like

ἥμισυς, -εια, -υ: half
μανθάνω: to learn, come to understand
ναί: yes
παραδέχομαι: to receive from
παραδίδωμι: to hand over to (+ dat.)
πάρειμι: to be present
ὑποβολιμαῖος, -α, -ον: substituted by stealth

ἐξ ἡμισείας (sc. μοίρας): "from one half part"
τεθνάναι: perf. inf. after δυνατόν, "possible *to die*"
τῷ ἡμίσει: dat. of advantage, "possible *for the (other) half* to die"
παραδέδωκεν: perf., "*he (Heracles) has handed over* to Pluto"
τοιοῦτό τι: "something such as this"
διέγνω: aor. of διαγιγνώσκω, "how did he not discern?"
σε μὴ ὄντα: pr. part. in ind. st. after διέγνω, "that you were not"
παρεδέξατο: aor., "*he received* a substitute"
Ἡρακλέα παρόντα: pr. part. concessive, "as though Heracles were present"
ἐῴκειν: plupf., "because *I looked like* him"

ΔΙΟΓΕΝΗΣ: Ἀληθῆ λέγεις· ἀκριβῶς γάρ, ὥστε αὐτὸς εἶναι.

ὅρα γοῦν μὴ τὸ ἐναντίον ἐστὶ καὶ σὺ μὲν εἶ ὁ Ἡρακλῆς,
τὸ δὲ εἴδωλον γεγάμηκε τὴν Ἥβην παρὰ τοῖς θεοῖς.

ΗΡΑΚΛΗΣ: Θρασὺς εἶ καὶ λάλος, καὶ εἰ μὴ παύσῃ σκώπτων
εἰς ἐμέ, εἴσῃ αὐτίκα οἵου θεοῦ εἴδωλόν εἰμι.

ΔΙΟΓΕΝΗΣ: Τὸ μὲν τόξον γυμνὸν καὶ πρόχειρον· ἐγὼ δὲ τί
ἂν ἔτι φοβοίμην σε ἅπαξ τεθνηκώς; ἀτὰρ εἰπέ μοι πρὸς
τοῦ σοῦ Ἡρακλέους, ὁπότε ἐκεῖνος ἔζη, συνῆς αὐτῷ καὶ
τότε εἴδωλον ὤν; ἢ εἷς μὲν ἦτε παρὰ τὸν βίον, ἐπεὶ δὲ

ἀληθής, -ές: true	ζάω: to live
ἅπαξ: once	θρασύς, -εῖα, -ύ: bold
ἀτάρ: but, yet	λάλος, -η, -ον: talkative, loquacious
αὐτίκα: forthwith, straightway, at once	οἶδα: to know *(perf.)*
βίος, ὁ: life	οἷος, -α, -ον: what sort of
γαμέω: to marry	ὁπότε: when
γοῦν: at least then	παύω: to make to cease
γυμνός, -ή, -όν: naked, unclad	πρόχειρος, -ον: at hand, ready
εἴδωλον, τό: an image, a phantom	σκώπτω: to hoot, mock, jeer, scoff at
εἷς, μία, ἕν: one	τότε: at that time, then
ἐναντίον, τό: the opposite	φοβέομαι: to fear

ὥστε ... εἶναι: inf. in result clause indicating a possible result, "so that you could be
  yourself"

ὅρα: pr. imper., "see!" i.e. watch out!

μὴ ... ἐστί: ind. quest. after ὅρα, "see *whether it is not* the opposite"

γεγάμηκεν: perf., "the phantom *has married*"

εἰ μὴ παύσῃ: fut. in most vivid protasis, "unless you cease" (i.e. and you had better!)
  + part.

εἴσῃ: fut. of οἶδα, "you will know"

οἵου θεοῦ εἴδωλόν εἰμι: ind. quest. after εἴσῃ, "of what sort of god I am the image"

τί ἂν ἔτι φοβοίμην: pr. opt. pot., "why should I fear"

τεθνηκώς: perf. part., "I *having died* once"

συνῆς: impf., "were you together with?" + dat.

ἦτε: impf., "or *were you* one?"

111

ἀπεθάνετε, διαιρεθέντες ὁ μὲν εἰς θεοὺς ἀπέπτατο, σὺ δὲ
τὸ εἴδωλον, ὥσπερ εἰκὸς ἦν, ἐς Ἅιδου πάρει;

ΗΡΑΚΛΗΣ: Ἐχρῆν μὲν μηδὲ ἀποκρίνεσθαι πρὸς ἄνδρα
οὕτως ἐρεσχηλοῦντα: ὅμως δ' οὖν καὶ τοῦτο ἄκουσον:
ὁπόσον μὲν γὰρ Ἀμφιτρύωνος ἐν τῷ Ἡρακλεῖ ἦν, τοῦτο
τέθνηκε καί εἰμι ἐγὼ ἐκεῖνο πᾶν, ὃ δὲ ἦν τοῦ Διός, ἐν
οὐρανῷ σύνεστι τοῖς θεοῖς.

ΔΙΟΓΕΝΗΣ: Σαφῶς νῦν μανθάνω: δύο γὰρ φὴς ἔτεκεν
ἡ Ἀλκμήνη κατὰ τὸ αὐτὸ Ἡρακλέας, τὸν μὲν ὑπ'
Ἀμφιτρύωνι, τὸν δὲ παρὰ τοῦ Διός, ὥστε ἐλελήθειτε
δίδυμοι ὄντες ὁμομήτριοι.

Ἀμφιτρύων, -ος, ὁ: Amphitryon, the husband of Acmene, the mother of Heracles
ἀποκρίνομαι: to answer
ἀποπέτομαι: to fly off or away
διαιρέω: to divide, separate
δίδυμος, -ον: twin
δύο: two
εἰκός: likely, fitting
ἐρεσχηλέω: to be jocular

μανθάνω: to learn, come to understand
ὁμομήτριος, -α, -ον: born of the same mother
ὁπόσος, -η, -ον: as much as
οὐρανός, ὁ: heaven
πάρειμι: to go
σαφῶς: clearly
σύνειμι: to be together
τίκτω: to give birth to

ἀπεθάνετε: aor., "after you (both) died"

διαιρεθέντες: aor. pass. part., "having been separated"

ἀπέπτατο: aor. of ἀπο-πέτομαι, "he flew off"

πάρει: pr. 2 s., "do you go?"

ἐχρῆν: impf. contrafactual, "it would have been necessary" + inf.

ἐρεσχηλοῦντα: pr. part. circumstantial, "a man *who is so joking*"

ἄκουσον: aor. imper., "listen!"

ὁπόσον μὲν γὰρ Ἀμφιτρύωνος ... ὃ δὲ ἦν τοῦ Διός: "as much as was of Amphityon ... but what was of Zeus"

Ἀμφιτρύωνος: Amphitryon was the husband of Acmene, the mother of Heracles. He and Zeus slept with Alcmene on the same night

τὸν μὲν ... τὸν δὲ: "one from Amphitryon ... one from Zeus"

ὥστε ἐλελήθειτε: plupf. of λανθάνω in result clause emphasizing actual result, "so that you escaped the notice" + part.

ΗΡΑΚΛΗΣ: Οὔκ, ὦ μάταιε· ὁ γὰρ αὐτὸς ἄμφω ἦμεν.

ΔΙΟΓΕΝΗΣ: Οὐκ ἔστι μαθεῖν τοῦτο ῥᾴδιον, συνθέτους δύο
ὄντας Ἡρακλέας, ἐκτὸς εἰ μὴ ὥσπερ ἱπποκένταυρός τις
ἦτε εἰς ἓν συμπεφυκότες ἄνθρωπός τε καὶ θεός.

ΗΡΑΚΛΗΣ: Οὐ γὰρ καὶ πάντες οὕτω σοι δοκοῦσι συγκεῖσθαι
ἐκ δυεῖν, ψυχῆς καὶ σώματος; ὥστε τί τὸ κωλῦόν ἐστι
τὴν μὲν ψυχὴν ἐν οὐρανῷ εἶναι, ἥπερ ἦν ἐκ Διός, τὸ δὲ
θνητὸν ἐμὲ παρὰ τοῖς νεκροῖς;

ἄμφω, οἱ: both
ἄνθρωπος, ὁ: a human
ἐκτός: outside of, except
θνητός, -ή, -όν: mortal
ἱπποκένταυρος, ὁ: a centaur
κωλύω: to hinder, prevent from (+ *inf.*)
μανθάνω: to learn, come to understand
μάταιος, -α, -ον: vain, empty
νεκρός, ὁ: a dead body, corpse

ὅσπερ, ἥπερ, ὅπερ: the very thing which
οὐρανός, ὁ: heaven
ῥᾴδιος, -α, -ον: easy
σύγκειμαι: to be composed
συμφύω: to grow together
σύνθετος, -ον: composite, compound
σῶμα, -ατος, τό: body
ψυχή, ἡ: a soul

ὁ αὐτὸς: nom. pred., "we were *the same*"
μαθεῖν: aor. inf. epexegetic after ῥᾴδιον, "easy *to understand*"
συμπεφυκότες: perf. part. of συν-φύω, "*having grown together* into one"
Οὐ γὰρ: expecting a positive answer, "for do not all?"
συγκεῖσθαι: perf. inf. after δοκοῦσι, "do all not seem *to be composed*"
δυεῖν: gen. dual, "from *two*"
τὸ κωλῦον: pr. part. pred., "what is *the thing preventing*" + inf.
τὴν μὲν ψυχὴν ... τὸ δὲ θνητὸν: "while the soul ... but the mortal part"
εἶναι: inf. after verb of hindering, "something preventing the soul *from being*"

ΔΙΟΓΕΝΗΣ: Ἀλλ', ὦ βέλτιστε Ἀμφιτρυωνιάδη, καλῶς ἂν
ταῦτα ἔλεγες, εἰ σῶμα ἦσθα, νῦν δὲ ἀσώματον εἴδωλον
εἶ· ὥστε κινδυνεύεις τριπλοῦν ἤδη ποιῆσαι τὸν Ἡρακλέα.

ΗΡΑΚΛΗΣ: Πῶς τριπλοῦν;

ΔΙΟΓΕΝΗΣ: Ὧδέ πως· εἰ γὰρ ὁ μέν τις ἐν οὐρανῷ, ὁ δὲ
παρ' ἡμῖν σὺ τὸ εἴδωλον, τὸ δὲ σῶμα ἐν Οἴτῃ κόνις ἤδη

ἀσώματος, -ον: unembodied, incorporeal
βέλτιστος, -η, -ον: best
εἴδωλον, τό: an image, a phantom
κινδυνεύω: to run the risk of (+ inf.)
κόνις, -εως, ἡ: ashes
Οἴτη, ἡ: Oeta

οὐρανός, ὁ: heaven
ποιέω: to make
τριπλοῦς, -ῆ, -οῦν: triple, threefold
ὧδε: in this wise, so, thus

Ἀμφιτρυωνιάδη: voc., "Oh son of Amphitryon" as opposed to son of Zeus
ἂν ἔλεγες: impf. in pr. contrafactual apodosis, "you would be speaking well"
εἰ σῶμα ἦσθα: impf. in contrafactual protasis, "if you were a body"
τριπλοῦν: acc. pred., "of making Hearcles *triple*"
τὸ εἴδωλον: attributive, "you *the image*"
Οἴτη: Oeta was the site of Heracles' funeral

Contrafactual Conditions

A present contrafactual condition has εἰ plus the imperfect indicative in the protasis, ἂν plus the imperfect indicative in the apodosis: translate "if he were (now) doing this ... then he would be doing well" (but he isn't).

κακῶς ἂν ταῦτα ἔλεγες, εἰ σῶμα ἦσθα.
You would be speaking well if you were a body.

A past contrafactual condition has εἰ plus the aorist indicative in the protasis, ἂν plus the aorist indicative in the apodosis: translate "if he had done this ... then he would have done well" (but he didn't).

ἐγὼ δὲ εἰ μὴ μικρὰ τὰ ἑσπέρια δόξας ἐπὶ τὴν ἔω μᾶλλον ὥρμησα, τί ἂν μέγα ἔπραξα;
For if I had not despised the west as small, and if I had attacked it rather than the east, how would I not have done something great?

γενόμενον, τρία ταῦτα ἤδη γίγνεται· καὶ σκόπει ὅντινα δὴ πατέρα τὸν τρίτον ἐπινοήσεις τῷ σώματι.

ΗΡΑΚΛΗΣ: Θρασὺς εἶ καὶ σοφιστής· τίς δὲ καὶ ὢν τυγχάνεις;

ΔΙΟΓΕΝΗΣ: Διογένους τοῦ Σινωπέως εἴδωλον, αὐτὸς δὲ οὐ μὰ Δία «μετ᾽ ἀθανάτοισι θεοῖσιν,» ἀλλὰ τοῖς βελτίστοις τῶν νεκρῶν συνὼν, Ὁμήρου καὶ τῆς τοιαύτης ψυχρολογίας καταγελῶ.

ἀθάνατος, -ον: undying, immortal
δαί: *strengthening* τίς
ἐπινοέω: to think of, contrive
θρασύς, -εῖα, -ύ: bold, confident
καταγελάω: to laugh at (+ *gen.*)
νεκρός, ὁ: a dead body, corpse
Ὅμηρος, ὁ: Homer
Σινωπεύς, -έως, ὁ: Sinope, a city on the Black Sea, birthplace of Diogenes

σκοπέω: to look at, consider
σοφιστής, -οῦ, ὁ: a sophist
σύνειμι: to be together
τρεῖς, τρία: three
τρίτος, -η, -ον: the third
τυγχάνω: to happen to (+ *part.*)
ψυχρολογία, ἡ: frigid phraseology, nonsense

γενόμενον: aor. nom., "*having become* ashes"
γεγένηται: perf., "*have become* three"
σκόπει: pr. imper., "consider!"
τὸν τρίτον πατέρα: acc. pred., "whom you will contrive to be *the third father*"
ὢν: suppl. part. after τυγχάνεις, "who do you happen *to be?*"
αὐτὸς: "(Diogenes) himself" i.e. as opposed to his image
μετ᾽ ἀθανάτοισι θεοῖσιν: epic datives, "among the immortal gods"
συνὼν: pr. part., "but rather being among" + gen.

17. (7) Menippus and Tantalus

Menippus interviews Tantalus, bemused that a punishment such as his would be painful.

ΜΕΝΙΠΠΟΣ: Τί κλάεις, ὦ Τάνταλε; ἢ τί σεαυτὸν ὀδύρῃ ἐπὶ τῇ λίμνῃ ἑστώς;

ΤΑΝΤΑΛΟΣ: Ὅτι, ὦ Μένιππε, ἀπόλωλα ὑπὸ τοῦ δίψους.

ΜΕΝΙΠΠΟΣ: Οὕτως ἀργὸς εἶ, ὡς μὴ ἐπικύψας πιεῖν ἢ καὶ νὴ Δί᾽ ἀρυσάμενος κοίλῃ τῇ χειρί;

ΤΑΝΤΑΛΟΣ: Οὐδὲν ὄφελος, εἰ ἐπικύψαιμι: φεύγει γὰρ τὸ ὕδωρ, ἐπειδὰν προσιόντα αἴσθηταί με: ἢν δέ ποτε καὶ ἀρύσωμαι καὶ προσενέγκω τῷ στόματι, οὐ φθάνω

αἰσθάνομαι: to perceive
ἀπόλλυμι: to destroy utterly, kill, slay
ἀργός, -όν: lazy
ἀρύω: to draw
δίψος, -ους, τό: thirst
ἐπειδάν: whenever (+ *subj.*)
ἐπικύπτω: to stoop over
ἵστημι: to make to stand
κλαίω: to weep, lament, wail
κοῖλος, -η, -ον: hollow, cupped
λίμνη, ἡ: a pool of standing water

ὀδύρομαι: to lament, bewail, mourn for
ὄφελος, τό: furtherance, advantage, help
πίνω: to drink
προσφέρω: to bring to (+ *dat.*)
στόμα, τό: a mouth
Τάνταλος, ὁ: Tantalus
ὕδωρ, ὕδατος, τό: water
φεύγω: to flee, take flight, run away
φθάνω: to come or do first or before
χείρ, χειρός, ἡ: a hand

Τάνταλε: Tantalus, one of the famous sinners in Hades, whose punishment was to be eternally "tantalized"

ἑστώς: perf. part. of ἵστημι, "having been stood up" and thus "standing"

ἀπόλωλα: perf., "I am destroyed"

οὕτως ... ὡς: correlatives, "*so lazy that*"

ὡς μὴ ... πιεῖν: aor. inf. in result clause, "so that you do not drink"

ἐπικύψας, ἀρυσάμενος: aor. part. instrumental, "by stooping over, by drawing"

εἰ ἐπικύψαιμι: aor. opt. in present general protasis, "if ever I stoop"

ἐπειδὰν ... αἴσθηται: pr. subj. in general temporal clause, "*whenever it perceives me approaching*"

ἢν ... ἀρύσωμαι καὶ προσενέγκω: aor. subj. in present general protasis, "*if ever I draw and bring it to* my mouth"

116

βρέξας ἄκρον τὸ χεῖλος, καὶ διὰ τῶν δακτύλων διαρρυὲν οὐκ οἶδ’ ὅπως αὖθις ἀπολείπει ξηρὰν τὴν χεῖρά μοι.

ΜΕΝΙΠΠΟΣ: Τεράστιόν τι πάσχεις, ὦ Τάνταλε. ἀτὰρ εἰπέ μοι, τί δαὶ καὶ δέῃ τοῦ πιεῖν; οὐ γὰρ σῶμα ἔχεις, ἀλλ’ ἐκεῖνο μὲν ἐν Λυδίᾳ που τέθαπται, ὅπερ καὶ πεινῆν καὶ διψῆν ἐδύνατο, σὺ δὲ ἡ ψυχὴ πῶς ἂν ἔτι ἢ διψῴης ἢ πίοις;

ΤΑΝΤΑΛΟΣ: Τοῦτ’ αὐτὸ ἡ κόλασίς ἐστι, τὸ διψῆν τὴν ψυχὴν ὡς σῶμα οὖσαν.

ἄκρος, -α, -ον: at the furthest point	εἶπον: to speak, say (aor.)
ἀπολείπω: to leave over or behind	θάπτω: to bury
ἀτάρ: but, yet	κόλασις, -εως, ἡ: a punishment
αὖθις: back, back again	Λυδία, ἡ: Lydia
βρέχω: to be wetted, get wet	ξηρός, -ά, -όν: dry
δαί: what? (*strengthening* τί)	πάσχω: to suffer
δάκτυλος, ὁ: a finger	πεινάω: to be hungry
διαρρέω: to flow through	τεράστιος, -ον: monstrous
διψάω: to thirst	χεῖλος, -εος: a lip
δύναμαι: to be able (+ *inf.*)	ψυχή, ἡ: a soul

βρέξας: aor. part.. suppl. after οὐ φθάνω, "I do not manage *to wet*"

διαρρυὲν: aor. part. nom. of δια-ρρέω, "the water *having flowed through*"

οὐκ οἶδ’ ὅπως: parenthetical, "I don't know how"

ξηρὰν: acc. pred., "leaves my hand *dry*"

δέῃ: pr. mid., "why do you have need?" + gen.

τοῦ πιεῖν: artic. inf. gen. after δέῃ, "need *of drinking*"

τέθαπται: perf., "that *is buried*"

πεινῆν καὶ διψῆν: pr. inf. complementing ἐδύνατο, "which (i.e. the body) can be hungry and thirsty"

πῶς ἂν ἔτι ἢ διψῴης ἢ πίοις: aor. opt. pot., "how could you thirst or be hungry?"

τοῦτ’ αὐτὸ: pred. nom., "the punishment is *this very thing*"

τὸ διψῆν: inf. articular in apposition to τοῦτ’: namely, the soul *being thirsty*

ὡς σῶμα οὖσαν: pr. part. concessive, "as though being a body"

Lucian

ΜΕΝΙΠΠΟΣ: Ἀλλὰ τοῦτο μὲν οὕτως πιστεύσομεν, ἐπεὶ φῂς κολάζεσθαι τῷ δίψει. τί δ' οὖν σοι τὸ δεινὸν ἔσται; ἢ δέδιας μὴ ἐνδείᾳ τοῦ ποτοῦ ἀποθάνῃς; οὐχ ὁρῶ γὰρ ἄλλον Ἅδην μετὰ τοῦτον ἢ θάνατον ἐντεῦθεν εἰς ἕτερον τόπον.

ΤΑΝΤΑΛΟΣ: Ὀρθῶς μὲν λέγεις: καὶ τοῦτο δ' οὖν μέρος τῆς καταδίκης, τὸ ἐπιθυμεῖν πιεῖν μηδὲν δεόμενον.

ΜΕΝΙΠΠΟΣ: Ληρεῖς, ὦ Τάνταλε, καὶ ὡς ἀληθῶς ποτοῦ δεῖσθαι δοκεῖς, ἀκράτου γε ἐλλεβόρου νὴ Δία, ὅστις τοὐναντίον τοῖς ὑπὸ τῶν λυττώντων κυνῶν δεδηγμένοις πέπονθας οὐ τὸ ὕδωρ ἀλλὰ τὴν δίψαν πεφοβημένος.

Ἅδης, ὁ: Hades
ἄκρατος, -ον: unmixed, sheer
δάκνω: to bite
δείδω: to fear
δεινός, -ή, -όν: fearful, dire
δέομαι: to need
δίψα, -ης, ἡ: thirst
ἐλλέβορος, ὁ: hellebore, a deadly poison
ἐναντίος, -α, -ον: opposite
ἔνδεια, ἡ: want, need, lack of (+ gen.)
ἐντεῦθεν: hence
ἐπιθυμέω: to desire (+ inf.)

καταδίκη, ἡ: judgment
κολάζω: to punish
κύων, κύνος, ὁ: a dog
ληρέω: to speak foolishly
λυττάω: to be raging
μέρος, -ους, τό: a part, share
ὀρθός, -ή, -όν: straight
πιστεύω: to believe in
ποτός, ὁ: a drink
τόπος, ὁ: a place
ὕδωρ, τό: water
φοβέομαι: to fear

δέδιας: perf., "do you fear?"
μὴ ... ἀποθάνῃς: aor. subj. after δέδιας, "fear to die"
μετὰ τοῦτον: "after this (Hades)"
θάνατον: "or (another) death from here"
τὸ ἐπιθυμεῖν: artic. inf. in app. to τοῦτο, "this, namely to desire" + inf.
δεόμενον: acc. agreeing with subject of ἐπιθυμεῖν, " to desire while needing nothing"
ἀκράτου γε ἐλλεβόρου: gen. in app. to ποτοῦ, "a drink, namely unmixed hellebore," a fatal poison and a cure for madness
ὅστις ... πέπονθας: perf. of πάσχω, "you who have suffered"
τοὐναντίον (=τό ἐναντίον): "the opposite" + dat.
τοῖς ... δεδηγμένοις: perf. part. of δάκνω, "opposite to those who were bitten"
ὑπὸ τῶν λυττώντων κυνῶν: by those raging dogs," i.e. rabid dogs
οὐ πεφοβημένος: perf. part., "not having become fearful" fear of water (hydrophobia) is a symptom of rabies

118

ΤΑΝΤΑΛΟΣ: Οὐδὲ τὸν ἐλλέβορον, ὦ Μένιππε, ἀναίνομαι πιεῖν, γένοιτό μοι μόνον.

ΜΕΝΙΠΠΟΣ: Θάρρει, ὦ Τάνταλε, ὡς οὔτε σὺ οὔτε ἄλλος πίεται τῶν νεκρῶν: ἀδύνατον γάρ: καίτοι οὐ πάντες ὥσπερ σὺ ἐκ καταδίκης διψῶσι τοῦ ὕδατος αὐτοὺς οὐχ ὑπομένοντος.

Sisyphus, Ixion, and Tantalus in the Underworld.
Roman sarcophagus, in the Vatican Museum, Rome.

ἀδύνατος, -ον: unable	καταδίκη, ἡ: judgment
ἀναίνομαι: to reject to (+ *inf.*)	οὐδέ: but not
διψάω: to thirst	πίνω: to drink
ἐλλέβορος, ὁ: hellebore	ὑπομένω: to remain
θαρρέω: to be of good courage	

γένοιτο: aor. opt. in wish for the future, "if only it would be!"

πίεται: fut., "no other *will drink*"

ἐκ καταδίκης: "from a punishment," i.e. because of a punishment

τοῦ ὕδατος αὐτοὺς οὐχ ὑπομένοντος: gen. abs., "the water not staying for them"

119

18. (5) Menippus and Hermes

The newly arrived Menippus, upon seeing what is left of earth's most handsome men and beautiful women, reflects on the vanity of earthly beauty.

ΜΕΝΙΠΠΟΣ: Ποῦ δέ οἱ καλοί εἰσιν ἢ αἱ καλαί, Ἑρμῆ; ξενάγησόν με νέηλυν ὄντα.

ΕΡΜΗΣ: Οὐ σχολὴ μέν, ὦ Μένιππε· πλὴν κατ᾽ ἐκεῖνο ἀπόβλεψον, ἐπὶ τὰ δεξιά, ἔνθα ὁ Ὑάκινθός τέ ἐστιν καὶ Νάρκισσος καὶ Νιρεὺς καὶ Ἀχιλλεὺς καὶ Τυρὼ καὶ Ἑλένη καὶ Λήδα καὶ ὅλως τὰ ἀρχαῖα πάντα κάλλη.

ΜΕΝΙΠΠΟΣ: Ὀστᾶ μόνα ὁρῶ καὶ κρανία τῶν σαρκῶν γυμνά, ὅμοια τὰ πολλά.

ἀποβλέπω: to look towards
ἀρχαῖος, -α, -ον: ancient
γυμνός, -ή, -όν: naked of (+ *gen.*)
δεξιός, -ά -όν: on the right side
ἔνθα: there
κάλλος, -ους, τό: beauty
καλός, -ή, όν: handsome, beautiful
κρανίον, τό: a skull

νεήλης, -ες: newly caught
ξεναγέω: to guide a stranger
ὅλως: generally
ὅμοιος, -α, -ον: like, resembling
ὀστέον, τό: a bone
πολύς, πολλά, πολύ: many
σάρξ, ἡ: flesh
σχολή, ἡ: spare time

ξενάγησον: aor. imper., "guide me!"
ὄντα: pr. part. causal, *"since I am* new"
ἀπόβλεψον: aor. imper., "look over there!"
κατ᾽ ἐκεῖνο: "in that direction"
Ὑάκινθος: Hycainth, beautiful young beloved of Apollo
Νάρκισσος: Narcissus, known for his exceptional beauty, he fell in love with his reflection in a pool of water
Νιρεὺς: Nireus, King of the Island of Syme who was also famously handsome
Ἀχιλλεὺς: Achilles, hero of the Trojan war who was also famously handsome
Τυρὼ: Tyro, wife of Cretheus who was seduced by Poseidon
Ἑλένη: Helen, wife of Menelaus and lover of Paris
Λήδα: Leda, mother of Helen, beloved of Zeus
ὅμοια: nom. pred., "most are *the same*"

120

blame + γεν
wonder (positive) + γεν
wonder (negative) + dat.

ΕΡΜΗΣ: Καὶ μὴν ἐκεῖνά ἐστιν ἃ πάντες οἱ ποιηταὶ θαυμάζουσι τὰ ὀστᾶ, ὧν σὺ ἔοικας καταφρονεῖν.

ΜΕΝΙΠΠΟΣ: Ὅμως τὴν Ἑλένην μοι δεῖξον· οὐ γὰρ ἂν διαγνοίην ἔγωγε.

κρίνειν

ΕΡΜΗΣ: Τουτὶ τὸ κρανίον ἡ Ἑλένη ἐστίν.

thousand ships

ΜΕΝΙΠΠΟΣ: Εἶτα διὰ τοῦτο αἱ χίλιαι νῆες ἐπληρώθησαν ἐξ ἀπάσης τῆς Ἑλλάδος καὶ τοσοῦτοι ἔπεσον Ἕλληνές τε *died* καὶ βάρβαροι καὶ τοσαῦται πόλεις ἀνάστατοι γεγόνασιν;

ὅτι ζῇ

ΕΡΜΗΣ: Ἀλλ᾽ οὐκ εἶδες, ὦ Μένιππε, ζῶσαν τὴν γυναῖκα· *you would say* *free from vengeance* ἔφης γὰρ ἂν καὶ σὺ ἀνεμέσητον εἶναι «τοιῇδ᾽ ἀμφὶ *ἂν makes it hypothetical* *such a / of this sort*

---

fallen

ἀνάστατος, -ον: desolate
ἀνεμέσητος, -ον: free from blame
βάρβαρος, ὁ: a barbarian
δείκνυμι: to show exhibit
διαγιγνώσκω: to distinguish, discern
Ἑλλάς, -άδος, ἡ: Greece
Ἕλλην, -ηνός, ὁ: a Greek
ἔοικα: to seem to (+ *inf.*)
ζάω: to live
θαυμάζω: to wonder at
καταφρονέω: to despise (+ *gen.*)
ναῦς, νηός, ἡ: a ship
ὅμως: nevertheless
ὀστέον, τό: a bone
πίπτω: to fall, die
πληρόω: to make full
ποιητής, -οῦ, ὁ: a poet
πόλις, -εως, ἡ: a city
τοσοῦτος, -αύτη, -οῦτο: so many
χίλιοι, -αι: a thousand

καὶ μὴν: adversative, "and yet"
ἐκεῖνά: nom. pred., "the bones are *the very ones*"
ὧν: gen. relative pron. after **καταφρονεῖν**, "*which* you seem to despise"
καταφρονεῖν: pr. inf. complementing **ἔοικας**, "you seem *to despise*"
δεῖξον: aor imper., "show me!"
οὐ ἂν διαγνοίην: aor opt. pot., "I could not discern"
τουτὶ: (with deictic suffix -ὶ) "this right here"
εἶτα: indicating an indignant question, "you mean to tell me?"
ἐπληρώθησαν: aor. pass., "ships *were filled*"
ἔπεσον: aor. of **πίπτω**, "they died"
γεγόνασιν: perf . of **γίγνομαι**, "they became"
εἶδες: aor., "did you see?"
ζῶσαν: pr. part. circumstantial, "the woman *living*"
ἔφης ἂν: impf. in pr. contrafactual, "you would be declaring"
εἶναι: pr. inf. in ind. st. after **ἔφης**, "declare *that it is* blameless"

121

γυναικὶ πολὺν χρόνον ἄλγεα πάσχειν»: ἐπεὶ καὶ τὰ
ἄνθη ξηρὰ ὄντα εἴ τις βλέποι ἀποβεβληκότα τὴν βαφήν,
ἄμορφα δῆλον ὅτι αὐτῷ δόξει, ὅτε μέντοι ἀνθεῖ καὶ ἔχει
τὴν χρόαν, κάλλιστά ἐστιν.

ΜΕΝΙΠΠΟΣ: Οὐκοῦν τοῦτο, ὦ Ἑρμῆ, θαυμάζω, εἰ μὴ
συνίεσαν οἱ Ἀχαιοὶ περὶ πράγματος οὕτως ὀλιγοχρονίου
καὶ ῥᾳδίως ἀπανθοῦντος πονοῦντες.

ἄλγος, -ους, τό: pain	κάλλιστός, -η, -ον: very beautiful
ἄμορφος, -ον: misshapen, unsightly	μέντοι: however
ἀνθέω: to blossom, bloom	ξηρός, -ά, -όν: dry
ἄνθος, -ους, τό: a blossom, flower	ὀλιγοχρόνιος, -ον: short-lived
ἀπανθέω: to wither	οὐκοῦν: therefore, accordingly
ἀποβάλλω: to throw off	πονέω: to work hard, do work, suffer toil
Ἀχαιός, -ά, -όν: Achaian	πρᾶγμα, -ατος, τό: a matter
βαφή, ἡ: color (from "dipping" in dye)	ῥᾴδιος, -α, -ον: easy
βλέπω: to see, have the power of sight	συνίημι: to know, understand
γυνή, -αικός, ἡ: a woman	χροά, ἡ: the surface, skin
δῆλος, -η, -ον: clear	χρόνος, ὁ: time
θαυμάζω: to wonder	

τοιῇδ' ... πάσχειν: *Iliad* 3, 157
πολὺν χρόνον: acc. of duration, "for a long time"
πάσχειν: pr. inf. epexegetic explaining ἀνεμέσητον, "it is blameless *to suffer*"
εἴ τις βλέποι: pr. opt. in present general protasis, "If someone sees"
ὄντα: pr. part. circumstantial, "*when they are* dry"
ἀποβεβληκότα: part. perf. circumstantial, "when they have cast off"
ἄμορφα: nom. pred., "will seem *misshapen*"
δῆλον (sc. ἐστι) ὅτι: "it is clear that"
δόξει: fut., "clear that *they will seem*"
εἰ μὴ συνίεσαν: impf. of συνίημι in ind. quest., "whether they did not know" with the
    implication that they did not
ἀπανθοῦντος: pr. part. gen., agreeing with πράγματος, "about a matter so easily
    withering"
πονοῦντες: pr. part. in ind. st. after συνίεσαν, "knew *that they were toiling*"

Dialogues of the Dead

ΕΡΜΗΣ: Οὐ σχολή μοι, ὦ Μένιππε, συμφιλοσοφεῖν σοι.
ὥστε σὺ μὲν ἐπιλεξάμενος τόπον, ἔνθα ἂν ἐθέλῃς, κεῖσο
καταβαλὼν σεαυτόν, ἐγὼ δὲ τοὺς ἄλλους νεκροὺς ἤδη
μετελεύσομαι.

ἐθέλω: to will, wish, purpose
ἐπιλέγω: to choose, pick out
ἤδη: immediately
καταβάλλω: to throw down, overthrow
κεῖμαι: to be laid
μετέρχομαι: to come after

συμφιλοσοφέω: to join in philosophizing with (+ *dat.*)
σχολή, ἡ: spare time, leisure, rest, ease
τόπος, ὁ: a place
ὥστε: and so

συμφιλοσοφεῖν: pr. inf. after σχολή, "leisure *to philosophize with*"
ἐπιλεξάμενος: aor. part., "having chosen"
ἔνθα ἂν ἐθέλῃς: pr. subj. in general relative clause, "wherever you wish"
κεῖσο: pr. imper., "lay yourself down!"
καταβαλὼν: aor. part., "having cast yourself down"
μετελεύσομαι: fut. of μετα-έρχομαι, "I will be going after"

Translating Participles:

Greek has many more participles than English. The aorist participle is quite common and has no parallel in English in most cases. Because English has no way to indicate simple time with a participle, our "translationese" versions of aorist participles will often sound like perfect participles:

ἐπιλεξάμενος τόπον, κεῖσο καταβαλὼν σεαυτόν: *having chosen a place*, recline *having thrown yourself down*.

More idiomatic in these cases would be some kind of periphrasis, such as "once you have chosen, throw yourself down and recline," but our translationese version will indicate the syntactic relations more clearly.

123

19 (27). Aeacus and Protesilaus

Protesilaus, the first Greek killed at Troy (cf. Iliad 2, 698-710) discusses the cause of his fate with Aeacus.

ΑΙΑΚΟΣ: Τί ἄγχεις, ὦ Πρωτεσίλαε, τὴν Ἑλένην προσπεσών;

ΠΡΩΤΕΣΙΛΑΟΣ: Ὅτι διὰ ταύτην, ὦ Αἰακέ, ἀπέθανον ἡμιτελῆ μὲν τὸν δόμον καταλιπών, χήραν τε τὴν νεόγαμον γυναῖκα.

ΑΙΑΚΟΣ: Αἰτιῶ τοίνυν τὸν Μενέλαον, ὅστις ὑμᾶς ὑπὲρ τοιαύτης γυναικὸς ἐπὶ Τροίαν ἤγαγεν.

ΠΡΩΤΕΣΙΛΑΟΣ: Εὖ λέγεις· ἐκεῖνόν μοι αἰτιατέον.

ΜΕΝΕΛΑΟΣ: Οὐκ ἐμέ, ὦ βέλτιστε, ἀλλὰ δικαιότερον τὸν Πάριν, ὃς ἐμοῦ τοῦ ξένου τὴν γυναῖκα παρὰ πάντα τὰ δίκαια ᾤχετο ἁρπάσας· οὗτος γὰρ οὐχ ὑπὸ σοῦ μόνου,

---

ἄγχω: to choke	Μενέλαος, ὁ: Menelaus, husband of Helen
ἄγω: to lead, bring	νεόγαμος, -ον: newly married
αἰτιάω: to charge, accuse, censure, blame	ξένος, ὁ: a foreigner, host
ἀποθνήσκω: to die off, die	οἴχομαι: to be gone, to have gone
ἁρπάζω: to snatch away, carry off	Πάρις, ὁ: Paris
βέλτιστος, -η, -ον: best	προσπίπτω: to fall upon
δίκαιος, -α, -ον: just	Πρωτεσίλαος, -εω, ὁ: Protesilaus
δόμος, ὁ: a house	τοίνυν: therefore, accordingly
Ἑλένη, ἡ: Helen (of Troy)	Τροία, ἡ: Troy
ἡμιτελής, -ές: half-finished	χήρα, ἡ: bereft of a husband, a widow
καταλείπω: to leave behind	

προσπεσών: aor. part., "*having fallen upon* her"

ἡμιτελῆ μὲν τὸν δόμον: "a half-finished house" cf. *Iliad* 2, 701

καταλιπών:: aor. part., "having left behind"

ἤγαγεν: aor. of ἄγω, "who *led* you"

αἰτιατέον (sc. ἐστι): verbal adj., "it is necessary to accuse"

παρὰ: "contrary to" + acc.

ἁρπάσας: aor. part., "having snatched"

124

ἀλλ᾽ ὑπὸ πάντων Ἑλλήνων τε καὶ βαρβάρων ἄξιος
ἄγχεσθαι τοσούτοις θανάτου αἴτιος γεγενημένος.

ΠΡΩΤΕΣΙΛΑΟΣ: Ἄμεινον οὕτω: σὲ τοιγαροῦν, ὦ Δύσπαρι,
οὐκ ἀφήσω ποτὲ ἀπὸ τῶν χειρῶν.

ΠΑΡΙΣ: Ἄδικα ποιῶν, ὦ Πρωτεσίλαε, καὶ ταῦτα ὁμότεχνον
ὄντα σοι: ἐρωτικὸς γὰρ καὶ αὐτός εἰμι καὶ τῷ αὐτῷ
θεῷ κατέσχημαι: οἶσθα δὲ ὡς ἀκούσιόν τί ἐστι καί τις
ἡμᾶς δαίμων ἄγει ἔνθα ἂν ἐθέλῃ, καὶ ἀδύνατόν ἐστιν
ἀντιτάττεσθαι αὐτῷ.

ΠΡΩΤΕΣΙΛΑΟΣ: Εὖ λέγεις. εἴθε οὖν μοι τὸν Ἔρωτα ἐνταῦθα
λαβεῖν δυνατὸν ἦν.

ἄδικος, -ον: wrong-doing, unjust
ἀδύνατος, -ον: impossible (+ *inf.*)
αἴτιος, -α, -ον: culpable for (+ *gen*)
ἀκούσιος, -ον: against one's will, involuntary
ἀμείνων, -ον: better
ἀντιτάττω: to resist
ἄξιος, -α, -ον: worthy of (+ *inf.*)
ἀφίημι: to release
βάρβαρος, ὁ: a barbarian, non-Greek
δαίμων, -ονος ὁ: a god
δυνατός, -ή, -όν: able, possible to (+ *inf.*)

Δύσπαρις, -ιδος, ὁ: unhappy Paris, ill-starred Paris
ἔνθα: there
Ἔρως, -ωτος, ὁ: Eros
ἐρωτικός, -ή, -όν: amatory
θάνατος, ὁ: death
κατέχομαι: to be possessed by (+ *dat.*)
λαμβάνω: to take, catch
ὁμότεχνος, -ον: practising the same craft with (+ *dat.*)
τοιγαροῦν: so then, therefore, accordingly
χείρ, χειρός, ἡ: a hand

ἄγχεσθαι: pr. inf. pass. epexegetic after ἄξιος, "worthy *to be choked*"
τοσούτοις: dat. of advantage, "death *for so many*"
γεγενημένος: perf. part., "*having become* guilty for" + gen.
οὐκ ἀφήσω: fut., "I will not release"
ὁμότεχνον ὄντα: acc. respect, "with respect to one practicing the same trade to" + dat.
κατέσχημαι: perf. pass. of κατέχομαι, "*I am possessed* by the same god"
ἔνθα ἂν ἐθέλῃ: pr. subj. in general relative clause, "leads *wherever he wishes*"
ἀντιτάττεσθαι: pr. inf. epexegetic after ἀδύνατόν, "impossible *to resist*" + dat.
εἴθε ... δυνατὸν ἦν: impf. in contrafactual wish for the present, "would that it were possible" i.e. but it is not
λαβεῖν: aor. inf. epexegetic after δυνατόν, "possible *to catch*"

ΑΙΑΚΟΣ: Ἐγώ σοι καὶ περὶ τοῦ Ἔρωτος ἀποκρινοῦμαι τὰ δίκαια: φήσει γὰρ αὐτὸς μὲν τοῦ ἐρᾶν τῷ Πάριδι ἴσως γεγενῆσθαι αἴτιος, τοῦ θανάτου δέ σοι οὐδένα ἄλλον, ὦ Πρωτεσίλαε, ἢ σεαυτόν, ὃς ἐκλαθόμενος τῆς νεογάμου γυναικός, ἐπεὶ προσεφέρεσθε τῇ Τρῳάδι, οὕτως φιλοκινδύνως καὶ ἀπονενοημένως προεπήδησας τῶν ἄλλων δόξης ἐρασθείς, δι' ἣν πρῶτος ἐν τῇ ἀποβάσει ἀπέθανες.

ἀπόβασις, -εως, ἡ: a stepping off, disembarking
ἀποκρίνομαι: to answer
ἀπονενοημένως: desperately
γυνή, -αικός, ἡ: a woman
δίκαιος, -α, -ον: just
δόξα, ἡ: glory, opinion
ἐκλανθάνω: to escape notice utterly
ἔραμαι: to be in love with
ἐράω: to love
νεόγαμος, -ον: newly married
προπηδάω: to spring before
προσφέρομαι: to bring himself to (+ dat.)
πρῶτος, -η, -ον: first
Τρῳάς, -άδος, ἡ: Trojan
φιλοκίνδυνος, -ον: fond of danger, adventurous

ἀποκρινοῦμαι: fut., "I will answer"

αὐτὸς ... γεγενῆσθαι: perf. inf. in ind. st. after φήσει, "he will say *that he himself is* blameworthy"

τοῦ ἐρᾶν: pr. inf. artic. after αἴτιος, " blameworthy *for the love*"

τῷ Πάριδι: dat. of advantage, "for Paris"

οὐδένα: acc. subject of γεγενῆσθαι understood after φήσει, "will say that no one (is blameworthy)"

οὐδένα ἄλλον ... ἤ: "*no one other than* yourself"

ἐκλαθόμενος: aor. part., "who, *having escaped the notice of* your wife" i.e. unbeknownst to your wife

προεπήδησας: aor. of προ-πηδάω, "you leapt off before + gen.

ἐρασθείς: aor. part. pass. of ἔραμαι, "having been in love with" + gen.

δι' ἣν: "on account of which" i.e. the glory

ἀπέθανες: aor., "you died"

126

ΠΡΩΤΕΣΙΛΑΟΣ: Οὐκοῦν καὶ ὑπὲρ ἐμαυτοῦ σοι, ὦ Αἰακέ, ἀποκρινοῦμαι δικαιότερα: οὐ γὰρ ἐγὼ τούτων αἴτιος, ἀλλὰ ἡ Μοῖρα καὶ τὸ ἐξ ἀρχῆς οὕτως ἐπικεκλῶσθαι.

ΑΙΑΚΟΣ: Ὀρθῶς: τί οὖν τούτους αἰτιᾷ;

Rhadamanthys, Minos & Aeacus, Judges of the Underworld.
Apulian red-figure krater 4th Century BCE, Antikensammlungen, Munich

αἰτιάομαι: to blame	ἐπικλώθω: to spin to
ἀποκρίνομαι: to answer	ἡ Μοῖρα: Moira, Fate
ἀρχή, ἡ: a beginning, origin, first cause	ὀρθός, -ή, -όν: straight
ἐμαυτοῦ: of me, of myself	οὐκοῦν: therefore, then, accordingly

τὸ ... ἐπικεκλῶσθαι: perf. inf. articular, "the having been spun" i.e. the "thread" of life spun by the Fates for each man

τί ... αἰτιᾷ: pr. 2 s. mid., "*why do you blame these?*"

20. (6) Menippus and Aeacus

Menippus is introduced to the formerly famous in world , the heroes celebrated by Homer, and then the philosophers, all of whom Menippus mocks.

ΜΕΝΙΠΠΟΣ: Πρὸς τοῦ Πλούτωνος, ὦ Αἰακέ, περιήγησαί μοι τὰ ἐν Ἅδου πάντα.

ΑΙΑΚΟΣ: Οὐ ῥᾴδιον, ὦ Μένιππε, ἅπαντα· ὅσα μέντοι κεφαλαιώδη, μάνθανε· οὗτος μὲν ὅτι Κέρβερός ἐστιν οἶσθα, καὶ τὸν πορθμέα τοῦτον, ὅς σε διεπέρασε, καὶ τὴν λίμνην καὶ τὸν Πυριφλεγέθοντα ἤδη ἑώρακας εἰσιών.

ΜΕΝΙΠΠΟΣ: Οἶδα ταῦτα καὶ σέ, ὅτι πυλωρεῖς, καὶ τὸν βασιλέα εἶδον καὶ τὰς Ἐρινῦς· τοὺς δὲ ἀνθρώπους μοι τοὺς πάλαι δεῖξον καὶ μάλιστα τοὺς ἐπισήμους αὐτῶν.

Ἅδης, -ου, ὁ: Hades
Αἰακός, ὁ: Aeacus, one of the judges in Hades
ἄνθρωπος, ὁ: a person
ἅπας, ἅπασα, ἅπαν: quite all
βασιλεύς, -έως, ὁ: a king, chief
δείκνυμι: to show
διαπεράω: to bring across
εἴσειμι: to go into
ἐπίσημος, -ον: famous
Ἐρινύς, -ύος: an Erinys or Fury, agents of revenge

Κέρβερος, ὁ: Cerberus, the hound of Hades
κεφαλαιώδης, -ες: chief, important
λίμνη, ἡ: a pool of standing water
μανθάνω: to learn
πάλαι: long ago
περιηγέομαι: to lead round
Πλούτων, -ωνος, ὁ: Pluto, god of Hades
πορθμεύς, -έως, ὁ: a ferryman, i.e. Charon
πυλωρέω: to keep the gate
Πυριφλεγέθων, -οντος, ὁ: "blazing like fire" (one of the rivers of Hades)
ῥᾴδιος, -α, -ον: easy

περιήγησαι: aor. imper., "show me around"
ἑώρακας: plupf. of ὁράω, "you saw"
εἰσιών: pr. part. of εἰς-έρχομαι, "entering"
τοὺς πάλαι: attributive, *the long ago* men"
δεῖξον: aor. imper., "show!"

128

ΑΙΑΚΟΣ: Οὗτος μὲν Ἀγαμέμνων, οὗτος δὲ Ἀχιλλεύς, οὗτος δὲ Ἰδομενεὺς πλησίον, οὗτος δὲ Ὀδυσσεύς, εἶτα Αἴας καὶ Διομήδης καὶ οἱ ἄριστοι τῶν Ἑλλήνων.

ΜΕΝΙΠΠΟΣ: Βαβαί, ὦ Ὅμηρε, οἷά σοι τῶν ῥαψῳδιῶν τὰ κεφάλαια χαμαὶ ἔρριπται ἄγνωστα καὶ ἄμορφα, κόνις πάντα καὶ λῆρος πολύς, ἀμενηνὰ ὡς ἀληθῶς κάρηνα. οὗτος δέ, ὦ Αἰακέ, τίς ἐστιν;

ΑΙΑΚΟΣ: Κῦρός ἐστιν· οὗτος δὲ Κροῖσος, ὁ δ᾽ ὑπὲρ αὐτὸν Σαρδανάπαλλος, ὁ δ᾽ ὑπὲρ τούτους Μίδας, ἐκεῖνος δὲ Ξέρξης.

Ἀγαμέμνων, -ονος, ὁ: Agamemnon, commander of Greeks at Troy
ἄγνωστος, -ον: unknown
Αἴας, -αντος, ὁ: Ajax, a Greek hero at Troy
ἀμενηνός, -όν: powerless, fleeting, feeble
ἄμορφος, -ον: misshapen, unsightly
ἄριστος, -η, ον: best
Ἀχιλλεύς: Achilles, the hero of the Iliad
βαβαί: bless me!
Διομήδης, -εος, ὁ: Diomedes, a Greek hero at Troy
Ἰδομενεὺς, ὁ: Idomeneus, a Greek hero at Troy
κάρηνον, τό: a head
κεφάλαιος, -α, -ον: chief, important
κόνις, -εος, ἡ: ashes

Κροῖσος, ὁ: Croesus, the Lydian king
Κῦρος ὁ: Cyrus, the Persian king
λῆρος, ὁ: nonsense, trumpery
Μίδας, -ου, ὁ: Midas, the Phyrgian king
Ξέρξης, ὁ: Xerxes, the Persian king
Ὀδυσσεύς, -έως, ὁ: Odysseus, hero of the Odyssey
οἷος, -α, -ον: what sort of
Ὅμηρος, ὁ: Homer
πλησίος, -ον: next
ῥαψῳδία, ἡ: a recitation of epic poetry
ῥίπτω: to throw, cast, hurl
Σαρδανάπαλλος, ὁ: Sardanapalus, the Assyrian king
χαμαί: on the earth, on the ground

ἔρριπται" perf. of ῥίπτω, "how *they have been thrown*"
ἄγνωστα: nom. pred., "*unknown* and shapeless"
κόνις: nom. pred., "all is *dust*"
ὡς ἀληθῶς: "truly"
ἀμενηνὰ ... κάρηνα: "fleeting heads" *Od.* 10.521
Κῦρος ... Κροῖσος ... Σαρδανάπαλλος ... Μίδας: See 2(3) above for these famous wealthy kings

ΜΕΝΙΠΠΟΣ: Εἶτα σέ, ὦ κάθαρμα, ἡ Ἑλλὰς ἔφριττε ζευγνύντα μὲν τὸν Ἑλλήσποντον, διὰ δὲ τῶν ὀρῶν πλεῖν ἐπιθυμοῦντα; οἷος δὲ καὶ ὁ Κροῖσός ἐστιν. τὸν Σαρδανάπαλλον δέ, ὦ Αἰακέ, πατάξαι μοι κατὰ κόρρης ἐπίτρεψον.

ΑΙΑΚΟΣ: Μηδαμῶς· διαθρύπτεις γὰρ αὐτοῦ τὸ κρανίον γυναικεῖον ὄν.

ΜΕΝΙΠΠΟΣ: Οὐκοῦν ἀλλὰ προσπτύσομαί γε πάντως αὐτῷ ἀνδρογύνῳ γε ὄντι.

ΑΙΑΚΟΣ: Βούλει σοι ἐπιδείξω καὶ τοὺς σοφούς;

ΜΕΝΙΠΠΟΣ: Νὴ Δία γε.

ἀνδρόγυνος, ὁ: a man-woman, androgynous
βούλομαι: to wish
γυναικεῖος, -α, -ον: womanish
διαθρύπτω: to break in pieces
Ἑλλάς, ἡ: Greece
Ἑλλήσποντος, ὁ: the Hellespont, the sea dividing Europe and Asia
ἐπιδείκνυμι; to show
ἐπιθυμέω: to desire to (+ *inf.*)
ἐπιτρέπω: to turn towards
ζεύγνυμι: to yoke, harness
κάθαρμα, τό: waste

κόρρη, ἡ: the side of the forehead
κρανίον, τό:, skull
μηδαμῶς: not at all
νή: yes! (+ *acc.*)
ὄρος, -εος, τό: a mountain, hill
οὐκοῦν: therefore, accordingly
πάντως: altogether;
πατάττω: to beat, knock
πλέω: to sail, go by sea
προσπτύω: to spit upon
σοφός, -ή, -όν: wise
φρίττω: to bristle (in fear)

ζευγνύντα: pr. part. agreeing with σέ, "bristled at you *who yoked*"
Ἑλλήσποντον: the Hellespont, the sea dividing Europe and Asia, which Xerxes bridged in order to attack Greece, an infamous example of *hybris*
διὰ δὲ τῶν ὀρῶν πλεῖν: "to sail through the mountains," referring to the canal built by Xerxes across the peninsula of Mt. Athos
ἐπιθυμοῦντα: pr. part. acc. agreeing with σέ, "you who wished to" + inf.
πατάξαι: aor. inf. of purpose after ἐπίτρεψον, "so that I can beat him"
ἐπίτρεψον: aor. imper., "turn S. towards me!"
ὄν: pr. part. modifying κρανίον, "*being* womanish"
ἀλλὰ ... γε: "but at least"
ὄντι: pr. part. dat. agreeing with αὐτῷ, causal, "since he is"
βούλει: "do you wish?" often preceding a deliberative question meaning "please"
ἐπιδείξω: aor. subj. deliberative, "shall I show?"

ΑΙΑΚΟΣ: Πρῶτος οὗτός σοι ὁ Πυθαγόρας ἐστί.

ΜΕΝΙΠΠΟΣ: Χαῖρε, ὦ Εὔφορβε ἢ Ἄπολλον ἢ ὅ τι ἂν ἐθέλῃς.

ΠΥΘΑΓΟΡΑΣ: Νὴ Δία καὶ σύ γε, ὦ Μένιππε.

ΜΕΝΙΠΠΟΣ: Οὐκέτι χρυσοῦς ὁ μηρός σοι;

ΠΥΘΑΓΟΡΑΣ: Οὐ γάρ· ἀλλὰ φέρε ἴδω εἴ τί σοι ἐδώδιμον ἡ πήρα ἔχει.

ΜΕΝΙΠΠΟΣ: Κυάμους, ὦγαθέ· ὥστε οὐ τουτί σοι ἐδώδιμον.

ΠΥΘΑΓΟΡΑΣ: Δὸς μόνον· ἄλλα παρὰ νεκροῖς δόγματα· ἔμαθον γάρ, ὡς οὐδὲν ἴσον κύαμοι καὶ κεφαλαὶ τοκήων ἐνθάδε.

ἀγαθός, -ή, -όν: good	μηρός, ὁ: a thigh
δίδωμι: to give	νεκρός, ὁ: a dead body, corpse
δόγμα, -ατος, τό: an opinion, dogma	οὐκέτι: no longer
ἐδώδιμος, -ον: eatable	πήρα, ἡ: a leather pouch, a wallet
ἐνθάδε: thither, hither	πρῶτος, -η, -ον: first
Εὔφορβος, ὁ: Euphorbus, a Trojan hero	Πυθαγόρας, ὁ: Pythagoras (570-495)
ἴσος, -η, -ον: the same as	τοκεύς, -έως, ὁ: a father
κεφαλή, ἡ: a head	φέρω: to bear
κύαμος, ὁ: a bean	χαῖρε: hello!
μανθάνω: to learn	χρύσεος, -η, -ον: golden

Εὔφορβε: Pythagoras claimed to be a reincarnation of this Trojan hero

Ἄπολλον: Pythagoras was sometimes claimed to be the son of Apollo

ὅ τι ἂν θέλῃς: pr. subj. in general relative clause, "whatever you wish" i.e. to be called

καὶ σύ γε (sc. χαῖρε): "you too (hello!)"

χρυσοῦς: nom. pred., "no longer *golden*," Pythagoras's "golden thigh" was a sign of his divinity

ἴδω: aor. subj. hortatory, "come, *let me see*"

εἴ ... ἔχει: ind. quest., "whether it has"

κυάμους: Pythagoreans refused to eat beans

δὸς: aor. imper., "give!"

ἄλλα: nom. pred., "opinions are *different*"

ἔμαθον: aor., "I learned"

ἴσον: nom. pred., "are *the same* not at all"

κεφαλαὶ τοκήων: "the heads of parents," referring to the idea that the prohibition against beans had to do with reincarnation

ΑΙΑΚΟΣ: Οὗτος δὲ Σόλων ὁ Ἐξηκεστίδου καὶ Θαλῆς ἐκεῖνος καὶ παρ᾽ αὐτοὺς Πιττακὸς καὶ οἱ ἄλλοι· ἑπτὰ δὲ πάντες εἰσὶν ὡς ὁρᾷς.

ΜΕΝΙΠΠΟΣ: Ἄλυποι, ὦ Αἰακέ, οὗτοι μόνοι καὶ φαιδροὶ τῶν ἄλλων· ὁ δὲ σποδοῦ πλέως ὥσπερ ἐγκρυφίας ἄρτος, ὁ ταῖς φλυκταίναις ἐξηνθηκώς, τίς ἐστιν;

ΑΙΑΚΟΣ: Ἐμπεδοκλῆς, ὦ Μένιππε, ἡμίεφθος ἀπὸ τῆς Αἴτνης παρών.

ΜΕΝΙΠΠΟΣ: Ὦ χαλκόπου βέλτιστε, τί παθὼν σεαυτὸν εἰς τοὺς κρατῆρας ἐνέβαλες;

ΕΜΠΕΔΟΚΛΗΣ: Μελαγχολία τις, ὦ Μένιππε.

Αἴτνη, -ης, ἡ: Mt. Etna
ἄλυπος, -ον: ungrieving
ἄρτος, ὁ: a loaf of bread
βέλτιστος, -η, -ον: best
ἐγκρυφίας: baked in the ashes
ἐμβάλλω: to throw in, put in
Ἐμπεδοκλῆς, ὁ: Empedocles
ἐξανθέω: to put out flowers
ἑπτά: seven
ἡμίεφθος, -ον: half-boiled, half-cooked
Θαλῆς, ὁ: Thales, a Melesian wise man
κρατήρ, -ῆρος, ὁ: a crater (of a volcano)

μελαγχολία, ἡ: melancholy
πάρειμι: to be present
πάσχω: to suffer
Πιττακὸς, ὁ: Pittacus, a wise man of Mytilene
πλέως, -ων, : full of (+ gen)
Σόλων, ὁ: Solon, lawgiver of Athens
σποδός, ἡ: wood-ashes, embers
φαιδρός, -ά, -όν: bright, beaming
φλύκταινα, ἡ: a blister
χαλκόπους, -ποδος, ὁ: a brass-footed person

ὁ (sc. υἱὸς) Ἐξηκεστίδου: "the son of Execestides"
ἑπτά: "the *seven* wise men" of archaic Greece
ὁ δὲ ... πλέως: "the one full of" + gen.
ὁ ἐξηνθηκώς: perf. part. of ἐξ-ανθέω, "the one having bloomed"
Ἐμπεδοκλῆς: the philosopher who was reputed to have thrown himself into a volcano to fake his immortality. He was betrayed by his bronze slipper.
παρών: pr. part., "upon arriving"
τί παθὼν: aor. part. causal, "because of having suffered what?"
ἐνέβαλες: aor., "did you throw yourself into?"

ΜΕΝΙΠΠΟΣ: Οὐ μὰ Δί᾽ ἀλλὰ κενοδοξία καὶ τῦφος καὶ πολλὴ κόρυζα, ταῦτά σε ἀπηνθράκωσεν αὐταῖς κρηπῖσιν οὐκ ἀνάξιον ὄντα· πλὴν ἀλλ᾽ οὐδέν σε τὸ σόφισμα ὤνησεν· ἐφωράθης γὰρ τεθνεώς. ὁ Σωκράτης δέ, ὦ Αἰακέ, ποῦ ποτε ἄρα ἐστίν;

ΑΙΑΚΟΣ: Μετὰ Νέστορος καὶ Παλαμήδους ἐκεῖνος ληρεῖ τὰ πολλά.

ΜΕΝΙΠΠΟΣ: Ὅμως ἐβουλόμην ἰδεῖν αὐτόν, εἴ που ἐνθάδε ἐστίν.

ΑΙΑΚΟΣ: Ὁρᾷς τὸν φαλακρόν;

ΜΕΝΙΠΠΟΣ: Ἅπαντες φαλακροί εἰσιν· ὥστε πάντων ἂν εἴη τοῦτο τὸ γνώρισμα.

ἀνάξιος, -ον: unworthy of (+ *dat.*)
ἀπανθρακόω: to burn to a cinder
γνώρισμα, τό: a token
εἶδον: to see (*aor.*)
ἐνθάδε: here
κενοδοξία, ἡ: vanity
κόρυζα, -ης, ἡ: a running at the nose
κρηπίς, -ῖδος, ἡ: a sandal
ληρέω: to speak or act foolishly
μᾶ: No! (+ *acc.*)
Νέστωρ, -ορος, ὁ: Nestor

ὅμως: nevertheless
ὀνίνημι: to profit, benefit, help, assist
οὐδέν: nothing
Παλαμήδης, -δους, ὁ: Palamedes
πολύς, πολλά, πολύ: much, many
σόφισμα, -ατος, τό: any skilful act, ruse
Σωκράτης, ὁ: Socrates
τῦφος, ὁ: smoke, vapor
φαλακρός, -ά, -όν: bald
φωράω: to search after, detect

ἀπηνθράκωσεν: aor. of ἀπο-ἀνθρακόω, "these things *burnt you*"
αὐταῖς κρηπῖσιν: dat., "with even the boots", i.e., "boots and all," referring to a tradition that one of his boots was thrown out of the volcano, exposing his suicide
ὄντα: pr. part. circumstantial, "you *being* not unworthy"
ὤνησεν: aor. of ὀνίνημι, "your ruse *benefited* you not at all"
ἐφωράθης: aor. pass. of φοράω, "you were detected"
τεθνεώς: perf. part. of θνήσκω suppl. ἐφωράθης, "detected *having become dead*"
μετὰ Νέστορος καὶ Παλαμήδους: two characters mentioned in Plato's *Apology* as people Socrates would like to hang out with
ἰδεῖν: aor. inf. complementing ἐβουλόμην, "I wished *to see* him"
ὥστε ... ἂν εἴη: pr. opt. pot. in result clause, "and so this token would be"

133

ΑΙΑΚΟΣ: Τὸν σιμὸν λέγω.

ΜΕΝΙΠΠΟΣ: Καὶ τοῦτο ὅμοιον· σιμοὶ γὰρ ἅπαντες.

ΣΩΚΡΑΤΗΣ: Ἐμὲ ζητεῖς, ὦ Μένιππε;

ΜΕΝΙΠΠΟΣ: Καὶ μάλα, ὦ Σώκρατες.

ΣΩΚΡΑΤΗΣ: Τί τὰ ἐν Ἀθήναις;

ΜΕΝΙΠΠΟΣ: Πολλοὶ τῶν νέων φιλοσοφεῖν λέγουσι, καὶ τά γε σχήματα αὐτὰ καὶ τὰ βαδίσματα εἰ θεάσαιτό τις, ἄκροι φιλόσοφοι.

ΣΩΚΡΑΤΗΣ: Μάλα πολλοὺς ἑώρακα.

ΜΕΝΙΠΠΟΣ: Ἀλλὰ ἑώρακας, οἶμαι, οἷος ἧκε παρὰ σοὶ Ἀρίστιππος ἢ Πλάτων αὐτός, ὁ μὲν ἀποπνέων μύρον, ὁ δὲ τοὺς ἐν Σικελίᾳ τυράννους θεραπεύειν ἐκμαθών.

Ἀθῆναι, -ῶν, αἱ: the city of Athens
ἄκρος, -α, -ον: at the furthest point, top
ἀποπνέω: to breathe forth
Ἀρίστιππος, ὁ: Aristippus of Cyrene
βάδισμα, -ατος, τό: a walk, gait
ἐκμανθάνω: to learn thoroughly
ζητέω: to seek, seek for
ἥκω: to have come, be present, be here
θεάομαι: to look on, gaze at, view, behold
θεραπεύω: to serve
μάλα: very, very much
μύρον, τό: perfume

νέος, -η, -ον: new, young
οἴομαι: to suppose
οἷος, -α, -ον: what sort of
ὅμοιος, -α, -ον: like, resembling
Πλάτων, -ωνος, ὁ: Plato, Socrates' most famous student
Σικελία, -ου, ἡ: Sicily
σιμός, -ή, -όν: snub-nosed, flat-nosed
σχῆμα, -ατος, τό: a form, figure, appearance
τύραννος, ὁ: an absolute sovereign, tyrant
φιλοσοφέω: to love knowledge

εἰ θεάσαιτό τις: aor. opt. in present general protasis, "if someone looks at" i.e. to judge on the basis of their appearance

φιλόσοφοι: nom. pred., "they are top *philosophers*"

ἑώρακα: plupf. of ὁράω, "I saw"

ἑώρακας: perf., "you saw"

ἧκε: impf., "what sort he arrived as"

Ἀρίστιππος: Aristippus of Cyrene, a student of Socrates who taught a hedonistic philosophy

ἐκμαθών: aor. part., "having learned to" + inf. referring to Plato's association with the tyrannts of Sicily

ΣΩΚΡΑΤΗΣ: Περὶ ἐμοῦ δὲ τί φρονοῦσιν;

ΜΕΝΙΠΠΟΣ: Εὐδαίμων, ὦ Σώκρατες, ἄνθρωπος εἶ τά γε τοιαῦτα. πάντες γοῦν σε θαυμάσιον οἴονται ἄνδρα γεγενῆσθαι καὶ πάντα ἐγνωκέναι καὶ ταῦτα - δεῖ γὰρ, οἶμαι, τἀληθῆ λέγειν - οὐδὲν εἰδότα.

ΣΩΚΡΑΤΗΣ: Καὶ αὐτὸς ἔφασκον ταῦτα πρὸς αὐτούς, οἱ δὲ εἰρωνείαν ᾤοντο τὸ πρᾶγμα εἶναι.

ΜΕΝΙΠΠΟΣ: Τίνες δέ εἰσιν οὗτοι οἱ περὶ σέ;

ΣΩΚΡΑΤΗΣ: Χαρμίδης, ὦ Μένιππε, καὶ Φαῖδρος καὶ ὁ τοῦ Κλεινίου.

ἀληθής, -ές: unconcealed, true	πρᾶγμα, -ατος, τό: a deed, act
γιγνώσκω: to learn to know	τοιοῦτος, -αύτη, -οῦτο: such as this
γοῦν: at least then, at any rate, any way	Φαῖδρος, ὁ: Phaedrus
εἰρωνεία, ἡ: irony, self-deprecation	φάσκω: to say, assert
εὐδαίμων, -ον: blessed, happy	φρονέω: to think
θαυμάσιος, -ον: wondrous, wonderful, marvellous	Χαρμίδης, ὁ: Charmides
οἴομαι: to suppose, consider	

τά γε τοιαῦτα: acc. of respect, "concerning these things"

θαυμάσιον ἄνδρα: acc. pred., "suppose you to have been *a marvellous man*"

γεγενῆσθαι καὶ ἐγνωκέναι: perf. inf. in ind. st. after οἴονται, "suppose you *to have been* and *to know*"

οὐδὲν εἰδότα: perf. part. agreing with σε, "*while knowing* not at all," referring to Socrates' claim in the *Apology* that his special knowledge is that he knows that he knows nothing

εἰρωνείαν: acc. pred., "supposed the deed to be *irony*"

Χαρμίδης: Charmides, an Athenian statesman who appears in several Platonic dialogues, including the *Symposium*

Φαῖδρος: Phaedrus, another associate of Socrates best known for the dialogue on love and rhetoric bearing his name

ὁ τοῦ Κλεινίου: "the son of Kleinias," Socrates' infamous companion Alcibiades

ΜΕΝΙΠΠΟΣ: Εὖ γε, ὦ Σώκρατες, ὅτι κἀνταῦθα μέτει τὴν σεαυτοῦ τέχνην καὶ οὐκ ὀλιγωρεῖς τῶν καλῶν.

ΣΩΚΡΑΤΗΣ: Τί γὰρ ἂν ἥδιον ἄλλο πράττοιμι; ἀλλὰ πλησίον ἡμῶν κατάκεισο, εἰ δοκεῖ.

ΜΕΝΙΠΠΟΣ: Μὰ Δί', ἐπεὶ παρὰ τὸν Κροῖσον καὶ τὸν Σαρδανάπαλλον ἄπειμι πλησίον οἰκήσων αὐτῶν· ἔοικα γοῦν οὐκ ὀλίγα γελάσεσθαι οἰμωζόντων ἀκούων.

ΑΙΑΚΟΣ: Κἀγὼ ἤδη ἄπειμι, μὴ καί τις ἡμᾶς νεκρῶν λάθῃ διαφυγών. τὰ λοιπὰ δ' ἐσαῦθις ὄψει, ὦ Μένιππε.

ΜΕΝΙΠΠΟΣ: Ἄπιθι· καὶ ταυτὶ γὰρ ἱκανά, ὦ Αἰακέ.

ἄπειμι: I will go away	μά: no! (+ *acc.*)
γελάω: to laugh	μέτειμι: to go between or among
διαφεύγω: to flee	οἰκέω: to dwell
ἔοικα: to seem likely to (+ *inf.*)	οἰμώζω: to wail aloud, lament
ἐσαῦθις: hereafter	ὀλίγος, -η, -ον: few, little, scanty, small
ἥδιος, -α, -ον: sweeter	ὀλιγωρέω: to despise (+ *gen.*)
ἱκανός: sufficient	πλησίον: next to (+ *gen.*)
καλός, -η, -ον: handsome	πράττω: to do
κατάκειμαι: to lie down	τέχνη, ἡ: art, skill
λανθάνω: to escape notice (+ *part.*)	

κἀνταῦθα (=καὶ ἐνταῦθα): "even here"

μέτει: 2 s. of μέτειμι, "*you go about* your art"

Τί γὰρ ἂν ... πράττοιμι; pr. opt. pot., "for what could I do?"

κατάκεισο: perf. imper., "lie down!"

οἰκήσων: fut. part. expressing purpose, "go *to dwell*"

γελάσεσθαι: fut. mid. inf. complementing ἔοικα, "I am likely *to laugh*"

ἀκούων: pr. part. circumstantial, "while listening to" + gen.

μὴ καί ... λάθῃ: aor. subj. of λανθάνω in neg. purpose clause, "lest one of the corpses escape my notice"

διαφυγών: aor. part. nom. supplementing λάθῃ, "escape my notice *by fleeing*"

ὄψει: fut. of ὁράω, "you will see"

ἄπιθι: aor. imper. of ἀπο-έρχομαι: "go away!"

ταυτὶ (=ταῦτα-ὶ): "these here"

21. (4) Menippus and Cerberus

Menippus asks Cerberus, the hound of Hades, how Socrates fared upon entering the underworld. Was he as brave as he was upon his deathbed?

ΜΕΝΙΠΠΟΣ: Ὦ Κέρβερε - συγγενὴς γάρ εἰμί σοι κύων καὶ αὐτὸς ὤν - εἰπέ μοι πρὸς τῆς Στυγός, οἷος ἦν ὁ Σωκράτης, ὁπότε κατῄει παρ᾽ ὑμᾶς: εἰκὸς δέ σε θεὸν ὄντα μὴ ὑλακτεῖν μόνον, ἀλλὰ καὶ ἀνθρωπίνως φθέγγεσθαι, ὁπότ᾽ ἐθέλοις.

ΚΕΡΒΕΡΟΣ: Πόρρωθεν μέν, ὦ Μένιππε, παντάπασιν ἐδόκει ἀτρέπτῳ τῷ προσώπῳ προσιέναι καὶ οὐ πάνυ δεδιέναι

ἀνθρώπινος, -η, -ον: human
ἄτρεπτος, -ον: unmoved, immutable
δείδω: to fear
ἐθέλω: to will, wish, purpose
εἰκός: likely to (+ *inf.*)
εἶπον: to speak, say (aor.)
κατέρχομαι: to go down (to Hades)
κύων, κύνος, ὁ: a dog, a cynic philosopher
μόνον: only
οἷος, -α, -ον: what sort?

ὁπότε: when
παντάπασι: all in all, altogether
πάνυ: altogether, entirely
πόρρωθεν: far away
προσέρχομαι: to approach
πρόσωπον, τό: a face, visage, countenance
Στύξ, -γός, ἡ: the Styx, a river in Hades
συγγενής, -ές: born with, congenital
ὑλακτέω: to bark, bay, howl
φθέγγομαι: to utter a sound or voice

κύων καὶ αὐτὸς ὤν: pr. part. causal, "since I am a dog too," i.e. a "cynic" philosopher
πρὸς τῆς Στυγός: "by the Styx," the most powerful oath among the gods
ὁπότε κατῄει: impf. of κατα-έρχομαι, "when he descended"
θεὸν ὄντα: pr. part. acc. circumstantial, "you, *being a god*"
μὴ μόνον ... ἀλλὰ καί: "not only ... but also"
μὴ ὑλακτεῖν: pr. inf. after εἰκὸς (ἐστι), "it is likely *that you not only howl*"
φθέγγεσθαι: pr. inf. also after εἰκός, "but also speak"
ὁπότ᾽ ἐθέλοις: aor. opt. in present general clause, "whenever you wish"
ἀτρέπτῳ τῷ προσώπῳ: dat. of manner, "with an unmoved face"
προσιέναι: pr. inf. complementing ἐδόκει, "seemed *to approach*"
δεδιέναι: perf. inf. complementing δοκῶν, "not seeming *to fear*"

τὸν θάνατον δοκῶν καὶ τοῦτο ἐμφῆναι τοῖς ἔξω τοῦ
στομίου ἑστῶσιν ἐθέλων, ἐπεὶ δὲ κατέκυψεν εἴσω τοῦ
χάσματος καὶ εἶδε τὸν ζόφον, κἀγὼ ἔτι διαμέλλοντα
αὐτὸν δακὼν τῷ κωνείῳ κατέσπασα τοῦ ποδός, ὥσπερ
τὰ βρέφη ἐκώκυε καὶ τὰ ἑαυτοῦ παιδία ὠδύρετο καὶ
παντοῖος ἐγίνετο.

ΜΕΝΙΠΠΟΣ: Οὐκοῦν σοφιστὴς ὁ ἄνθρωπος ἦν καὶ οὐκ
ἀληθῶς κατεφρόνει τοῦ πράγματος;

ἀληθῶς: adv. truly
βρέφος, -ους, τό: a baby
δάκνω: to bite
διαμέλλω: to delay
δοκέω: to seem
ἐμφαίνω: to let show, manifest
ἔξω: outside of (+ gen.)
ζόφος, ὁ: the gloom of the world below
θάνατος, ὁ: death
ἵστημι: to make to stand
κατακύπτω: to bend down, stoop
κατασπάω: to drag down (+ gen.)

καταφρονέω: to think down upon (+ gen.)
κωκύω: to shriek, cry, wail
κώνειον, τό: hemlock
ὀδύρομαι: to lament, bewail, mourn for
οὐκοῦν: therefore, then, accordingly
παιδίον, τό: child
παντοῖος, -α, -ον: of all sorts or kinds
πούς, ποδός, ὁ: a foot
σοφιστής, -οῦ, ὁ: a sophist, a wisdom expert
στόμιον, τό: a mouth
χάσμα, -ατος, τό: a yawning hollow, chasm, gulf

ἐμφῆναι: aor. inf. of ἐν-φαίνω, complementing ἐθέλων: "wishing *to show*"
τοῖς ... ἑστῶσιν: perf. part. of ἵστημι dat. ind. obj., "*to those standing* outside," i.e. the living
κατέκυψεν: aor., "he bent down"
εἶδε: aor., "he saw"
διαμέλλοντα: pr. part. acc., "him delaying"
δακὼν: aor. part., "*having bitten* him"
τῷ κωνείῳ: dat. of means, "with hemlock" the poison Socrates drank
κατέσπασα: aor., "*I dragged down* his foot"
ἐγίνετο: impf., "*he started to be* all sorts of things" i.e. he started doing all sorts of things
Οὐκοῦν ... ἦν: expecting a positive answer, "and so the man was a sophist?"
τοῦ πράγματος: gen. after κατεφρόνει, "he wasn't belittling the deed" i.e. death, as he is presented in the *Apology* of Plato

ΚΕΡΒΕΡΟΣ: Οὔκ, ἀλλ᾽ ἐπείπερ ἀναγκαῖον αὐτὸ ἑώρα, κατεθρασύνετο ὡς δῆθεν οὐκ ἄκων πεισόμενος ὃ πάντως ἔδει παθεῖν, ὡς θαυμάσονται οἱ θεαταί. καὶ ὅλως περὶ πάντων γε τῶν τοιούτων εἰπεῖν ἂν ἔχοιμι, ἕως τοῦ στομίου τολμηροὶ καὶ ἀνδρεῖοι, τὰ δὲ ἔνδοθεν ἔλεγχος ἀκριβής.

ΜΕΝΙΠΠΟΣ: Ἐγὼ δὲ πῶς σοι κατεληλυθέναι ἔδοξα;

ἀκριβής, -ές: exact, real
ἄκων, -ουσα, -ον: against one's will, unwilling
ἀναγκαῖον, τό: a prison
ἀνδρεῖος, -α, -ον: courageous
δῆθεν: truly (implying irony)
ἔλεγχος, ὁ: a test
ἔνδοθεν: from within
ἐπείπερ: after
ἕως: up to (+ *gen.*)

θαυμάζω: to wonder at
θεατής, -οῦ, ὁ: a spectator
καταθρασύνομαι: to behave boldly
κατέρχομαι: to go down (to Hades)
ὅλως: entirely
πάντως: universally
πάσχω: to suffer
στόμιον, τό: a mouth
τοιοῦτος, -αύτη, -οῦτο: such as this
τολμηρός, -ά, -όν: hardy

οὔκ: "not (truly)," responding to the second part of the question

ἑώρα: plupf. of ὁράω, "but after *he saw*"

ὡς ... πεισόμενος: fut. part. of πάσχω indicating an alleged purpose, "as though in order to suffer"

δῆθεν: implying irony, i.e. he wasn't really brave

παθεῖν: aor. part. of πάσχω after ἔδει, "what it was necessary *to suffer*"

ὡς θαυμάσονται: fut. of an alleged motive, "in order that they be amazed, I suppose"

ἂν ἔχοιμι: opt. pot., "I would be able to" + inf.

τολμηροὶ: nom. pred., "they are *hardy*"

τὰ δὲ ἔνδοθεν: "the things inside"

κατεληλυθέναι: perf. inf. of κατα-έρχομαι, complementing ἔδοξα, "how did I seem *to have descended*?"

ΚΕΡΒΕΡΟΣ: Μόνος, ὦ Μένιππε, ἀξίως τοῦ γένους, καὶ Διογένης πρὸ σοῦ, ὅτι μὴ ἀναγκαζόμενοι ἐσῄειτε μηδ' ὠθούμενοι, ἀλλ' ἐθελούσιοι, γελῶντες, οἰμώζειν παραγγείλαντες ἅπασιν.

Cerberus.
(From a Roman Statue)

ἀναγκάζομαι: to force one's way
ἀξίως: worthily of (+ *gen.*)
γένος, -ους, τό: a race, stock, family
ἐθελούσιος, -α, -ον: voluntary
εἰσέρχομαι: to enter

οἰμώζω: to moan; as imperative a curse
παραγγέλλω: to exhort, order
πρό: before (+ *gen.*)
ὠθέω: to push, shove

Διογένης: Diogenes of Sinope

ἐσῄειτε: impf. of εἰς-έρχομαι, "you entered"

οἰμώζειν: pr. inf. in ind. com. after παραγγείλαντες, "having ordered all *to moan*" i.e having cursed them

παραγγείλαντες: aor. part., "having ordered"

140

22. (2). Charon, Hermes and Menippus

The Cynic philosopher Menippus arrives in the underworld without the necessary fare for the ferryman, Charon. They argue about the fare, but Menippus prevails.

ΧΑΡΩΝ: Ἀπόδος, ὦ κατάρατε, τὰ πορθμεῖα.

ΜΕΝΙΠΠΟΣ: Βόα, εἰ τοῦτό σοι, ὦ Χάρων, ἥδιον.

ΧΑΡΩΝ: Ἀπόδος, φημί, ἀνθ᾽ ὦν σε διεπορθμεύσαμεν.

ΜΕΝΙΠΠΟΣ: Οὐκ ἂν λάβοις παρὰ τοῦ μὴ ἔχοντος.

ΧΑΡΩΝ: Ἔστι δέ τις ὀβολὸν μὴ ἔχων;

ΜΕΝΙΠΠΟΣ: Εἰ μὲν καὶ ἄλλος τις οὐκ οἶδα, ἐγὼ δ᾽ οὐκ ἔχω.

ἀντί: in return for. (+ *gen.*)
ἀποδίδωμι: to render, pay
βοάω: to cry aloud, to shout
διαπορθμεύω: to carry over or across
ἡδύς, ηδεῖα, ἡδῦ: sweet

κατάρατος, -ον: accursed, abominable
λαμβάνω: to take
ὀβολός, ὁ: an obol, the payment due to Charon
πορθμεῖον, τό: a ferry fare

ἀπόδος: aor. imper. of ἀποδίδωμι, "pay!"
βόα: pr. imper., "shout!"
ἀνθ᾽ ὦν: "in return for which"
διεπορθμεύσαμεν: aor., "we have carried you across"
οὐκ ἂν λάβοις: aor. opt. pot., "you couldn't take"
τοῦ μὴ ἔχοντος: pr. part. conditional, "from the one (if) not having"
ἔστι δέ τις: note the accents, "does anyone exist?"
μὴ ἔχων: pr. part. conditional, "(if) not having"
εἰ ... τις: ind. quest., "I don't know *whether there is any*"

141

Lucian

ΧΑΡΩΝ: Καὶ μὴν ἄγξω σε νὴ τὸν Πλούτωνα, ὦ μιαρέ, ἢν μὴ ἀποδῷς.

ΜΕΝΙΠΠΟΣ: Κἀγὼ τῷ ξύλῳ σου πατάξας διαλύσω τὸ κρανίον.

ἄγχω: to strangle
ἀποδίδωμι: to give up or back, restore, return
διαλύω: to part asunder, undo
κρανίον, τό: a skull

μιαρός, -ά, -όν: stained
ξύλον, τό: wood
πατάττω: to beat, knock
Πλούτων, -ωνος, ὁ: Pluto

ἄγξω: fut. in more vivid apodosis, " I will strangle you"
ἢν μὴ ἀποδῷς: aor. subj. in more vivid protasis, "unless you pay"
κἀγώ = καὶ ἐγώ, "and I"
πατάξας: aor. part., "having beat"

Future Conditions

The future less vivid condition indicates a future action as a *possibility*; the future more vivid condition indicates a future action as a *probability*.

more vivid: ἐάν (Attic contraction = ἤν or ἄν) plus subjunctive in the protasis, future indicative or equivalent in the apodosis: in English "if he does this ... then he will...."

> Καὶ μὴν ἄγξω σε ... ἢν μὴ ἀποδῷς. "I will strangle you unless you pay."
> Ἢν που κἀκείναις ἐντύχω, εἴσομαι ὅ τι καὶ λέγουσι: "if I come upon them, I will know what they mean."

less vivid: εἰ plus optative in the protasis, ἄν plus the optative in the apodosis: in English: "If he were to... then he would..."

> τὸν δ᾽ οὖν Ὀδυσσέα μὴ οὐχὶ μισεῖν οὐκ ἂν δυναίμην, ὦ Ἀγάμεμνον, οὐδ᾽ εἰ αὐτή μοι ἡ Ἀθηνᾶ τοῦτο ἐπιτάττοι:
> "I would certainly not be able not to hate Odysseus, not even if Athena herself were to order this."

> Ὦ Σώστρατε, πολλὰ ἴδοις ἂν καὶ ἄλλα οὐ κατὰ λόγον γιγνόμενα, εἰ ἀκριβῶς ἐξετάζοις.
> "O Sosrates, you would see many other strange events if you were to examine closely."

The future indicative can be used in the protasis, producing a condition even "more vivid" than the future more vivid conditions, often used in threats. This is called the "future emotional" condition by Smyth.

> καὶ εἰ μὴ παύσῃ σκώπτων εἰς ἐμέ, εἴσῃ αὐτίκα οἷου θεοῦ εἴδωλόν εἰμι:
> "And unless you cease mocking me, you will immediately know what sort of god I am.'

ΧΑΡΩΝ: Μάτην οὖν ἔσῃ πεπλευκὼς τοσοῦτον πλοῦν.

ΜΕΝΙΠΠΟΣ: Ὁ Ἑρμῆς ὑπὲρ ἐμοῦ σοι ἀποδότω, ὅς με παρέδωκέ σοι.

ΕΡΜΗΣ: Νὴ Δί᾽ ὀναίμην γε, εἰ μέλλω καὶ ὑπερεκτίνειν τῶν νεκρῶν.

ΧΑΡΩΝ: Οὐκ ἀποστήσομαί σου.

ΜΕΝΙΠΠΟΣ: Τούτου γε ἕνεκα καὶ νεωλκήσας τὸ πορθμεῖον παράμενε· πλὴν ἀλλ᾽ ὅ γε μὴ ἔχω, πῶς ἂν λάβοις;

ΧΑΡΩΝ: Σὺ δ᾽ οὐκ ᾔδεις ὡς κομίζεσθαι δέον;

ἀφίσταμαι: to stand aside, allow (+ *gen.*)
ἕνεκα: on account of (+ *gen.*)
κομίζω: to bring along
μάτην: in vain, for free
μέλλω: to be about to (+ *inf.*)
νεωλκέω: to haul a ship up on land
οἶδα: to know (*perf.*)
ὀνίνημι: to profit, benefit

παραδίδωμι: to hand over to (+ *dat.*)
παραμένω: to stay beside, wait
πλέω: to sail, go by sea
πλόος, ὁ: a sailing, voyage
πορθμεῖον, τό: a fare
τοσοῦτος, -αύτη, -οῦτο: so large, so tall
ὑπερεκτίνω: to pay for (+ *gen.*)

ἔσῃ πεπλευκώς: perf. part. in fut. periphrastic, "you will have sailed"

ἀποδότω: aor. imper. 3 s., "*let* Hermes *pay*"

παρέδωκε: aor., "who *handed me over*"

νὴ Δία: "Yes by Zeus!" usually a strong affirmative, here ironic

ὀναίμην: pr. opt. expressing an ironic wish or protest, serving as the apodosis for εἰ μέλλω, "I would certainly help myself!"

εἰ μέλλω: pr. but serving as a fut. because of its meaning, "if I am going to" + inf.

ἀποστήσομαι: fut. mid., "*I will not stand aside* for you"

νεωλκήσας: aor. part., "having hauled up your ship"

πλὴν ἀλλά ... γε: "except for this very thing"

ὅ γε μὴ ἔχω: "that which (if I do not have it" the negative μή makes the relative clause conditional

ἂν λάβοις: aor. opt. pot., "how could you take?"

ᾔδεις: impf. of οἶδα, "you did know?"

ὡς ... δέον: pr. part. of δεῖ in ind. st. after ᾔδεις, "you did not know *that it was necessary?*" + inf.

ΜΕΝΙΠΠΟΣ: ᾔδειν μέν, οὐκ εἶχον δέ. τί οὖν; ἐχρῆν διὰ τοῦτο μὴ ἀποθανεῖν;

ΧΑΡΩΝ: Μόνος οὖν αὐχήσεις προῖκα πεπλευκέναι;

ΜΕΝΙΠΠΟΣ: Οὐ προῖκα, ὦ βέλτιστε· καὶ γὰρ ἤντλησα καὶ τῆς κώπης συνεπελαβόμην καὶ οὐκ ἔκλαον μόνος τῶν ἄλλων ἐπιβατῶν.

ΧΑΡΩΝ: Οὐδὲν ταῦτα πρὸς πορθμέα· τὸν ὀβολὸν ἀποδοῦναί σε δεῖ· οὐ θέμις ἄλλως γενέσθαι.

ΜΕΝΙΠΠΟΣ: Οὐκοῦν ἄπαγέ με αὖθις ἐς τὸν βίον.

ἄλλως: in another way or manner
ἀντλέω: to bale the ship
ἀπάγω: to lead away, carry off
ἀποθνήσκω: to die off, die
αὖθις: back, back again
αὐχέω: to boast, plume oneself
βέλτιστος, -η, -ον: best
βίος, ὁ: life
ἐπιβάτης, -ου, ὁ: a passenger

θέμις, ἡ: that established by custom
κλάω: to weep, lament, wail
κώπη, ἡ: an oar
οὐκοῦν: therefore, then, accordingly
πλέω: to sail, go by sea
προίξ, -κος, ἡ: a gift, present
συνεπιλαμβάνομαι: to take part in (+ gen.)
χρή: it is necessary

ᾔδειν: impf., "I knew"
εἶχον: impf., "I was not able"
ἐχρῆν: impf., "was it necessary?" + inf.
πεπλευκέναι: perf. inf. in ind. st. after αὐχήσεις, "will you boast *that you have sailed?*"
προῖκα: acc. of respect, "for a gift" i.e. for free
ἤντλησα: aor., "I baled the ship"
συνεπελαβόμην: aor. of συν-ἐπι-λαμβάνομαι, "I took part in" + gen.
οὐδὲν: nom. pred., "these things are *nothing*"
ἀποδοῦναί: aor. inf. after δεῖ, "it is necessary *to pay*"
γενέσθαι: aor. inf. epexegetic with θέμις, "lawful *to happen*"
ἄπαγε: imper., "lead me off!"

ΧΑΡΩΝ: Χάριεν λέγεις, ἵνα καὶ πληγὰς ἐπὶ τούτῳ παρὰ τοῦ Αἰακοῦ προσλάβω.

ΜΕΝΙΠΠΟΣ: Μὴ ἐνόχλει οὖν.

ΧΑΡΩΝ: Δεῖξον τί ἐν τῇ πήρᾳ ἔχεις.

ΜΕΝΙΠΠΟΣ: Θέρμους, εἰ θέλεις, καὶ τῆς Ἑκάτης τὸ δεῖπνον.

ΧΑΡΩΝ: Πόθεν τοῦτον ἡμῖν, ὦ Ἑρμῆ, τὸν κύνα ἤγαγες; οἷα δὲ καὶ ἐλάλει παρὰ τὸν πλοῦν τῶν ἐπιβατῶν ἁπάντων καταγελῶν καὶ ἐπισκώπτων καὶ μόνος ᾄδων οἰμωζόντων ἐκείνων.

ἄγω: to lead, bring
ᾄδω: to sing
Αἰακός, ὁ: Aeacus, one of the judges of Hades
ἅπας, ἅπασα, ἅπαν: quite all
δείκνυμι: to bring to light, display, exhibit
δεῖπνον, τό: a meal
ἐθέλω: to will, wish, purpose
Ἑκάτη, ἡ: Hecate
ἐνοχλέω: to trouble, disquiet, annoy
ἐπιβάτης, -ου, ὁ: one who mounts or embarks

ἐπισκώπτω: to laugh at
θέρμος, ὁ: a lupine
καταγελάω: jeer or mock at (+ *gen.*)
κύων, κύνος, ὁ: a dog
λαλέω: to talk, chat, prattle, babble
οἷος, -α, -ον: what sort of
πήρα, ἡ: a wallet
πληγή, ἡ: a blow, stroke
πλόος, ὁ: a sailing, voyage
πόθεν: whence?
προσλαμβάνω: to receive besides
χάριες, -εσσα, -εν: graceful

χάριεν: adverbial acc., ironic, "you speak *gracefully!*"
ἵνα ... προσλάβω: aor. subj. in purpose clause, "in order that I receive"
δεῖξον: aor. imper., "show!"
τί ... ἔχεις: ind. quest. after δεῖξον, "show *what you have*"
Ἑκάτης τὸ δεῖπνον: the "meal of Hecate" was an offering made to the dead at a grave site or at a crossroads
ἤγαγες: aor. of ἄγω, "whence *did you bring?*"
οἷα: n. pl., "*what sort of things* he said"
παρὰ τὸν πλοῦν: "in the course of the voyage"
οἰμωζόντων ἐκείνων: gen. abs., "while those were moaning"

ΕΡΜΗΣ: Ἀγνοεῖς, ὦ Χάρων, ὅντινα ἄνδρα διεπόρθμευσας; ἐλεύθερον ἀκριβῶς· κοὐδένος αὐτῷ μέλει. οὗτός ἐστιν ὁ Μένιππος.

ΧΑΡΩΝ: Καὶ μὴν ἄν σε λάβω ποτέ –

ΜΕΝΙΠΠΟΣ: Ἂν λάβῃς, ὦ βέλτιστε· δὶς δὲ οὐκ ἂν λάβοις.

Hermes, conductor of souls, and Charon.
Painting on a white lekythos of Athens.

ἀγνοέω: not to know	δίς: twice
ἀκριβῶς: fiercely	ἐλεύθερος, -α, -ον: free
διαπορθμεύω: to carry across	μέλω: to be a care to X (*dat.*) for Y (*gen.*)

διεπόρθμευσας: aor. in ind. quest., "know what sort of man *you have ferried across*"

κοὐδένος (=καὶ οὐδένος): gen. after μέλει, "there is a care *for nothing*"

καὶ μὴν: expressing reaction to something just learned, "I see! well then..."

ἄν σε λάβω: aor. subj. in fut. more vivid protasis, "if I catch you"

ἄν λάβῃς: aor. subj. in fut. more vivid protasis, "if you catch me"

οὐκ ἂν λάβοις: aor. opt. pot., "but *you wouldn't be able to catch* me again"

23 (28). Protesilaus, Pluto and Persephone

ΠΡΩΤΕΣΙΛΑΟΣ: Ὦ δέσποτα καὶ βασιλεῦ καὶ ἡμέτερε Ζεῦ καὶ σὺ Δήμητρος θύγατερ, μὴ ὑπερίδητε δέησιν ἐρωτικήν.

ΠΛΟΥΤΩΝ: Σὺ δὲ τίνων δέῃ παρ' ἡμῶν; ἢ τίς ὢν τυγχάνεις;

ΠΡΩΤΕΣΙΛΑΟΣ: Εἰμὶ μὲν Πρωτεσίλεος ὁ Ἰφίκλου Φυλάκιος συστρατιώτης τῶν Ἀχαιῶν καὶ πρῶτος ἀποθανὼν τῶν ἐπ' Ἰλίῳ. δέομαι δὲ ἀφεθεὶς πρὸς ὀλίγον ἀναβιῶναι πάλιν.

ΠΛΟΥΤΩΝ: Τοῦτον μὲν τὸν ἔρωτα, ὦ Πρωτεσίλαε, πάντες νεκροὶ ἐρῶσιν, πλὴν οὐδεὶς ἂν αὐτῶν τύχοι.

ἀναβιόω: to come to life again, return to life
ἀφίημι: to send forth, discharge
Ἀχαιός, ὁ: an Achaian
βασιλεύς, -έως, ὁ: a king, chief
δέησις, -εως, ἡ: a prayer, entreaty
δέομαι: to ask, beg for (+ *gen.*)
δεσπότης, -ου: a master, lord
Δημήτηρ, -τρος, ἡ: Demeter
ἐράω: to desire
ἔρως, -τος, ὁ: desire
ἐρωτικός, -ή, -όν: amatory, erotic

ἡμέτερος, -α, -ον: our
θυγάτηρ, -ερος, ἡ: a daughter
Ἴλιος, ὁ: Ilios, Troy
Ἰφίκλος, ὁ: Iphicles
νεκρός, ὁ: a dead body, corpse
ὀλίγος, -η, -ον: few, little, scanty, small
πάλιν: back, backwards
πρῶτος, -η, -ον: first
συστρατιώτης, -ου, ὁ: a fellow-soldier
τυγχάνω: to hit upon, happen to (+ *part.*)
Φυλάκιος, -η, -ον: a Phylacian

μὴ ὑπερίδητε: aor. subj. of ὑπερ-εῖδον in prohibition, "don't overlook"
τίνων δέῃ: "what are you asking for?"
ἀφεθεὶς: aor. part. pass. instrumental of ἀπο-ίημι, "by being discharged"
ἀποθανὼν: aor. part., "having died"
ἀφεθεὶς: aor. pass. part. of ἀφίημι, "having been discharged"
ἀναβιῶναι: aor. inf. after δέομαι, "I ask *to return to life*"
ἂν τύχοι: aor. opt. pot., "no one *could hit upon* it"

147

ΠΡΩΤΕΣΙΛΑΟΣ: Ἀλλ' οὐ τοῦ ζῆν, Ἀιδωνεῦ, ἐρῶ ἔγωγε, τῆς
γυναικὸς δέ, ἣν νεόγαμον ἔτι ἐν τῷ θαλάμῳ καταλιπὼν
ᾠχόμην ἀποπλέων, εἶτα ὁ κακοδαίμων ἐν τῇ ἀποβάσει
ἀπέθανον ὑπὸ τοῦ Ἕκτορος. ὁ οὖν ἔρως τῆς γυναικὸς
οὐ μετρίως ἀποκναίει με, ὦ δέσποτα, καὶ βούλομαι κἂν
πρὸς ὀλίγον ὀφθεὶς αὐτῇ καταβῆναι πάλιν.

ΠΛΟΥΤΩΝ: Οὐκ ἔπιες, ὦ Πρωτεσίλαε, τὸ Λήθης ὕδωρ;

ΠΡΩΤΕΣΙΛΑΟΣ: Καὶ μάλα, ὦ δέσποτα: τὸ δὲ πρᾶγμα
ὑπέρογκον ἦν.

ΠΛΟΥΤΩΝ: Οὐκοῦν περίμεινον: ἀφίξεται γὰρ κἀκείνη ποτὲ
καὶ οὐδὲ σὲ ἀνελθεῖν δεήσει.

ἀνέρχομαι: to go up
ἀπόβασις, -εως, ἡ: a stepping off, disembarking
ἀποκναίω: to wear out, weary
ἀποπλέω: to sail away, sail off
ἀφικνέομαι: to come to, arrive
βούλομαι: to wish to (+ *inf.*)
Ἕκτωρ, -ορος, ὁ: Hector
ζάω: to live
θάλαμος, ὁ: an inner room or chamber
καθάπτω: to fasten, fix or put upon
κακοδαίμων, -ον, -ονος: ill-fated, ill-starred
καταβαίνω: to step down, go or come down

καταλείπω: to leave behind
Λήθη, ἡ: the river Lethe (of Forgetfulness)
μάλα: very, very much
μέτριος, -α, -ον: within measure
νεόγαμος, -ον: newly married
οἴχομαι: to be gone, to have gone
οὐκοῦν: therefore, then, accordingly
περιμένω: to wait for, await
πίνω: to drink
πρᾶγμα, -ατος, τό: a deed, matter
ὕδωρ, ὕδατος, τό: water
ὑπέρογκος, -ον: exceedingly great

τοῦ ζῆν: pr. inf. artic. gen. after ἐρῶ, "I do not desire *the living*"
καταλιπὼν: aor. part., "whom, I *having left behind*"
ἀποπλέων: pr. part. suppl. ᾠχόμην, "I departed *sailing*"
κἂν (=καί ἐάν): "even if (it is) for a short time"
ὀφθεὶς: aor. part. pass. of ὁράω, "*once having been seen* by her"
καταβῆναι: aor. inf. after βούλομαι, "wish *to return* back" i.e. back in Hades
οὐκ ἔπιες: aor. of πίνω, "did you not drink?"
περίμεινον: aor. imper., "wait around!"
δεήσει: fut. of δεῖ, "nor *will it be necessary*"
ἀνελθεῖν: aor. inf. after δεήσει, "that you go up"

ΠΡΩΤΕΣΙΛΑΟΣ: Ἀλλ' οὐ φέρω τὴν διατριβήν, ὦ Πλούτων:
ἠράσθης δὲ καὶ αὐτὸς ἤδη καὶ οἶσθα οἷον τὸ ἐρᾶν ἐστιν.

ΠΛΟΥΤΩΝ: Εἶτα τί σε ὀνήσει μίαν ἡμέραν ἀναβιῶναι μετ'
ὀλίγον τὰ αὐτὰ ὀδυρόμενον;

ΠΡΩΤΕΣΙΛΑΟΣ: Οἶμαι πείσειν κἀκείνην ἀκολουθεῖν παρ'
ὑμᾶς, ὥστε ἀνθ' ἑνὸς δύο νεκροὺς λήψῃ μετ' ὀλίγον.

ΠΛΟΥΤΩΝ: Οὐ θέμις γενέσθαι ταῦτα οὐδὲ γέγονε πώποτε.

ΠΡΩΤΕΣΙΛΑΟΣ: Ἀναμνήσω σε, ὦ Πλούτων: Ὀρφεῖ γὰρ
δι' αὐτὴν ταύτην τὴν αἰτίαν τὴν Εὐρυδίκην παρέδοτε

αἰτία, ἡ: a reason, cause
ἀκολουθέω: to follow
ἀναμιμνήσκω: to remind
ἀντί: instead of (+ *gen.*)
διατριβή, ἡ: a delay
δύο: two
εἷς, μία, ἕν: one
ἔραμαι: to love, to be in love with
Εὐρυδίκη, ἡ: Eurydice
ἡμέρα, ἡ: a day

θέμις, ἡ: custom, proper
ὀδύρομαι: to lament, bewail, mourn for
οἶμαι: to suppose, think, plan
ὀλίγος, -η, -ον: few, little, scanty, small
ὀνίνημι: to profit, benefit
Ὀρφεύς, -έως, ὁ: Orpheus
παραδίδωμι: to hand over X (*acc.*) to Y (*dat.*)
πείθω: to prevail upon, win over, persuade
πώποτε: ever yet
φέρω: to bear

ἠράσθης: aor. pass. of ἔραμαι, "you loved"
τὸ ἐρᾶν: pr. inf. articular, "you know what sort of thing *loving* is"
ὀνήσει: fut. of ὀνίνημι, "what will it profit?" + inf.
μίαν ἡμέραν: acc. of duration, "to live *for one day*"
ἀναβιῶναι: pr. inf. after ὀνήσει, "profit *to live again*"
ὀδυρόμενον: pr. part. agreeing with σε, "*since you will be lamenting* the same things"
πείσειν: fut. inf. after οἶμαι indicating purpose, "I plan *to persuade*" + inf.
ὥστε ... λήψῃ: fut. of λαμβάνω in result clause, "so that you will have"
γενέσθαι: aor. inf. after θέμις, "it is not proper for these things *to happen*"
γέγονε: perf., "nor *have they happened*"
ἀναμνήσω: aor. subj. hortatory, "let me remind you!"
Ὀρφεῖ: although Orpheus was allowed to take Euridice back from the underworld,
    Eurydice failed to make it out
παρέδοτε: aor., "you handed over to" + dat.

καὶ τὴν ὁμογενῆ μου Ἄλκηστιν παρεπέμψατε Ἡρακλεῖ χαριζόμενοι.

ΠΛΟΥΤΩΝ: Θελήσεις δὲ οὕτως κρανίον γυμνὸν ὢν καὶ ἄμορφον τῇ καλῇ σου ἐκείνῃ νύμφῃ φανῆναι; πῶς δὲ κἀκείνη προσήσεταί σε οὐδὲ δυναμένη διαγνῶναι; φοβήσεται γὰρ εὖ οἶδα καὶ φεύξεταί σε καὶ μάτην ἔσῃ τοσαύτην ὁδὸν ἀνεληλυθώς.

ΠΕΡΣΕΦΟΝΗ: Οὐκοῦν, ὦ ἄνερ, σὺ καὶ τοῦτο ἴασαι καὶ τὸν Ἑρμῆν κέλευσον, ἐπειδὰν ἐν τῷ φωτὶ ἤδη ὁ

Ἄλκηστις, ἡ: Alcestis, the subject of a play by Euripides
ἄμορφος, -ον: misshapen, unsightly
ἀνέρχομαι: to go up
ἀνήρ, ἀνδρός, ὁ: a man, husband
γυμνός, -ή, -όν: naked, unclad
διαγιγνώσκω: to distinguish, discern
δύναμαι: to be able, capable, strong enough
ἐπειδάν: whenever (+ subj.)
Ἡρακλέης, ὁ: Heracles
θέλω: to will, wish (+ inf.)
ἰάομαι: to heal, cure
κελεύω: to command, order

μάτην: in vain, idly, fruitlessly
νύμφη, ἡ: a young wife, bride
ὁδός, ἡ: a way, path
ὁμογενής, -ές: of the same family
οὐκοῦν: therefore, then, accordingly
παραπέμπω: to send back
προσίημι: to let come to, accept
φαίνω: to make to appear, show
φεύγω: to flee, take flight, run away
φοβέομαι: to be afraid
φώς, -τος, τό: light, daylight
χαρίζω: to please (+ dat.)

τὴν ὁμογενῆ: "my kin, Alcestis," whom Heracles brought back from the dead

παρεπέμψατε: aor., "you sent back"

χαριζόμενοι: pr. part. expressing purpose, "sent back in order to please" + dat.

οὕτως ... ὢν: pr. part., "you being thus"

φανῆναι: aor. inf. pass. of φαίνω, complementing θελήσεις, "do you wish your skull to be shown to?" + dat.

προσήσεται: fut. mid. of προσ-ίημι, "how will she accept you?"

διαγνῶναι: aor. inf. after δυναμένη, "not being able to recognize you"

ἀνεληλυθώς: perf part. of ἀνα-έρχομαι in future periphrastic with ἔσῃ, "you will have come"

ἴασαι: aor. imper., "cure this!"

κέλευσον: aor. imper., "order Hermes!"

Πρωτεσίλαος ἦ, καθικόμενον τῇ ῥάβδῳ νεανίαν εὐθὺς
καλὸν ἀπεργάσασθαι αὐτόν, οἷος ἦν ἐκ τοῦ παστοῦ.

ΠΛΟΥΤΩΝ: Ἐπεὶ Φερσεφόνη συνδοκεῖ, ἀναγαγὼν τοῦτον
αὖθις ποίησον νυμφίον· σὺ δὲ μέμνησο μίαν λαβὼν
ἡμέραν.

ἀνάγω: to lead up
ἀπεργάζομαι: to finish off, work to
  completion
αὖθις: back, back again
καθικνέομαι: to come down on, to touch
μιμνήσκω: to remind
νυμφίος, ὁ: a groom

οἷος, -α, -ον: such as, what sort of
παστός, ὁ: a bridal chamber
ποιέω: to make
ῥάβδος, ἡ: a rod, wand, stick, switch
συνδοκέω: to seem good also, agree
Φερσεφονη, ἡ: Persephone

ἐπειδὰν ... ἦ: pr. subj. in general temporal clause, "whenever he is"
καθικόμενον: aor. part., "*having touched* him with his wand"
ἀπεργάσασθαι: aor. inf. in ind. com. after κέλευσον, "order Hermes *to work him into*"
οἷος ἦν: impf., "such as he was"
ἀναγαγὼν: aor. part., "having led"
ποίησον: aor. imper. (addressed to Hermes), "*make* this one!"
σὺ δὲ: "but you" i.e. Protesilaus
μέμνησο: perf. imper., "remember!"
λαβὼν: aor. part. in ind. st. after μέμνησο, "remember *that you have*"

24 (29). Diogenes and Mausolos

Mausolos explains that his fine tomb makes him haughty in Hades, while Diogenes considers his legacy more noble.

ΔΙΟΓΕΝΗΣ: Ὦ Κάρ, ἐπὶ τίνι μέγα φρονεῖς καὶ πάντων ἡμῶν προτιμᾶσθαι ἀξιοῖς;

ΜΑΥΣΩΛΟΣ: Καὶ ἐπὶ τῇ βασιλείᾳ μέν, ὦ Σινωπεῦ, ὃς ἐβασίλευσα Καρίας μὲν ἁπάσης, ἦρξα δὲ καὶ Λυδῶν ἐνίων καὶ νήσους δέ τινας ὑπηγαγόμην καὶ ἄχρι Μιλήτου ἐπέβην τὰ πολλὰ τῆς Ἰωνίας καταστρεφόμενος· καὶ καλὸς ἦν καὶ μέγας καὶ ἐν πολέμοις καρτερός· τὸ δὲ μέγιστον, ὅτι ἐν Ἁλικαρνασσῷ μνῆμα παμμέγεθες ἔχω ἐπικείμενον, ἡλίκον οὐκ ἄλλος νεκρός, ἀλλ' οὐδὲ

Ἁλικαρνασσός, ἡ: Halicarnassus, in Caria
ἀξιόω: to think or deem worthy to (+ *inf.*)
ἄρχω: to rule over (+ *gen.*)
ἄχρι: up to (+ *gen.*)
βασιλεία, ἡ: a kingdom, dominion
βασιλεύω: to be king, to rule over (+ *gen.*)
ἔνιοι, -α,: some
ἐπιβαίνω: to go upon, advance against
ἐπίκειμαι: to be laid upon
ἡλίκος, -η, -ον: as big as
Ἰωνία, ἡ: Ionia
καλός, -ή, -όν: handsome
Κάρ, -ο: a Carian

Κάρια, ἡ: Caria, a region of Anatolia
καρτερός, -ά, -όν: strong, staunch
καταστρέφω: to turn down, devastate
Λυδός, ὁ: a Lydian
Μίλητος, ὁ: Miletus, an Ionian city
μνῆμα, -ατος, τό: a memorial, mausoleum
νῆσος, ἡ: an island
παμμεγέθης, -ες: very large
πόλεμος, ὁ: a battle, fight, war
προτιμάω: to honor before X (*gen.*)
Σινωπεύς, ὁ: an inhabitant of Sinope
ὑπάγω: to bring under, subdue
φρονέω: to think

προτιμᾶσθαι: pr. part. pass. complementing ἀξιοῖς, "do you deem yourself worthy *to be honored before?*"

ὃς ἐβασίλευσα: aor., "I who became king of" + gen.

ὑπηγαγόμην: aor. of ὑπο-άγω, "I subdued"

ἐπέβην: aor. of ἐπι-βαίνω, "I advanced against"

τὸ δὲ μέγιστον: "but the most important thing is"

ἐπικείμενον: perf. part., "I have a tomb *laid upon* me," the "Mausoleum" which was one of the seven wonders of the ancient world

οὐκ ἄλλος νεκρός (ac. ἔχει): "such as *no other corpse* has"

ἀλλ' οὐδὲ: "*but neither* such"

οὕτως ἐς κάλλος ἐξησκημένον, ἵππων καὶ ἀνδρῶν ἐς τὸ
ἀκριβέστατον εἰκασμένων λίθου τοῦ καλλίστου, οἷον
οὐδὲ νεὼν εὕροι τις ἂν ῥᾳδίως. οὐ δοκῶ σοι δικαίως ἐπὶ
τούτοις μέγα φρονεῖν;

ΔΙΟΓΕΝΗΣ: Ἐπὶ τῇ βασιλείᾳ φής καὶ τῷ κάλλει καὶ τῷ
βάρει τοῦ τάφου;

ΜΑΥΣΩΛΟΣ: Νὴ Δί᾽ ἐπὶ τούτοις.

ΔΙΟΓΕΝΗΣ: Ἀλλ᾽, ὦ καλὲ Μαύσωλε, οὔτε ἡ ἰσχὺς ἐκείνη
ἔτι σοι οὔτε ἡ μορφὴ πάρεστιν· εἰ γοῦν τινα ἑλοίμεθα
δικαστὴν εὐμορφίας πέρι, οὐκ ἔχω εἰπεῖν, τίνος ἕνεκα
τὸ σὸν κρανίον προτιμηθείη ἂν τοῦ ἐμοῦ· φαλακρὰ γὰρ

αἱρέομαι: to take for oneself, choose
ἀκριβής, -ές: exact, accurate
βάρος, -εος, τό: weight
βασιλεία, ἡ: a kingdom, dominion
γοῦν: at least then, at any rate, any way
δίκαιος, -α, -ον: just
δικαστής, -οῦ, ὁ: a judge
εἰκάζω: portray, represent by a likeness
ἕνεκα: on account of (+ *gen.*)
ἐξασκέω: to adorn, deck out, equip
εὐμορφία, ἡ: beauty of form
εὑρίσκω: to find
ἵππος, ὁ: a horse, mare

ἰσχύς, -ύος, ἡ: strength
καλλίστος, -η, -ον: most beautiful
κάλλος, -ους, τό: beauty
λίθος, ὁ: a stone
μορφή, ἡ: a form, shape
νεώς, -ώ, ὁ: a temple
πάρειμι: to be present
προτιμάω: to honor X (*acc.*) over Y (*gen.*)
ῥᾳδίως: easily
τάφος, ὁ: a tomb
φαλακρός, -ά, -όν: baldheaded, bald
φρονέω: to think

ἐξησκημένον: perf. part. of ἐξ-ασκέω, "a tomb *having been adorned*"

εἰκασμένων: perf. part. in gen. abs., "horses and men *having been portrayed*"

λίθου: gen. of material, "portrayed *in stone*"

εὕροι: aor. opt. pot., "such as someone *would find*"

οὐ δοκῶ: expecting an affirmative answer, "do I now seem?"

εἰ ... ἑλοίμεθα: aor. opt. of αἱρέω in fut. less vivid protasis, "*if we were to choose* a
   judge"

εὐμορφίας πέρι: antistrophe, "concerning beauty"

οὐκ ἔχω εἰπεῖν: "I am not able to say"

τίνος ἕνεκα ... προτιμηθείη ἂν: aor. opt. in ind. quest. and also a fut. less vivid
   apodosis, "I can't say *why he would honor more*"

ἄμφω καὶ γυμνά, καὶ τοὺς ὀδόντας ὁμοίως προφαίνομεν καὶ τοὺς ὀφθαλμοὺς ἀφῃρήμεθα καὶ τὰς ῥῖνας ἀποσεσιμώμεθα. ὁ δὲ τάφος καὶ οἱ πολυτελεῖς ἐκεῖνοι λίθοι Ἁλικαρνασσεῦσι μὲν ἴσως εἶεν ἐπιδείκνυσθαι καὶ φιλοτιμεῖσθαι πρὸς τοὺς ξένους, ὡς δή τι μέγα οἰκοδόμημα αὐτοῖς ἐστι: σὺ δέ, ὦ βέλτιστε, οὐχ ὁρῶ ὅ τι ἀπολαύεις αὐτοῦ, πλὴν εἰ μὴ τοῦτο φῇς, ὅτι μᾶλλον ἡμῶν ἀχθοφορεῖς ὑπὸ τηλικούτοις λίθοις πιεζόμενος.

ΜΑΥΣΩΛΟΣ: Ἀνόνητα οὖν μοι ἐκεῖνα πάντα καὶ ἰσότιμος ἔσται Μαύσωλος καὶ Διογένης;

ἄμφω, οἱ: both
ἀνόνητος, -ον: unprofitable, useless
ἀπολαύω: to have enjoyment of (+ gen.)
ἀποσιμόω: to make flat-nosed
ἀφαιρέω: take away from, lose
ἀχθοφορέω: to bear burdens
βέλτιστος, -η, -ον: best
ἐπιδείκνυμι: to display
ἰσότιμος, -ον: held in equal honor
ξένος, ὁ: a foreigner

ὀδούς, -όντος, ὁ: a tooth
οἰκοδόμημα, -ατος, τό: a building, structure
ὁμοίως: similarly
ὀφθαλμός, ὁ: an eye
πιέζω: to press, squeeze, press tight
πολυτελής, -ές: very expensive, very costly
προφαίνω: bring to light, display
ῥίς, ῥίνος, ἡ: a nose
τηλικοῦτος, -η, -ο: such great
φιλοτιμέομαι: to seek after honor

ἀφῃρήμεθα: perf. of ἀπο-αίρέω, "we have lost"
τὰς ῥῖνας: acc. of respect, "as for our noses"
ἀποσεσιμώμεθα: perf. of ἀπο-σιμόω, "we have become flat-nosed"
Ἁλικαρνασσεῦσι: dat. of reference with εἶεν, "they could be *for the Halicarnassans*"
εἶεν: pr. opt. pot. (without ἄν), "they could be"
ἐπιδείκνυσθαι καὶ φιλοτιμεῖσθαι: pr. inf. of purpose with εἶεν, "they could be *for showing* and *for seeking honor*"
ὡς δή ... ἐστιν: "as though it is" expressing irony
πλὴν εἰ μὴ ... φῇς: "except unless you claim this"
ὅτι ... ἀχθοφορεῖς: noun clause in apposition to τοῦτο, "this, *namely that you grieve*"
πιεζόμενος: pr. part. pass. causal, "because you are pressed down"

154

ΔΙΟΓΕΝΗΣ: Οὐκ ἰσότιμος, ὦ γενναιότατε, οὐ γάρ: Μαύσωλος μὲν γὰρ οἰμώξεται μεμνημένος τῶν ὑπὲρ γῆς, ἐν οἷς εὐδαιμονεῖν ᾤετο, Διογένης δὲ καταγελάσεται αὐτοῦ. καὶ τάφον ὁ μὲν ἐν Ἁλικαρνασσῷ ἐρεῖ ἑαυτοῦ ὑπὸ Ἀρτεμισίας τῆς γυναικὸς καὶ ἀδελφῆς κατεσκευασμένον, ὁ Διογένης δὲ τοῦ μὲν σώματος εἰ καί τινα τάφον ἔχει οὐκ οἶδεν: οὐδὲ γὰρ ἔμελεν αὐτῷ τούτου: λόγον δὲ τοῖς ἀρίστοις περὶ τούτου καταλέλοιπεν ἀνδρὸς βίον βεβιωκὼς ὑψηλότερον, ὦ Καρῶν ἀνδραποδωδέστατε, τοῦ σοῦ μνήματος καὶ ἐν βεβαιοτέρῳ χωρίῳ κατεσκευασμένον.

ἀδελφή, ἡ: a sister
ἀνδραποδώδης, -ες: slavish, servile, abject
ἄριστος, -η, -ον: best
Ἀρτεμισία, ἡ: Artemesia, wife and sister of Mausolos
βέβαιος, -ον: firm, sure, certain
βίος, ὁ: life
βιόω: to live, pass one's life
γενναῖος, -α, -ον: noble
εὐδαιμονέω: to be prosperous, well off

Κάρ, -ο: a Carian
καταγελάω: to laugh at (+ *gen.*)
καταλείπω: to leave behind
κατασκενάζω: to equip or furnish fully
μέλω: to be a care to X (*dat.*) for Y (*gen.*)
μιμνήσκω: to remind
μνῆμα, -ατος, τό: a memorial, tomb
οἰμώζω: to wail aloud, lament
ὑψηλός, -ή, -όν: high, lofty
χωρίον, τό: a place, foundation

οὐ γάρ: "certainly not!"

οἰμώξεται: fut., "Mausolos *will lament*"

μεμνημένος: perf. part. mid., "when he remembers" + gen.

ἐν οἷς ... ᾤετο: impf., "in which he supposed" + inf.

καταγελάσεται: fut., "Diogenes *will laugh at*" him"

τάφον: acc. of respect, "as for a tomb"

ὁ μὲν: "while he" i.e. Mausolus

ἐρεῖ: fut. of λέγω, "*he will speak* of his own"

ὑπὸ Ἀρτεμισίας: expressing agency, "built *by Artemisias*"

κατεσκευασμένον: perf. part., "having been built"

εἰ καί ... ἔχει: ind. quest. after οἶδεν, "he (Diogenes) does not know *whether he has*"

ἔμελεν: impf. impersonal, "nor *is there a care* to him for this"

καταλέλοιπεν: perf., "*he has left behind* a record"

βεβιωκὼς: perf. part., "*having lived* a life"

ὑψηλότερον: acc. agreeing with λόγον, "a record *more noble than*" + gen.

κατεσκευασμένον: perf. part. also agreeing with λόγον, "and having been constructed"

25 (30). Nireus, Thersites and Menippus

Nireus and Thersites ask Menippus to judge a beauty contest.

ΝΙΡΕΥΣ: Ἰδοὺ δή, Μένιππος οὑτοσὶ δικάσει, πότερος εὐμορφότερός ἐστιν. εἰπέ, ὦ Μένιππε, οὐ καλλίων σοι δοκῶ;

ΜΕΝΙΠΠΟΣ: Τίνες δὲ καὶ ἔστε; πρότερον, οἶμαι, χρὴ γὰρ τοῦτο εἰδέναι.

ΝΙΡΕΥΣ: Νιρεὺς καὶ Θερσίτης.

ΜΕΝΙΠΠΟΣ: Πότερος οὖν ὁ Νιρεὺς καὶ πότερος ὁ Θερσίτης; οὐδέπω γὰρ τοῦτο δῆλον.

ΘΕΡΣΙΤΗΣ: Ἕν μὲν ἤδη τοῦτο ἔχω, ὅτι ὅμοιός εἰμί σοι καὶ οὐδὲν τηλικοῦτον διαφέρεις ἡλίκον σε Ὅμηρος ἐκεῖνος ὁ τυφλὸς ἐπῄνεσεν ἁπάντων εὐμορφότερον προσειπών,

---

ἄπας, ἄπασα, ἄπαν: quite all
δῆλος, -η, -ον: clear, visible
διαφέρω: to differ
δικάζω: to judge, to give judgment on
εἶπον: to speak, say (aor.)
ἐπαινέω: to praise, commend
εὔμορφος, -ον: fair of form
ἡλίκος, -η, -ον: as much as
Θερσίτης, ὁ: Thersites, famously ugly; cf. *Iliad* 2, 212-19

καλλίων, -ον: more beautiful
Νιρεὺς, ὁ: Nireus, famously handsome
ὅμοιος, -α, -ον: like, resembling
πότερος, -η, -ον: which of the two?
προσεῖπον: to speak to
τηλικοῦτος, -η, -ο: as much as
τυφλός, -ή, -όν: blind
χρή: it is necessary

ἰδού: aor. imper., "look!"

εἰπέ: aor. imper., "speak!"

εἰδέναι: perf. inf. after χρή, "necessary *to know*"

ὅτι ὅμοιός εἰμι: noun clause of apposition to τοῦτο, "this I have, *namely that I am similar to*" + dat.

οὐδὲν: acc. of degree of difference, "you differ *not at all*"

τηλικοῦτον ... ἡλίκον: "by so much ... as"

ἐπῄνεσεν: aor. of ἐπι-αινέω, "as Homer *praised* you"

εὐμορφότερον: acc. pred., "having said that you were *more beautiful than*" + gen.

156

ἀλλ' ὁ φοξὸς ἐγὼ καὶ ψεδνὸς οὐδὲν χείρων ἐφάνην τῷ δικαστῇ. ὅρα δὲ σύ, ὦ Μένιππε, ὅντινα καὶ εὐμορφότερον ἡγῇ.

ΝΙΡΕΥΣ: Ἐμέ γε τὸν Ἀγλαΐας καὶ Χάροπος, «ὃς κάλλιστος ἀνὴρ ὑπὸ Ἴλιον ἦλθον.»

ΜΕΝΙΠΠΟΣ: Ἀλλ' οὐχὶ καὶ ὑπὸ γῆν, ὡς οἶμαι, κάλλιστος ἦλθες, ἀλλὰ τὰ μὲν ὀστᾶ ὅμοια, τὸ δὲ κρανίον ταύτῃ μόνον ἄρα διακρίνοιτο ἀπὸ τοῦ Θερσίτου κρανίου, ὅτι εὔθρυπτον τὸ σόν· ἀλαπαδνὸν γὰρ αὐτὸ καὶ οὐκ ἀνδρῶδες ἔχεις.

ΝΙΡΕΥΣ: Καὶ μὴν ἐροῦ Ὅμηρον, ὁποῖος ἦν, ὁπότε συνεστράτευον τοῖς Ἀχαιοῖς.

Ἀγλαΐα, ἡ: Aglaea, one of the Graces, mother of Nireus
ἀλαπαδνός, -ή, -όν: exhausted, feeble
ἀνδρώδης, -ες: like a man, manly
Ἀχαιός, ὁ: an Achaian
γῆ, ἡ: earth
διακρίνομαι: to distinguish
δικαστής, -οῦ, ὁ: a judge
ἐρωτάω: to ask, enquire
εὔθρυπτος, -ον: easily broken
εὔμορφος, -ον: goodly
ἡγέομαι: to think

Ἴλιος, ὁ: Troy
κρανίον, τό: a skull
ὁποῖος, -α, -ον: of what sort or quality?
ὀστέον, τό: a bone
συστρατεύω: to soldier with (+ *dat.*)
φαίνομαι: to appear, seem
φοξός, -ή, -όν: pointed
Χάροψ, -οπος, ὁ: Charops, King of Syme, father of Nireus
χείρων, -ον: worse, meaner
ψεδνός, -ή, -όν: thin, spare, scanty

ἐφάνην: aor. pass. of φαίνομαι, "*I seem* no worse to the judge"
ὅντινα ... ἡγῇ: ind. quest. after ὅρα, "consider *whom you think*"
τὸν (sc. υἱὸν): "*the son* of Aglaea and Charops"
ὃς ... ἦλθον: *Iliad* 2, 673
ἀλλ' οὐχὶ καὶ: "but not also"
ταύτῃ: dat. of means, "distinguished *by this thing only*"
διακρίνοιτο: aor. opt. pot. (without ἄν), "your skull *could be distinguished*"
ὅτι εὔθρυπτον τὸ σόν: clause in app. to ταύτῃ, "by this, *namely that yours is easily broken*"
ἐροῦ: aor. imper. of ἐρωτάω, "ask!"

ΜΕΝΙΠΠΟΣ: Ὀνείρατά μοι λέγεις· ἐγὼ δὲ βλέπω ἃ καὶ νῦν ἔχεις, ἐκεῖνα δέ οἱ τότε ἴσασιν.

ΝΙΡΕΥΣ: Οὔκουν ἐγὼ ἐνταῦθα εὐμορφότερός εἰμι, ὦ Μένιππε;

ΜΕΝΙΠΠΟΣ: Οὔτε σὺ οὔτε ἄλλος εὔμορφος· ἰσοτιμία γὰρ ἐν Ἅιδου καὶ ὅμοιοι ἅπαντες.

ΘΕΡΣΙΤΗΣ: Ἐμοὶ μὲν καὶ τοῦτο ἱκανόν.

Thersites insulting Agamemnon.
Red figure hydria. British Museum.

Ἅδης, Ἅδου, ὁ: Hades
βλέπω: to see
εὔμορφος, -ον: fair of form
ἱκανός, -η, -ον: becoming, sufficing

ἰσοτιμία, ἡ: equality of privilege
ὄνειρος, -τος τό: a dream
οὔκουν: not therefore, so not
τότε: at that time, then

ὁπότε συνεστράτευον: impf., "when I was soldiering"
οἱ τότε: "*those then* saw"

26 (8) Menippus and Chiron

Chiron, the wise centaur, explains to Menippus why he chose to die. Menippus finds his reasoning faulty.

ΜΕΝΙΠΠΟΣ: Ἤκουσα, ὦ Χείρων, ὡς θεὸς ὢν ἐπεθύμησας ἀποθανεῖν.

ΧΕΙΡΩΝ: Ἀληθῆ ταῦτα ἤκουσας, ὦ Μένιππε, καὶ τέθνηκα, ὡς ὁρᾷς, ἀθάνατος εἶναι δυνάμενος.

ΜΕΝΙΠΠΟΣ: Τίς δαί σε ἔρως τοῦ θανάτου ἔσχεν, ἀνεράστου τοῖς πολλοῖς χρήματος;

ΧΕΙΡΩΝ: Ἐρῶ πρὸς σὲ οὐκ ἀσύνετον ὄντα. οὐκ ἦν ἔτι ἡδὺ ἀπολαύειν τῆς ἀθανασίας.

ΜΕΝΙΠΠΟΣ: Οὐχ ἡδὺ ἦν ζῶντα ὁρᾶν τὸ φῶς;

ἀθανασία, ἡ: immortality
ἀθάνατος, -ον: immortal
ἀληθής, -ές: unconcealed, true
ἀνέραστος, -ον: not loved to (+ *dat.*)
ἀποθνήσκω: to die off, die
ἀπολαύω: to have enjoyment of (+ *gen.*)
ἀσύνετος, -ον: void of understanding, stupid
δαί: what? strengthening τίς
δύναμαι: to be able

ἐπιθυμέω: to set one's heart upon
ἔρως, ὁ: desire of (+ *gen.*)
ἐρῶ: I will say or speak
θάνατος, ὁ: death
θνήσκω: to die
φῶς, φοτός, τό: light, daylight
Χείρων, -ωνος, ὁ: Chiron
χρῆμα, -ατος: a thing

ὡς ... ἐπεθύμησας: aor. in ind. st. after ἤκουσα, "I heard *that you desired*" + inf.
θεὸς ὤν: pr. part. concessive, "although being a god'
τέθνηκα: perf. of θνήσκω, "I am dead"
δυνάμενος: pr. part. concessive, "although being able to" + inf.
ἔσχεν: aor. of ἔχω, "what desire *held* you"
χρήματος: gen. in apposition to θανάτου, "death, *a thing* not loved"
ἀσύνετον ὄντα: pr. part. agreeing with σὲ, "you *who are sensible*"
ἀπολαύειν: inf. epexegetic after ἡδὺ, "no longer sweet *to enjoy*" + gen.
ζῶντα: pr. part. acc. agreeing with subject of ὁρᾶν, "(you) *living* to see"
ὁρᾶν: inf. epexegetic after ἡδὺ, "not sweet *to see*"

ΧΕΙΡΩΝ: Οὔκ, ὦ Μένιππε· τὸ γὰρ ἡδὺ ἔγωγε ποικίλον τι καὶ οὐχ ἁπλοῦν ἡγοῦμαι εἶναι. ἐγὼ δὲ ζῶν ἀεὶ καὶ ἀπολαύων τῶν ὁμοίων, ἡλίου, φωτός, τροφῆς, αἱ ὧραι δὲ αἱ αὐταὶ καὶ τὰ γιγνόμενα ἅπαντα ἐξῆς ἕκαστον, ὥσπερ ἀκολουθοῦντα θάτερον θατέρῳ, ἐνεπλήσθην γοῦν αὐτῶν· οὐ γὰρ ἐν τῷ αὐτῷ ἀεί, ἀλλὰ καὶ ἐν τῷ μὴ μετασχεῖν ὅλως τὸ τερπνὸν ἦν.

ΜΕΝΙΠΠΟΣ: Εὖ λέγεις, ὦ Χείρων. τὰ ἐν Ἅιδου δὲ πῶς φέρεις, ἀφ' οὗ προελόμενος αὐτὰ ἥκεις;

ΧΕΙΡΩΝ: Οὐκ ἀηδῶς, ὦ Μένιππε· ἡ γὰρ ἰσοτιμία πάνυ δημοτικὴ καὶ τὸ πρᾶγμα οὐδὲν ἔχει τὸ διάφορον ἐν φωτὶ

ἀεί: always, for ever
ἀηδής, -ές: unpleasant
ἀκολουθέω: to follow (+ dat.)
ἁπλόος, -ῆ, -οῦν: simple, unvaried
ἀπολαύω: to have enjoyment of (+ gen.)
δημοτικός, -ή, όν: popular, demotic
διάφορος, -ον: different, unlike
ἕκαστος, -η, -ον: each, each one
ἐμπίπλημι: to fill up with (+ gen.)
ἐξῆς: one after another, in order
ζάω: to live
ἡγέομαι: to consider
ἡδύς, ἡδεῖα, ἡδύ: sweet
ἥκω: to have come, be present, be here

ἥλιος, ὁ: the sun
θάτερος, -α, -ον: one (of two)
ἰσοτιμία, ἡ: equality of privilege
μετέχω: to partake of, enjoy a share of
ὅλος, -η, -ον: whole, entire
πάνυ: altogether, entirely
ποικίλος, -η, -ον: mottled, varied
προαιρέομαι: to choose
τερπνός, -ή, -όν: delightsome, delightful
τροφή, ἡ: nourishment, food
φέρω: to bear
φῶς, φοτός, τό: light, daylight
ὥρα, ἡ: a period of time

τὸ ἡδὺ ... εἶναι: ind. st. after ἡγοῦμαι, "I consider *the sweet to be*"
τὰ γιγνόμενα: pr. part., "the things happening"
ἐξῆς ἕκαστον: "each one after the other"
ἐνεπλήσθην: aor. pass. of ἐμ-πίπλημι, "I am filled up with" + gen.
ἐν τῷ αὐτῷ ἀεί (sc. μετασχεῖν): artic. inf., "in the same always (partaking)"
ἐν τῷ μὴ μετασχεῖν: artic. inf., "in the not partaking"
ἀφ' οὗ: "from which (point in time)"
προελόμενος: aor. part of προαιρέομαι, "having chosen"

160

εἶναι ἢ ἐν σκότῳ· ἄλλως τε οὔτε διψῆν ὥσπερ ἄνω οὔτε πεινῆν δεῖ, ἀλλ' ἀνεπιδεεῖς τούτων ἁπάντων ἐσμέν.

ΜΕΝΙΠΠΟΣ: Ὅρα, ὦ Χείρων, μὴ περιπίπτῃς σεαυτῷ καὶ ἐς τὸ αὐτό σοι ὁ λόγος περιπέσῃ.

ΧΕΙΡΩΝ: Πῶς τοῦτο φής;

ΜΕΝΙΠΠΟΣ: Ὅτι εἰ τῶν ἐν τῷ βίῳ τὸ ὅμοιον ἀεὶ καὶ ταὐτὸν ἐγένετό σοι προσκορές, καὶ τἀνταῦθα ὅμοια ὄντα προσκορῆ ὁμοίως ἂν γένοιτο, καὶ δεήσει μεταβολήν σε ζητεῖν τινα καὶ ἐντεῦθεν εἰς ἄλλον βίον, ὅπερ οἶμαι ἀδύνατον.

ἀδύνατος, -ον: unable
ἄλλως: in another way or manner
ἀνεπιδεής, -ές: independent of (+ *gen.*)
ἄνω: upward
βίος, ὁ: life
διψάω: to thirst
ἐντεῦθεν: hence
ζητέω: to seek, seek for

μεταβολή, ἡ: a change
ὅμοιος, -α, -ον: like, resembling
ὅσπερ, ἥπερ, ὅπερ: the very thing which
πεινάω: to be hungry
περιπίπτω: to fall, experience a reversal
προσκορής, -ές: satiating to (+ *dat.*)
πῶς: how? in what way or manner?
σκότος, -εος, ὁ: darkness, gloom

τὸ πρᾶγμα οὐδὲν ἔχει: "the action makes no difference"

τὸ ... εἶναι: articular inf. in apposition to τὸ πρᾶγμα, "*the (action) being* different in light or shadow"

διψῆν ... πεινῆν: pr. inf. complementing δεῖ, "not necessary *to thirst ... to be hungry*"

ὅρα: imper., "watch out!"

μὴ ... περιπίπτῃς: pr. subj. in noun clause after ὅρα, "lest you have a reversal"

μὴ ... περιπέσῃ: aor. subj. in noun clause after ὅρα, "*lest* your reasoning *revert* to the same"

ταὐτὸν (=τὸ αὐτὸ): "the same thing"

τἀνταῦθα (τὰ ἐνταῦθα): "the things here (in Hades)"

ὅμοια ὄντα: pr. part. instrumental, "by being similar"

ἂν γένοιτο: aor. opt. pot., "they might become"

δεήσει: fut. of δεῖ, "there will be need"

σε ζητεῖν: pr. inf. after δεήσει, "need *for you to seek*"

ΧΕΙΡΩΝ: Τί οὖν ἂν πάθοι τις, ὦ Μένιππε;

ΜΕΝΙΠΠΟΣ: Ὅπερ, οἶμαι, φασί, συνετὸν ὄντα ἀρέσκεσθαι καὶ ἀγαπᾶν τοῖς παροῦσι καὶ μηδὲν αὐτῶν ἀφόρητον οἴεσθαι.

The Education of Achilles by Chiron.
From a Roman fresco at Herculaneum ((Museo Archeologico Nazionale, Naples))

ἀγαπάω: to love, be fond of
ἀρέσκομαι: to be satisfied with
ἀφόρητος, -ον: intolerable, insufferable

πάσχω: to suffer
συνετός, -ή, -όν: intelligent, sagacious, wise

ἂν πάθοι: aor. opt. pot., "What could someone do?"

ὄντα: pr. part. circumstantial, agreeing with the accusative subject of the following infinitives, "*being* wise"

ἀρέσκεσθαι καὶ ἀγαπᾶν: pr. inf. in apposition to ὅπερ, "just that thing, namely *to make good and love*" + dat.

τοῖς παροῦσι: pr. part. dat. pl., "love *the present things*"

οἴεσθαι: pr. inf. also in apposition to ὅπερ, "*and to think* none of these"

162

27 (22). Diogenes, Antisthenes and Crates

The three great Cynic philosophers exchange comments on the dead as they enter the underworld.

ΔΙΟΓΕΝΗΣ: Ἀντίσθενες καὶ Κράτης, σχολὴν ἄγομεν: ὥστε τί οὐκ ἄπιμεν εὐθὺ τῆς καθόδου περιπατήσαντες, ὀψόμενοι τοὺς κατιόντας οἷοί τινές εἰσι καὶ τί ἕκαστος αὐτῶν ποιεῖ;

ΑΝΤΙΣΘΕΝΗΣ: Ἀπίωμεν, ὦ Διόγενες: καὶ γὰρ ἂν ἡδὺ τὸ θέαμα γένοιτο, τοὺς μὲν δακρύοντας αὐτῶν ὁρᾶν, τοὺς δὲ καὶ ἱκετεύοντας ἀφεθῆναι. ἐνίους δὲ μόλις κατιόντας καὶ

ἄγω: to lead, do	κάθοδος, ἡ: a going down, descent
ἀφίημι: to send forth, discharge	κατέρχομαι: to descend
δακρύω: to weep, shed tears	μόλις: scarcely
ἔνιοι, -α,: some	οἷος, -α, -ον: what sort
εὐθύς, -εῖα, -ύ: straight	περιπατέω: to walk about
θέαμα, -ατος, τό: a spectacle	σχολή, ἡ: spare time, leisure, rest, ease
ἱκετεύω: to beg	

Diogenes of Sinope, founder of Cynic philosophy (412 -- 323 BCE)

Antisthenes (445 BCE – 365 BCE) a Greek philosopher and a pupil of Socrates. He adopted and developed the ethical side of Socrates' teachings, advocating an ascetic life lived in accordance with virtue.

Crates (365 – 285 BC) a Cynic philosopher from Thebes, the teacher of Zeno of Citium, the founder of Stoicism.

ἄπιμεν: fut. of ἀπο-έρχομαι, "why don't *we go?*"

περιπατήσαντες: aor. part., "having walked around"

ὀψόμενοι: fut. part. indicating purpose, "in order to see"

τοὺς κατιόντας: pr. part., "see *those descending*"

οἷοί τινές εἰσι: ind. quest., "see *what sort they are*"

ἀπίωμεν: pr. subj. hortatory, "let's go!"

ἂν ... γένοιτο: aor. opt. pot., "the sight *would be*"

τοὺς μὲν ... τοὺς δὲ: acc. obj. of ὁρᾶν, "to see *some ... others*"

ὁρᾶν: pr. inf. in app. to θέαμα, "a sight, namely *to see*"

ἀφεθῆναι: aor. inf. pass. of ἀπο-ἵημι after ἱκετεύοντας, "some begging *to be released*"

ἐνίους δὲ: "*while some* scarcely descending"

ἐπὶ τράχηλον ὠθοῦντος τοῦ Ἑρμοῦ ὅμως ἀντιβαίνοντας
καὶ ὑπτίους ἀντερείδοντας οὐδὲν δέον.

ΚΡΑΤΗΣ: Ἔγωγ᾽ οὖν καὶ διηγήσομαι ὑμῖν ἃ εἶδον ὁπότε
κατήειν κατὰ τὴν ὁδόν.

ΔΙΟΓΕΝΗΣ: Διήγησαι, ὦ Κράτης: ἔοικας γάρ τινα ἑωρακέναι
παγγέλοια.

ΚΡΑΤΗΣ: Καὶ ἄλλοι μὲν πολλοὶ συγκατέβαινον ἡμῖν,
ἐν αὐτοῖς δὲ ἐπίσημοι Ἰσμηνόδωρός τε ὁ πλούσιος ὁ
ἡμέτερος καὶ Ἀρσάκης ὁ Μηδίας ὕπαρχος καὶ Ὀροίτης
ὁ Ἀρμένιος. ὁ μὲν οὖν Ἰσμηνόδωρος - ἐπεφόνευτο γὰρ
ὑπὸ τῶν λῃστῶν περὶ τὸν Κιθαιρῶνα ἐς Ἐλευσῖνα οἶμαι

ἀντερείδω: to set firmly against, prop up
ἀντιβαίνω: to go against, withstand, resist
Ἀρμένιος, -α, -ον: Armenian
Ἀρσάκης, ὁ: Arsaces
διηγέομαι: to narrate
ἔοικα: to seem
ἐπίσημος, -ον: famous
ἡμέτερος, -α, -ον: our
Ἰσμηνόδωρος, ὁ: Ismenodorus
κάτειμι: to go down
Κιθαιρῶν, -ῶνα, ὁ: Mt. Cithaeron, between
    Beoetia and Attica
λῃστής, -οῦ, ὁ: a robber, plunderer

Μηδία, -ας, ἡ: Media, Persia
ὁδός, ἡ: a way, path, track
ὁπότε: when
Ὀροίτης, ὁ: Oroetes
παγγέλοιος, -ον: quite ridiculous
πλούσιος, -α, -ον: rich, wealthy, opulent
συγκαταβαίνω: to go or come down with
τράχηλος, ὁ: a neck, throat
ὕπαρχος, ὁ: ruler
ὕπτιος, -α, -ον: falling backwards
φονεύω: to murder, kill, slay
ὠθέω: to thrust, push, shove

ὠθοῦντος: pr. part. in gen. abs., "with Hermes *shoving*"

οὐδὲν δέον: pr. part. acc. abs., "*it being necessary* not at all"

ὁπότε κατήειν: plupf. of κατα-ἔρχομαι, "when I came down"

διήγησαι: aor. imper., "narrate!"

ἑωρακέναι: perf. inf. complementing ἔοικας, "you see *to have seen*"

ἐπίσημοι: nom. pred., "among whom were *the famous*"

Ἀρσάκης: Arsaces I, founder of the Parthian dynasty of the Persians, ruled from c.
    250-211 BCE

Ὀροίτης: Oroetes, 6th century BCE satrap of Sardis

ἐπεφόνευτο: plupf. of φονεύω, "he had been slain"

οἶμαι: parenthetical, "I suppose"

βαδίζων - ἔστενε καὶ τὸ τραῦμα ἐν ταῖν χεροῖν εἶχε καὶ τὰ παιδία, ἃ νεογνὰ καταλελοίπει, ἀνεκαλεῖτο καὶ ἑαυτῷ ἐπεμέμφετο τῆς τόλμης, ὃς Κιθαιρῶνα ὑπερβάλλων καὶ τὰ περὶ τὰς Ἐλευθερὰς χωρία πανέρημα ὄντα ὑπὸ τῶν πολέμων διοδεύων δύο μόνους οἰκέτας ἐπηγάγετο, καὶ ταῦτα φιάλας πέντε χρυσᾶς καὶ κυμβία τέτταρα μεθ' ἑαυτοῦ ἔχων. ὁ δὲ Ἀρσάκης - γηραιὸς ἤδη καὶ νὴ Δί' οὐκ ἄσεμνος τὴν ὄψιν - εἰς τὸ βαρβαρικὸν ἤχθετο καὶ ἠγανάκτει πεζὸς βαδίζων καὶ ἠξίου τὸν ἵππον αὐτῷ

ἀγανακτέω: to complain	νεογνός, -ή, -όν: newborn
ἀνακαλέω: to invoke, call upon	οἰκέτης, -ου, ὁ: a servant
ἀξιόω: to request	ὄψις, ἡ: look, appearance, aspect
ἄσεμνος, -ον: undignified, ignoble	παιδίον, τό: child
ἄχθομαι: to be grieved	πανέρημος, -ον: all-desolate
βαδίζω: to go slowly, to walk	πεζός, -η, -ον: on foot
βαρβαρικός, -ή, -όν: barbaric	πέντε, -indecl.: five
γηραιός, -ά, -όν: aged	πόλεμος, ὁ: a battle, fight, war
διοδεύω: to travel through	στένω: to moan, sigh, groan
δύο: two	τέσσαρες: four
Ἐλευθεραί, αἱ: Eleuthera, in N. Attica	τόλμα, -ης, ἡ: courage, recklessness
ἐπάγω: to bring along	τραῦμα, -ατος, τό: a wound, hurt
ἐπιμέμφομαι: to cast blame upon X (*dat.*) for his Y (*gen.*)	ὑπερβάλλω: to overshoot, cross over
	φιάλη, ἡ: a bowl
ἵππος, ὁ: a horse, mare	χείρ, χειρός, ἡ: a hand
καταλείπω: to leave behind	χρύσεος, -η, -ον: golden
κυμβίον, τό: a small cup	χωρίον, τό: a place, district

ἐν ταῖν χεροῖν: dual, "in his two hands," i.e. he was covering his wound with his hands

ὑπερβάλλων: pr. part., "who, *when crossing over* Mt. Cithaeron"

καταλελοίπει: plupf., "whom *he had left behind*"

πανέρημα: acc. pred., "places being *all-desolate*"

ὑπὸ τῶν πολέμων: the agency expression, "by the wars"

ἐπηγάγετο: aor. of ἐπι-ἄγω, "he brought along"

τὴν ὄψιν: acc. respect, "not ignoble *in appearance*"

εἰς τὸ βαρβαρικὸν: "in a barbaric fashion"

βαδίζων: pr. part. suppl. after ἠγανάκτει, "he was complaining about *going* on foot"

Lucian

προσαχθῆναι· καὶ γὰρ καὶ ὁ ἵππος αὐτῷ συνετεθνήκει,
μιᾷ πληγῇ ἀμφότεροι διαπαρέντες ὑπὸ Θρᾳκός τινος
πελταστοῦ ἐν τῇ ἐπὶ τῷ Ἀράξῃ πρὸς τὸν Καππαδόκην
συμπλοκῇ. ὁ μὲν γὰρ Ἀρσάκης ἐπήλαυνεν, ὡς διηγεῖτο,
πολὺ τῶν ἄλλων προϋπεξορμήσας, ὑποστὰς δὲ ὁ Θρᾷξ
τῇ πέλτῃ μὲν ὑποδὺς ἀποσείεται τοῦ Ἀρσάκου τὸν
κοντόν, ὑποθεὶς δὲ τὴν σάρισαν αὐτόν τε διαπείρει καὶ
τὸν ἵππον.

ΑΝΤΙΣΘΕΝΗΣ: Πῶς οἷόν τε, ὦ Κράτης, μιᾷ πληγῇ τοῦτο
γενέσθαι;

ἀμφότερος, -α, -ον: each or both of two
ἀποσείω: to shake off, brush aside
Ἀράξης, ὁ: Araxes (river)
διαπείρω: to drive through
διηγέομαι: to set out in detail, describe in full
εἷς, μία, ἕν: one
ἐπελαύνω: to drive upon
Θρᾷξ, Θρᾳκός, ὁ: a Thracian
Καππαδόκη, ἡ: Cappadocia
κοντός, ὁ: a lance
οἷος τε εἰμι: to be able

πελταστής, -οῦ, ὁ: a shield-bearing soldier
πέλτη, ἡ: a small light shield
πληγή, ἡ: a stroke, blow
προσάγω: to bring to or upon
προϋπεξορμάω: to set out or start beforehand
σάρισα, ἡ: a sarissa, pike
συμπλοκή, ἡ: an engagement, battle
ὑποδύω: to slip under (+ dat.)
ὑποτίθημι: to place under
ὑφίστημι: to place or set under

προσαχθῆναι: aor. part. pass. in ind. com. after ἠξίου, "he demanded his horse *be brought forward*"
συνετεθνήκει: plupf. of συν-θνήσκω, "*had died with* him"
διαπαρέντες: aor. part. pass. of διαπείρω, "both (Arsaces and his horse) *having been pierced*"
ἐν τῇ ... συμπλοκῇ: "in the battle"
ἐπήλαυνεν: impf. of ἐπι-ελαύνω, "he was driving forward"
προϋπεξορμήσας: aor. part. of προ-υπο-ἐξ-ὁρμάζω, "having set out ahead of" + gen.
ὑποστάς: aor. part. intr. of ὑπο-ἵστημι, "the Thracian, *having stationed himself*"
ὑποδύς: aor. part., "*having slipped under* his shield"
ὑποθεὶς: aor. part. of ὑποτίθημι, "*having placed down* his pike"
οἷόν τε (sc. ἐστι): "how *is it possible* to"+ inf.

166

ΚΡΑΤΗΣ: Ῥᾷστ᾽, ὦ Ἀντίσθενες· ὁ μὲν γὰρ ἐπήλαυνεν εἰκοσάπηχύν τινα προβεβλημένος κοντόν, ὁ Θρᾷξ δὲ ἐπειδὴ τῇ πέλτῃ ἀπεκρούσατο τὴν προσβολὴν καὶ παρῆλθεν αὐτὸν ἡ ἀκωκή, ἐς τὸ γόνυ ὀκλάσας δέχεται τῇ σαρίσῃ τὴν ἐπέλασιν καὶ τιτρώσκει τὸν ἵππον ὑπὸ τὸ στέρνον ὑπὸ θυμοῦ καὶ σφοδρότητος διαπείραντα ἑαυτόν· διελαύνεται δὲ καὶ ὁ Ἀρσάκης ἐκ τοῦ βουβῶνος διαμπὰξ ἄχρι ὑπὸ τὴν πυγήν. ὁρᾷς οἷόν τι ἐγένετο, οὐ τοῦ ἀνδρός, ἀλλὰ τοῦ ἵππου μᾶλλον τὸ ἔργον. ἠγανάκτει δ᾽ ὅμως ὁμότιμος ὢν τῶν ἄλλων καὶ ἠξίου ἱππεὺς κατιέναι.

ἀγανακτέω: to feel irritation	ἵππος, ὁ: a horse, mare
ἀκωκή, ἡ: a point	κατέρχομαι: to go down
ἀνήρ, ἀνδρός, ὁ: a man	κοντός, ὁ: a lance
ἀξιόω: to think worthy to (+ *inf.*)	ὀκλάζω: to squat
ἄχρι: to the uttermost, utterly	ὁμότιμος, -ον: held in equal honor to (+ *gen.*)
βουβών, -ῶνος, ὁ: a groin	παρακρούω: to strike aside
γόνυ, τό: a knee	παρέρχομαι: to go by, to miss
δέχομαι: to take, accept, receive	πέλτη, ἡ: a small light shield
διαμπάξ: right through	προβάλλω: to throw before
διαπείρω: to drive through	προσβολή, ἡ: a thrust
διελαύνω: to drive through or across	πυγή, -ῆς, ἡ: a rump, buttocks
εἰκοσάπηχυς, -υ: 20 feet long	ῥᾷστα: most easily
ἐπέλασις, -εως, ἡ: a charge	στέρνον, τό: a breast, chest
ἐπελαύνω: to drive upon	σφοδρότης, -ητος, ἡ: vehemence, violence
θυμός, ὁ: emotion, force	τιτρώσκω: to wound
ἱππεύς, -ῆος, ὁ: a horseman	

ὁ μέν: i.e. Arsaces

προβεβλημένος: perf. part., "having thrust before him"

ἀπεκρούσατο: aor., "after he (the Thracian) *struck aside*"

παρῆλθεν: aor. and the tip *passed by*

ὀκλάσας: aor. part., "having squatted down"

ὑπὸ θυμοῦ καὶ σφοδρότητος: expressing agency, "by the force and violence"

διαπείραντα: aor. part. agreeing with ἵππον, "the horse *having transfixed* himself"

οἷόν τι ἐγένετο: ind. quest., "you see *how it happened*"

ὤν: pr. part. suppl. ἠγανάκτει, "he was annoyed at *being*"

κατιέναι: pr. inf. after ἠξίου, "he demanded *to go down* on horseback" ὁ δέ γε Ὀροίτης καὶ πάνυ ἁπαλὸς ἦν τὼ πόδε καὶ οὐδ᾽ ἑστάναι χαμαί, οὐχ ὅπως βαδίζειν ἐδύνατο· πάσχουσι δ᾽ αὐτὸ ἀτεχνῶς Μῆδοι πάντες, ἐπὰν ἀποβῶσι τῶν ἵππων· ὥσπερ οἱ ἐπὶ τῶν ἀκανθῶν βαίνοντες ἀκροποδητὶ μόλις βαδίζουσιν. ὥστε ἐπεὶ καταβαλὼν ἑαυτὸν ἔκειτο καὶ οὐδεμιᾷ μηχανῇ ἀνίστασθαι ἤθελεν, ὁ βέλτιστος Ἑρμῆς ἀράμενος αὐτὸν ἐκόμισεν ἄχρι πρὸς τὸ πορθμεῖον, ἐγὼ δὲ ἐγέλων.

ΑΝΤΙΣΘΕΝΗΣ: Κἀγὼ δὲ ὁπότε κατήειν, οὐδ᾽ ἀνέμιξα ἐμαυτὸν τοῖς ἄλλοις, ἀλλ᾽ ἀφεὶς οἰμώζοντας αὐτοὺς

αἴρω: to take up, raise, lift up
ἄκανθα, ἡ: a thorn, prickle
ἀκροποδητί: on tiptoe
αναμίγνυμι: to mix
ἀνίστημι: to make to stand up, raise up
ἁπαλός, -ή, -όν: soft to the touch
ἀποβαίνω: to step off from
ἀτεχνῶς: really
ἀφίημι: to send forth, discharge
βέλτιστος, -η, -ον: best
γελάω: to laugh
δύναμαι: to be able to (+ *inf.*)

ἵστημι: to make to stand
καταβάλλω: to throw down, overthrow
κεῖμαι: to be laid
Μῆδος, ὁ: a Mede, Median
μηχανή, ἡ: a device
μόλις: scarcely
οἰμώζω: to wail aloud, lament
ὁπότε: when
πορθμεῖον, τό: a ferry
πούς, ποδός, ὁ: a foot
χαμαί: on the earth, on the ground

τὼ πόδε: dual. acc. of respect, "in regard to his two feet"

ἑστάναι: perf. inf. after ἐδύνατο, "and not able *to stand*"

οὐχ ὅπως: "not in any way"

αὐτὸ: "suffer *the same thing*"

ἐπὰν ἀποβῶσι: aor. subj. of ἀπο-βαίνω, in general temporal clause, "whenever they dismount" + gen.

ὥστε ... ἔκειτο ... ἤθελεν: impf. in result clause, "and so he lay down ... wished to" + inf.

ἐπεὶ καταβαλὼν: aor. part., "after throwing himself down"

ἀράμενος: aor. part of αἴρω, "Hermes, *having raised him up*"

ὁπότε κατήειν: plupf., "when I had come down"

ἀνέμιξα: aor., "I did not mix with" + dat.

ἀφεὶς: aor. part., "*having released* those"

προδραμὼν ἐπὶ τὸ πορθμεῖον προκατέλαβον χώραν, ὡς
ἂν ἐπιτηδείως πλεύσαιμι· καὶ παρὰ τὸν πλοῦν οἱ μὲν
ἐδάκρυόν τε καὶ ἐναυτίων, ἐγὼ δὲ μάλα ἐτερπόμην ἐπ'
αὐτοῖς.

ΔΙΟΓΕΝΗΣ: Σὺ μέν, ὦ Κράτης καὶ Ἀντίσθενες, τοιούτων
ἐτύχετε τῶν ξυνοδοιπόρων, ἐμοὶ δὲ Βλεψίας τε ὁ
δανειστικὸς ὁ ἐκ Πίσης καὶ Λάμπις ὁ Ἀκαρνὰν ξεναγὸς
ὢν καὶ Δᾶμις ὁ πλούσιος ὁ ἐκ Κορίνθου συγκατῄεσαν,
ὁ μὲν Δᾶμις ὑπὸ τοῦ παιδὸς ἐκ φαρμάκων ἀποθανών, ὁ
δὲ Λάμπις δι' ἔρωτα Μυρτίου τῆς ἑταίρας ἀποσφάξας
ἑαυτόν, ὁ δὲ Βλεψίας λιμῷ ἄθλιος ἐλέγετο ἀπεσκληκέναι

ἄθλιος, -α, -ον: miserable
Ἀκαρνάν, ὁ: an Akarnian
ἀποθνήσκω: to die off, die
ἀποσκέλλω: to be dried up, to wither
ἀποσφάζω: to cut the throat of
Βλεψίας, -ου, ὁ: Blepsias
δακρύω: to weep, shed tears
Δᾶμις, -ιδος, ὁ: Damis
δανειστικός, -ή, -όν: of or for money-lending
ἐπιτηδείως: suitably, conveniently
ἔρως, -ωτος, ὁ: love
ἑταίρα, ἡ: a courtesan
Κόρινθος, ὁ: Corinth
Λάμπις, ὁ: Lampis
λιμός, -οῦ, ἡ: hunger, famine
μάλα: very much, exceedingly
Μυρτός, ἡ: Myrtium

ναυτιάω: to suffer from seasickness
ξεναγός, ὁ: a mercenary commander
ξυνοδοίπορος, ὁ: a fellow-traveller
παῖς, παιδός, ὁ: a child
Πίση, ἡ; Pisa
πλέω: to sail, go by sea
πλόος, ὁ: a sailing, voyage
πλούσιος, -α, -ον: rich, wealthy, opulent
πορθμεῖον, τό: a ferry
προκαταλαμβάνω: to seize beforehand
προτρέχω: to run forward
τέρπω: to satisfy, delight, gladden, cheer
τοιοῦτος, -αύτη, -οῦτο: such as this
τυγχάνω: to hit upon (+ gen.)
φάρμακον, τό: a drug, medicine
χώρα, ἡ: a place

προδραμὼν: aor. part. of προ-τρέχω, "having run forward"
προκατέλαβον: aor. of προ-κατα-λαμβάνω, "I grabbed a place before"
ὡς ἂν ... πλεύσαιμι: aor. opt. pot. in purpose clause, "so that I could sail"
οἱ μὲν ... ἐγὼ δὲ: "while these were ... I was"
ἐτύχετε: aor., "you happened upon" + gen.
συγκατῄεσαν: plupf. of συν-κατα-έρχομαι, "they had come down together"
ἀποθανών: aor. part., "having died"
Μυρτίου: gen. after ἔρωτα, "love *of Myrtios*"
ἀποσφάξας: aor. part., "*having slaughtered* himself"
ἀπεσκληκέναι: perf. inf. in ind. st. after ἐλέγετο, "was was *to have withered*"

καὶ ἐδήλου δέ γε ὠχρὸς εἰς ὑπερβολὴν καὶ λεπτὸς ἐς
τὸ ἀκριβέστατον φαινόμενος. ἐγὼ δὲ καίπερ εἰδὼς
ἀνέκρινον, ὃν τρόπον ἀποθάνοιεν. εἶτα τῷ μὲν Δάμιδι
αἰτιωμένῳ τὸν υἱόν, «Οὐκ ἄδικα μέντοι ἔπαθες,» ἔφην,
«ὑπ᾽ αὐτοῦ, εἰ τάλαντα ἔχων ὁμοῦ χίλια καὶ τρυφῶν
αὐτὸς ἐνενηκοντούτης ὢν ὀκτωκαιδεκαέτει νεανίσκῳ
τέτταρας ὀβολοὺς παρεῖχες. σὺ δέ, ὦ Ἀκαρνάν,» -
ἔστενε γὰρ κἀκεῖνος καὶ κατηρᾶτο τῇ Μυρτίῳ - «τί
αἰτιᾷ τὸν Ἔρωτα, σεαυτὸν δέον, ὃς τοὺς μὲν πολεμίους

ἄδικος, -ον: unjust
αἰτιάομαι: to blame
ἀκριβής, -ές: exact, accurate
ἀνακρίνω: to question, interrogate
δηλόω: to make clear, show
ἐνενηκοντούτης, -ες: 90 years old
Ἔρως, -ωτος, ὁ: Love
καίπερ: although (+ part.)
καταράομαι: to call down curses on (+ dat.)
λεπτός, -ή, -όν: emaciated
νεάνισκος, ὁ: a youth, young man
ὀβολός, ὁ: an obol, a small coin
ὀκτωκαιδεκαέτης, -ες: 18 years old
ὁμοῦ: at the same place, together

παρέχω: to provide, supply X (acc.) to Y (dat.)
πάσχω: to suffer
πολέμιος, ὁ: an enemy
στένω: to moan, sigh, groan
τάλαντον, τό: a talent, a unit of weight
τέτταρες, -ων, οἱ: four
τρόπος, ὁ: a manner
τρυφάω: to live sumptuously
υἱός, ὁ: a son
ὑπερβολή, ἡ: a throwing beyond, excess
φαίνομαι: to appear
χίλιοι, -αι, -α: a thousand
ὠχρός, -ά, -όν: pale, wan, sallow

ἐδήλου: impf., "he was making that clear"

ὠχρὸς καὶ λεπτὸς: nom. pred. after φαινόμενος, "appearing *pale and emaciated*"

εἰς τὸ ἀκριβέστατον: "to the extreme"

φαινόμενος: pr. part. instrumental, "by appearing"

καίπερ εἰδὼς: perf. part. concessive, "although knowing"

ὃν τρόπον ἀποθάνοιεν: aor. opt. in ind. quest. after ἀνέκρινον, "I asked *what manner they died*"

αἰτιωμένῳ: pr. part. circumstantial dat. with ind. obj., "to Damis *as he was blaming*"

ἔπαθες: aor., "you suffered"

εἰ ... παρεῖχες: impf., "if you provided X (acc.) to Y (dat.)"

ἔχων ... τρυφῶν ... ὢν: pr. part. circumstantial, "if while *having* ... while *living luxuriously* ... while *being* 90"

κατηρᾶτο: impf., "he was calling down curses on" + dat.

τί αἰτιᾷ: pr. 2 s. mid., "why are you blaming?"

δέον: pr. part. acc. s. abs., "it being necessary (to blame)"

οὐδεπώποτε ἔτρεσας, ἀλλὰ φιλοκινδύνως ἠγωνίζου
πρὸ τῶν ἄλλων, ὑπὸ δὲ τοῦ τυχόντος παιδισκαρίου
καὶ δακρύων ἐπιπλάστων καὶ στεναγμῶν ἑάλως ὁ
γενναῖος;» ὁ μὲν γὰρ Βλεψίας αὐτὸς ἑαυτοῦ κατηγόρει
φθάσας πολλὴν τὴν ἄνοιαν, ὡς τὰ χρήματα ἐφύλαττεν
τοῖς οὐδὲν προσήκουσι κληρονόμοις, ἐς ἀεὶ βιώσεσθαι ὁ
μάταιος νομίζων. πλὴν ἔμοιγε οὐ τὴν τυχοῦσαν τερπωλὴν
παρέσχον τότε στένοντες. ἀλλ' ἤδη μὲν ἐπὶ τῷ στομίῳ

ἀγωνίζομαι: to contend for a prize
ἁλίσκομαι: to be taken, to succumb to (+ gen.)
ἄνοια, ἡ: folly
βιόω: to live, pass one's life
γενναῖος, -α, -ον: noble
δάκρυον, τό: a tear
ἐπίπλαστος, -ον: plastered over, false
κατηγορέω: to accuse X (gen.) for Y (acc.)
κληρόνομος, ὁ: an heir
μάταιος, -α, -ον: vain, empty
νομίζω: to believe
οὐδεπώποτε: never yet at any time
παιδισκάριον, τό: a little maiden

παρέχω: to furnish, provide, supply
προσήκω: to be related to
στεναγμός, ὁ: a sighing, groaning, moaning
στένω: to moan, sigh, groan
στόμιον, τό: a mouth
τερπωλή, ἡ: delight
τότε: at that time, then
τρέω: to flee away
τυγχάνω: to hit upon (+ gen.)
φθάνω: to come or do first or before
φιλοκίνδυνος, -ον: fond of danger
φυλάττω: to keep watch and ward, keep guard
χρῆμα, -ατος, τό: a thing, money

ὅς ... ἔτρεσας: aor., "you who fled"

ἠγωνίζου: impf. mid., "you who used to struggle

τοῦ τυχόντος: aor. part. attributive with παιδισκαρίου, "by the maiden *that you happened on*" i.e. by a chance encounter with a maiden

ἑάλως: aor. of ἁλίσκομαι, "you succumbed to" + gen.

ὁ γενναῖος: an attributive phrase, "you, *who are noble*"

φθάσας: ao part. supplementing κατηγόρει, "he was accusing himself *first*"

ὡς ... ἐφύλαττεν: impf. in causal clause, "because he used to guard"

τοῖς ... κληρονόμοις: dat. of advantage, "for the heirs"

οὐδὲν: acc. of extent, "related *not at all*"

βιώσεσθαι: fut. inf. in ind. st. after νομίζων, "believing that *he would live*"

οὐ τὴν τυχοῦσαν: aor. part., "*no chance* pleasure," i.e. not trifling

παρέσχον: aor., "they provided"

στένοντες: pr. part. instrumental, "provided *by their groaning*"

ἐπὶ τῷ στομίῳ: "at the mouth (of Hades)"

ἐσμέν, ἀποβλέπειν δὲ χρὴ καὶ ἀποσκοπεῖν πόρρωθεν τοὺς ἀφικνουμένους. βαβαί, πολλοί γε καὶ ποικίλοι καὶ πάντες δακρύοντες πλὴν τῶν νεογνῶν τούτων καὶ νηπίων. ἀλλὰ καὶ οἱ πάνυ γέροντες ὀδύρονται. τί τοῦτο; ἆρα τὸ φίλτρον αὐτοὺς ἔχει τοῦ βίου; τοῦτον οὖν τὸν ὑπέργηρων ἐρέσθαι βούλομαι. τί δακρύεις τηλικοῦτος ἀποθανών; τί ἀγανακτεῖς, ὦ βέλτιστε, καὶ ταῦτα γέρων ἀφιγμένος; ἦ που βασιλεύς τις ἦσθα;

ΠΤΩΧΟΣ: Οὐδαμῶς.

ΔΙΟΓΕΝΗΣ: Ἀλλὰ σατράπης;

ΠΤΩΧΟΣ: Οὐδὲ τοῦτο.

ΔΙΟΓΕΝΗΣ: Ἆρα οὖν ἐπλούτεις, εἶτα ἀνιᾷ σε τὸ πολλὴν τρυφὴν ἀπολιπόντα τεθνάναι;

ἀγανακτέω: to feel irritation
ἀνιάω: to grieve, distress
ἀποβλέπω: to look at
ἀπολείπω: to leave behind
ἀποσκοπέω: to inspect
ἆρα: particle introducing a question
ἀφικνέομαι: to come to
βαβαί: bless me!
βασιλεύς, -έως, ὁ: a king, chief
βίος, ὁ: life
βούλομαι: to will, wish
γέρων, -οντος, ὁ: an old man
ἐρωτάω: to ask, enquire
ἦ που: in truth, truly, verily, of a surety

νεογνόν, τό: new born
νήπιος, ὁ: an infant
ὀδύρομαι: to lament, bewail, mourn for
οὐδαμῶς: in no wise
πλήν: except for (+ gen.)
πλουτέω: to be rich, wealthy
ποικίλος, -η, -ον: varied
πόρρωθεν: from afar
σατράπης, -ου, ὁ: a satrap
τρυφή, ἡ: softness, delicacy, daintiness
ὑπέργηρως, -ων: very old
φίλτρον, τό: a love potion
χρή: it is necessary (+ inf.)

ἐρέσθαι: aor. inf. of ἐρωτάω, complementing βούλομαι, "I wish *to ask*"
ἀποθανών: aor. part., "you *having died* at such an age"
ἀφιγμένος: perf. part., "having arrived"
τὸ ... τεθνάναι: perf. inf. artic., the subject of ἀνιᾷ, "does *having died* grieve you?
ἀπολιπόντα: aor. part. acc. s. agreeing with σε, "you *having left behind*"

ΠΤΩΧΟΣ: Οὐδὲν τοιοῦτο, ἀλλ᾽ ἔτη μὲν ἐγεγόνειν ἀμφὶ τὰ ἐνενήκοντα, βίον δὲ ἄπορον ἀπὸ καλάμου καὶ ὁρμιᾶς εἶχον ἐς ὑπερβολὴν πτωχὸς ὢν ἄτεκνός τε καὶ προσέτι χωλὸς καὶ ἀμυδρὸν βλέπων.

ΔΙΟΓΕΝΗΣ: Εἶτα τοιοῦτος ὢν ζῆν ἤθελες;

ΠΤΩΧΟΣ: Ναί· ἡδὺ γὰρ ἦν τὸ φῶς καὶ τὸ τεθνάναι δεινὸν καὶ φευκτέον.

ΔΙΟΓΕΝΗΣ: Παραπαίεις, ὦ γέρον, καὶ μειρακιεύῃ πρὸς τὸ χρεών, καὶ ταῦτα ἡλικιώτης ὢν τοῦ πορθμέως. τί οὖν ἄν τις ἔτι λέγοι περὶ τῶν νέων, ὁπότε οἱ τηλικοῦτοι

ἀμυδρός, -ά, -όν: indistinct, faint
ἀμφί: about, approximately
ἄπορος, -ον: without resource
ἄτεκνος, -ον: childless
βλέπω: to see, have the power of sight
δεινός, -ή, -όν: fearful, terrible
ἐθέλω: to will, wish, purpose
ἐνενήκοντα, -indecl.: ninety
ἔτος, -εος, τό: a year
ζάω: to live
ἡδύς, ἡδεῖα, ἡδῦ: sweet
ἡλικιώτης, -ου, ὁ: an equal in age to (+ *gen.*)
κάλαμος, ὁ: a reed for fishing pole
μειρακιεύομαι: to act like a boy

νέος, -η, -ον: young
ὁπότε: when
ὁρμιά, ἡ: a fishing-line
παραπαίω: to strike a false note
πορθμεύς, -έως, ὁ: a ferryman
προσέτι: over and above, besides
πτωχός, ὁ: a beggar
τηλικοῦτος, -η, -ον: at such an age
τοιοῦτος, -αύτη, -οῦτο: such as this
ὑπερβολή, ἡ: a throwing beyond, excess
φευκτέος, -η, -ον: ought to be fled from
φῶς, τό: light, daylight
χρεών, τό: that which must be
χωλός, -ή, -όν: lame

ἐγεγόνειν: plupf., "I had become" i.e. I lived
βίον ... εἶχον: impf., I used to have a life"
ὤν: pr. part. causal, "*since I was* a beggar"
ἀμυδρὸν βλέπων: pr. part. causal, "having faint power of sight"
τὸ τεθνάναι: perf. inf. articular, "to be dead"
τί οὖν ἄν τις ἔτι λέγοι: pr. opt. pot., "what would someone say?"

φιλόζωοί εἰσιν, οὓς ἐχρῆν διώκειν τὸν θάνατον ὡς τῶν
ἐν τῷ γήρᾳ κακῶν φάρμακον. ἀλλ' ἀπίωμεν ἤδη, μὴ
καί τις ἡμᾶς ὑπίδηται ὡς ἀπόδρασιν βουλεύοντας, ὁρῶν
περὶ τὸ στόμιον εἰλουμένους.

ἄπειμι: to depart
ἀπόδρασις, -εως, ἡ: a running away, escape
βουλεύω: to plan
γῆρας, τό: old age
διώκω: to pursue
εἰλέω: to gather, crowd together

θάνατος, ὁ: death
κακός, -ή, -όν: bad
στόμιον, τό: a mouth
ὑπειδόμην: to suspect
φάρμακον, τό: a drug, medicine, cure
φιλόζωος, -ον: fond of one's life

φιλόζωοί: nom. pred., "are *life-loving*"

οὓς ἐχρῆν: those *whom it would be necessary* to" + inf.

ὡς ... φάρμακον (sc. ὄντα): "as though being a cure"

ἀπίωμεν: pr. subj. hortatory, "but *let us go*"

μὴ ... ὑπίδηται: aor. subj. of ὑπειδόμην in negative purpose clause, "lest someone suspect"

ὡς ... βουλεύοντας: indicating an alleged motive, "*that we are planning* an escape"

ὁρῶν: pr. part. conditional, "if someone *seeing* us"

174

28 (9). Menippus and Teiresias

Menippus questions the famous seer Teiresias about some of the traditions concerning him, and Teiresias becomes annoyed at Menippus' lack of faith.

ΜΕΝΙΠΠΟΣ: Ὦ Τειρεσία, εἰ μὲν καὶ τυφλὸς εἶ, οὐκέτι διαγνῶναι ῥᾴδιον. ἅπασι γὰρ ἡμῖν ὁμοίως τὰ ὄμματα, κενά, μόνον δὲ αἱ χῶραι αὐτῶν: τὰ δ’ ἄλλα οὐκέτ’ ἂν εἰπεῖν ἔχοις, τίς ὁ Φινεὺς ἦν ἢ τίς ὁ Λυγκεύς. ὅτι μέντοι μάντις ἦσθα καὶ ὅτι ἀμφότερα ἐγένου μόνος καὶ ἀνὴρ καὶ γυνή, τῶν ποιητῶν ἀκούσας οἶδα. πρὸς τῶν θεῶν τοιγαροῦν εἰπέ μοι, ὁποτέρου ἡδίονος ἐπειράθης τῶν βίων, ὁπότε ἀνὴρ ἦσθα, ἢ ὁ γυναικεῖος ἀμείνων ἦν;

ἀκούω: to hear	ὁπότερος, -α, -ον: which of two
ἀμείνων, -ον: better	οὐκέτι: no longer
ἀμφότερος, -α, -ον: both of two	πειράομαι: to try (+ gen.)
γυναικεῖος, -α, -ον: feminine	ποιητής, -οῦ, ὁ: a poet
γυνή, -αικός, ἡ: a woman	ῥᾴδιος, -α, -ον,: easy (+ inf.)
διαγιγνώσκω: to distinguish, discern	Τειρεσίας, ὁ: Teiresias
κενός, -ή, -όν: empty	τοιγαροῦν: so therefore
Λυγκεύς, ὁ: Lynceus	τυφλός, -ή, -όν: blind
μάντις, -εως, ὁ: a seer, prophet	Φινεύς, ὁ: Phineus
ὄμμα, τό: an eye	χώρα, ἡ: a space
ὅμοιος, -α, -ον: like, same to (+ dat.)	

Τειρεσίας: the most famous of the seers, with whom Odysseus converses in Hades in the *Odyssey*

διαγνῶναι: aor. inf. epexegetic with ῥᾴδιον, "easy *to see*"

ἅπασι ἡμῖν: dat with ὁμοῖα: "the same *to us all*"

ἂν εἰπεῖν ἔχοις: pr. opt. pot., "no longer *would you be able to say*"

Φινεύς: a blind seer in the *Agronautica*

Λυγκεύς: a keen sighted hero in the *Agronautica*

ὅτι ... ἦσθα, ἐγένου: ind. st. after οἶδα, "I know *that you were, that you became* both"

καὶ ἀνὴρ καὶ γυνή: "both man and woman," Teiresias was made a woman by Hera as a punishment and served as a temple prostitute for seven years before being released

ἀκούσας: aor. part., "having heard from" + gen. of source

ἐπειράθης: aor. pass., "which of the two *you tried*"

ΤΕΙΡΕΣΙΑΣ: Παρὰ πολύ, ὦ Μένιππε, ὁ γυναικεῖος: ἀπραγμονέστερος γάρ. καὶ δεσπόζουσι τῶν ἀνδρῶν αἱ γυναῖκες, καὶ οὔτε πολεμεῖν ἀνάγκη αὐταῖς οὔτε παρ' ἔπαλξιν ἑστάναι οὔτ' ἐν ἐκκλησίᾳ διαφέρεσθαι οὔτ' ἐν δικαστηρίοις ἐξετάζεσθαι.

ΜΕΝΙΠΠΟΣ: Οὐ γὰρ ἀκήκοας, ὦ Τειρεσία, τῆς Εὐριπίδου Μηδείας, οἷα εἶπεν οἰκτείρουσα τὸ γυναικεῖον, ὡς ἀθλίας οὔσας καὶ ἀφόρητόν τινα τὸν ἐκ τῶν ὠδίνων πόνον ὑφισταμένας; ἀτὰρ εἰπέ μοι, - ὑπέμνησε γάρ με τὰ τῆς Μηδείας ἰαμβεῖα - καὶ ἔτεκές ποτε, ὁπότε γυνὴ ἦσθα, ἢ στεῖρα καὶ ἄγονος διετέλεσας ἐν ἐκείνῳ τῷ βίῳ;

ἄγονος, -ον: childless
ἄθλιος, -α, -ον: wretched, miserable
ἀνάγκη, ἡ: necessity
ἀπράγμων, -ον: free from business
ἀτάρ: but, yet
ἀφόρητος, -ον: intolerable, insufferable
γυναικεῖος, -α, -ον: feminine
δεσπόζω: to gain the mastery over (+ gen.)
διατελέω: to continue to the end
διαφέρομαι: to differ, to argue
δικαστήριον, τό: a court of justice
εἶπον: to speak, say (aor.)
ἐκκλησία, ἡ: an assembly of the citizens

ἐξετάζω: to examine closely
ἔπαλξις, -εως, ἡ: a means of defence, wall
ἰαμβεῖος, -η, ον: iambic (poetry)
ἵστημι: to make to stand
οἰκτείρω: to pity, lament
οἷος, -α, -ον: of what sort
πολεμέω: to go to war
πόνος, ὁ: work, labor
στεῖρος, -α, -ον: barren
τίκτω: to give birth
ὑπομμιμνήσκω: to remind
ὑφίσταμαι: to undertake
ὠδίς, -ῖνος, ἡ: the pangs of labor

ἡδίονος: gen. pred., "which was *sweeter*"

παρὰ πολύ: "by very much"

ἑστάναι: perf. inf. after ἀνάγκη, "there is no necessity *to stand*"

ἀκήκοας: perf. of ἀκούω, "have you heard?"

Εὐριπίδου Μηδείας: "the *Medea* of Euripides," whose heroine's lament in lines 230-250 famously compared battle with birthpangs

ὡς οὔσας .... ὑφισταμένας: pr. part. acc. pl. causal, agreeing with γυναικάς understood, with ὡς indicating alleged cause, "because they are wretched and undertake labor"

ὑπέμνησε: aor. of ὑπομμιμνήσκω, "her iambs *reminded* me"

καὶ ἔτεκες: aor. of τίκτω, "did you also give birth ever?"

στεῖρα καὶ ἄγονος: nom. pred., "or did you live *barren and childless*?"

176

ΤΕΙΡΕΣΙΑΣ: Τί τοῦτο, Μένιππε, ἐρωτᾷς;

ΜΕΝΙΠΠΟΣ: Οὐδὲν χαλεπόν, ὦ Τειρεσία: πλὴν ἀπόκριναι, εἴ σοι ῥᾴδιον.

ΤΕΙΡΕΣΙΑΣ: Οὐ στεῖρα μὲν ἤμην, οὐκ ἔτεκον δ᾽ ὅλως.

ΜΕΝΙΠΠΟΣ: Ἱκανὸν τοῦτο: εἰ γὰρ καὶ μήτραν εἶχες, ἐβουλόμην εἰδέναι.

ΤΕΙΡΕΣΙΑΣ: Εἶχον δηλαδή.

ΜΕΝΙΠΠΟΣ: Χρόνῳ δέ σοι ἡ μήτρα ἠφανίσθη καὶ τὸ μωρίον τὸ γυναικεῖον ἀπεφράγη καὶ οἱ μαστοὶ ἀπεστάθησαν καὶ τὸ ἀνδρεῖον ἀνέφυ καὶ πώγωνα ἐξήνεγκας, ἢ αὐτίκα ἐκ γυναικὸς ἀνὴρ ἀνεφάνης;

ἀναφαίνομαι: to become
ἀναφύω: to sprout up
ἀνδρεῖος, -ον: masculine
ἀποκρίνομαι: to answer
ἀποφράγνυμι: to fence off, block up
αὐτίκα: forthwith, straightway, at once
ἀφανίζω: to make unseen
ἀφίστημι: to put away, remove
γυναικεῖος, -α, -ον: feminine
δηλαδή: quite clearly, manifestly
ἐκφέρω: to bring out
ἐρωτάω: to ask

ἱκανός, -ον: sufficient
μαστός, ὁ: a breast
μήτρα, ἡ: a womb
μωρίον, τό: a part, member
ὅλως: completely, entirely
πώγων, -ωνος, ὁ: a beard
ῥᾴδιος, -α, -ον: easy
στεῖρος, -α, -ον: barren
τίκτω: to bring into the world
χαλεπός, -ή, -όν: painful
χρόνος, ὁ: time

ἀπόκριναι: aor. imper., "answer!"
ἤμην: impf. of εἰμι, "I was"
εἰ ... εἶχες: impf. in ind. quest., "*whether you had* a womb"
εἰδέναι: perf. inf., "I wished *to know*"
ἠφανίσθη: aor. pass. of ἀφανίζω, "did it become invisible?"
ἀπεφράγη: aor. pass. of ἀπο-φράγνυμι, "was it blocked up?"
ἀπεστάθησαν: aor. pass. of ἀπο-ίστημι, "did they become removed"
ἀνέφυ: aor. of ἀνα-φύω, "did the masculine sprout up?"
ἐξήνεγκας: aor. of ἐκ-φέρω, "*did you bring out* a beard"
ἀνεφάνης: aor. pass. of ἀναφαίνομαι, "*did you become* immediately"

ΤΕΙΡΕΣΙΑΣ: Οὐχ ὁρῶ τί σοι βούλεται τὸ ἐρώτημα· δοκεῖς δ' οὖν μοι ἀπιστεῖν, εἰ τοῦθ' οὕτως ἐγένετο.

ΜΕΝΙΠΠΟΣ: Οὐ χρὴ γὰρ ἀπιστεῖν, ὦ Τειρεσία, τοῖς τοιούτοις, ἀλλὰ καθάπερ τινὰ βλᾶκα μὴ ἐξετάζοντα, εἴτε δυνατά ἐστιν εἴτε καὶ μή, παραδέχεσθαι;

ΤΕΙΡΕΣΙΑΣ: Σὺ οὖν οὐδὲ τὰ ἄλλα πιστεύεις οὕτω γενέσθαι, ὁπόταν ἀκούσῃς ὅτι ὄρνεα ἐκ γυναικῶν ἐγένοντό τινες ἢ δένδρα ἢ θηρία, τὴν Ἀηδόνα ἢ τὴν Δάφνην ἢ τὴν τοῦ Λυκάονος θυγατέρα;

Ἀηδών, -όνος, ὁ: Aedon
ἀκούω: to hear
ἀπιστέω: to disbelieve
βλάξ, -κος, ὁ: a stupid person
Δάφνης, ἡ: Daphne
δένδρον, τό: a tree
δυνατός, -ή, -όν: possible, able
ἐξετάζω: to examine closely
ἐρώτημα, -ατος, τό: a question

θηρίον, τό: a wild animal, beast
θυγάτηρ, -τέρος, ἡ: a daughter
καθάπερ: according as, just as
Λυκάων, -ονος, ὁ: Lykaon
ὁπόταν: whenever (+ subj.)
ὄρνεον, τό: a bird
παραδέχομαι: to accept
πιστεύω: to believe in

εἰ ... ἐγένετο: aor. in ind. quest. after ἀπιστεῖν, "disbelieve *whether this happened*"

οὐ χρὴ γὰρ: anticipating a negative answer: "is it really necessary?"

εἴτε δυνατά ἐστιν εἴτε καὶ μή: ind. quest. after ἐξετάζοντα, "examining *whether they are possible or not*"

παραδέχεσθαι: pr. inf. also after χρὴ, "is it necessary (for me) *to accept?*"

τὰ ἄλλα ... γενέσθαι: aor. inf. in ind. st. after πιστεύεις, "believe *that the other things happened*"

ὁπόταν ἀκούσῃς: aor. subj. in general temporal clause, "whenever your hear"

ὅτι ... ἐγένοντο: ind. st. after ἀκούσῃς, "*that some became birds*"

Ἀηδόνα: Aedon, turned into a nightingale after accidentally killing her son

Δάφνη: Daphne, pursued by Apollo and turned into a laurel tree by Zeus

Λυκάονος: Lykaon, father of Callisto, who was turned into a bear

ΜΕΝΙΠΠΟΣ: Ἢν που κἀκείναις ἐντύχω, εἴσομαι ὅ τι καὶ λέγουσι. σὺ δέ, ὦ βέλτιστε, ὁπότε γυνὴ ἦσθα, καὶ ἐμαντεύου τότε ὥσπερ καὶ ὕστερον, ἢ ἅμα ἀνὴρ καὶ μάντις ἔμαθες εἶναι;

ΤΕΙΡΕΣΙΑΣ: Ὁρᾷς; ἀγνοεῖς τὰ περὶ ἐμοῦ ἅπαντα, ὡς καὶ διέλυσά τινα ἔριν τῶν θεῶν, καὶ ἡ μὲν Ἥρα ἐπήρωσέ με, ὁ δὲ Ζεὺς παρεμυθήσατο τῇ μαντικῇ τὴν συμφοράν.

ΜΕΝΙΠΠΟΣ: Ἔτι ἔχῃ, ὦ Τειρεσία, τῶν ψευσμάτων; ἀλλὰ κατὰ τοὺς μάντεις τοῦτο ποιεῖς: ἔθος γὰρ ὑμῖν μηδὲν ὑγιὲς λέγειν.

ἀγνοέω: not to know
ἅμα: at the same time
ἅπας, ἅπασα, ἅπαν: quite all
βέλτιστος, -η, -ον: best
διαλύω: to loose, resolve
ἔθος, -εος, τό: a custom, habit
ἐντυγχάνω: to meet with (+ *dat.*)
ἔρις, -δος, ἡ: strife, quarrel
ἔχομαι: to cling to (+ *gen.*)
μανθάνω: to learn
μαντεύομαι: to prophesy, presage

μαντικός, -ή, -όν: prophetic, oracular
μάντις, -εως, ὁ: a seer, prophet
ὁπότε: when
παραμυθέομαι: to palliate
πηρόω: to lame, maim, mutilate
ποιέω: to make
συμφορά, ἡ: a disaster
ὑγιής, -ές: sound, healthy
ὕστερον: later
ψεῦσμα, -ατος, τό: a lie, untruth

ἤν ... ἐντύχω: aor. subj. in fut. more vivid protasis, "if I come upon" + dat.
εἴσομαι: fut. of οἶδα in apodosis, "I will know"
ἐμαντεύου: impf., "were you prophesying?"
ἔμαθες: aor. of μανθάνω, "*did you learn* to be?"
ὁρᾷς: "do you see?" parenthetical and explained by the following words
ὡς καὶ διέλυσα: noun clause in app. to ἅπαντα, "everything, namely *that I resolved*"
ἐπήρωσε: aor. of πηρόω, "she *maimed* me"
τῇ μαντικῇ (sc. τέχνη): dat. means, "palliated *with the prophetic art*"
ἔχῃ: pr. of ἔχομαι, "do you cling to?" + gen.
λέγειν: pr. inf. epexegetic after ἔθος, "the custom is *to speak*"

29 (23). Ajax and Agamemnon

Agamemnon rebukes Ajax for refusing to engage Odysseus when he visits the underworld (Odyssey 11, 544-65), but Ajax is unyielding as ever.

ΑΓΑΜΕΜΝΩΝ: Εἰ σὺ μανείς, ὦ Αἶαν, σεαυτὸν ἐφόνευσας, ἐμέλλησας δὲ καὶ ἡμᾶς ἅπαντας, τί αἰτιᾷ τὸν Ὀδυσσέα καὶ πρῴην οὔτε προσέβλεψας αὐτόν, ὁπότε ἧκε μαντευσόμενος, οὔτε προσειπεῖν ἠξίωσας ἄνδρα συστρατιώτην καὶ ἑταῖρον, ἀλλ' ὑπεροπτικῶς μεγάλα βαίνων παρῆλθες;

ΑΙΑΣ: Εἰκότως, ὦ Ἀγάμεμνον· αὐτὸς γοῦν μοι τῆς μανίας αἴτιος κατέστη μόνος ἀντεξετασθεὶς ἐπὶ τοῖς ὅπλοις.

αἰτιάομαι: to blame
αἴτιος, -α, -ον: blameworthy, culpable
ἀντεξετάζω: to compare, to dispute
ἀξιόω: to deem worthy to (+ *inf.*)
βαίνω: to walk, step
γοῦν: at least then, at any rate, any way
εἰκότως: fairly, reasonably
ἑταῖρος, ὁ: a comrade, companion, mate
ἥκω: to have come, be present, be here
καθίστημι: to set down, place
μαίνομαι: to rage, be furious
μανία, ἡ: madness, frenzy

μαντεύομαι: to divine, seek a prophesy
μέλλω: to intend to do (+ *inf.*)
Ὀδυσσεύς, -έως, οἱ: Odysseus
ὅπλον, τό: armour
παρέρχομαι: to pass by
προσβλέπω: to look at or upon
προσεῖπον: to address
πρῴος, -η, ον: early in the day
συστρατιώτης, -ου, ὁ: a fellow-soldier
ὑπεροπτικός, -ή, -όν: contemptuous
φονεύω: to murder, kill, slay

εἰ σὺ ... ἐφόνευσας: aor. in simple past protasis, "if you killed yourself"

μανείς: aor. part., "you *having gone mad*"

ἐμέλλησας δὲ: aor., "but you had intended (to kill)"

μαντευσόμενος: fut. part. expressing purpose, "when he came *to seek a prophesy*"

ἠξίωσας: aor. part., "nor deeming it worthy to" + inf.

συστρατιώτην καὶ ἑταῖρον: acc. pred., "a man who was *a fellow-soldier and companion*"

παρῆλθες: aor., "you passed by"

κατέστη: aor. intr. of κατα-ἵστημι, "*he became* guilty"

ἀντεξετασθεὶς: aor. part. pass. of ἀντι-ἐξετάζω, "having disputed"

ἐπὶ τοῖς ὅπλοις: i.e. the weapons of Achilles that were assigned to Odysseus instead of Ajax

ΑΓΑΜΕΜΝΩΝ: Ἠξίωσας δὲ ἀνανταγώνιστος εἶναι καὶ ἀκονιτὶ κρατεῖν ἁπάντων;

ΑΙΑΣ: Ναί, τά γε τοιαῦτα· οἰκεία γάρ μοι ἦν ἡ πανοπλία τοῦ ἀνεψιοῦ γε οὖσα. καὶ ὑμεῖς οἱ ἄλλοι πολὺ ἀμείνους ὄντες ἀπείπασθε τὸν ἀγῶνα καὶ παρεχωρήσατέ μοι τῶν ἄθλων, ὁ δὲ Λαέρτου, ὃν ἐγὼ πολλάκις ἔσωσα κινδυνεύοντα κατακεκόφθαι ὑπὸ τῶν Φρυγῶν, ἀμείνων ἠξίου εἶναι καὶ ἐπιτηδειότερος ἔχειν τὰ ὅπλα.

ΑΓΑΜΕΜΝΩΝ: Αἰτιῶ τοιγαροῦν, ὦ γενναῖε, τὴν Θέτιν, ἣ δέον σοὶ τὴν κληρονομίαν παραδοῦναι τῶν ὅπλων συγγενεῖ γε ὄντι, φέρουσα ἐς τὸ κοινὸν κατέθετο αὐτά.

ἀγών, -ονος, ὁ: a contest
ἆθλον, τό: the prize of contest
αἰτιάω: to charge, accuse, censure, blame
ἀκονιτί: without dust: i.e. without toil
ἀμείνων, -ον: better, abler, stronger, braver
ἀνανταγώνιστος, -ον: without a rival
ἀνεψιός, ὁ: a first-cousin, cousin
ἀπεῖπον: to speak out, refuse
γενναῖος, -α, -ον: noble
ἐπιτήδειος, -α, -ον: suitable, convenient
Θέτις, -δος, ἡ: Thetis, mother of Achilles
κατακόπτω: to cut down
κατατίθημι: to place, put
κινδυνεύω: to be in danger of (+ *inf.*)

κληρονομία, ἡ: an inheritance
κοινός, -ή, -όν: common, shared in common
κρατέω: to defeat (+ *gen.*)
οἰκεῖος, -α, -ον: proper
ὅπλον, τό: armor
πανοπλία, ἡ: the full armour of a hoplite
παραδίδωμι: to hand over to (+ *dat.*)
παραχωρέω: to make room, yield X (*gen.*) to Y (*dat.*)
πολλάκις: many times, often, oft
συγγενεύς, -έως, ὁ: a relative
τοιγαροῦν: so then, therefore, accordingly
φέρω: to bear

ἠξίωσας: aor., "you deemed yourself worthy to" + inf.
τά γε τοιαῦτα: acc. of respect, "certainly under such circumstances"
οὖσα: pr. part. causal, *"since the armor was my cousin's"*
ἀμείνους: nom. pred., "you being *better*"
ὁ δὲ Λαέρτου: "the (son) of Laertes" i.e. Odysseus
ἔσωσα: aor., "whom I saved"
κατακεκόφθαι: perf. inf. pass. of κατακόπτω complementing κινδυνεύοντα, "him being in danger *of having been cut down*"
ἀμείνων: nom. pred., "he thought himself to be *better*"
ἔχειν: pr. inf. epexegetic after ἐπιτηδειότερος, "more suitable *to have*"
δέον: pr. part. acc. abs., "it being necessary" + inf.
κατέθετο: aor. mid. of κατα-τίθημι, "who *set them down*"

181

ΑΙΑΣ: Οὔκ, ἀλλὰ τὸν Ὀδυσσέα, ὃς ἀντεποιήθη μόνος.

ΑΓΑΜΕΜΝΩΝ: Συγγνώμη, ὦ Αἶαν, εἰ ἄνθρωπος ὢν ὠρέχθη δόξης ἡδίστου πράγματος, ὑπὲρ οὗ καὶ ἡμῶν ἕκαστος κινδύνους ὑπέμενεν, ἐπεὶ καὶ ἐκράτησέ σου καὶ ταῦτα ἐπὶ Τρωσὶ δικασταῖς.

ΑΙΑΣ: Οἶδα ἐγώ, ἥτις μου κατεδίκασεν· ἀλλ' οὐ θέμις λέγειν τι περὶ τῶν θεῶν. τὸν δ' οὖν Ὀδυσσέα μὴ οὐχὶ μισεῖν οὐκ ἂν δυναίμην, ὦ Ἀγάμεμνον, οὐδ' εἰ αὐτή μοι ἡ Ἀθηνᾶ τοῦτο ἐπιτάττοι.

Ἀθήνη, ἡ: Athena
ἀντιποιέομαι: to exert oneself for
δικαστής, -οῦ, ὁ: a judge, juror
δόξα, ἡ: glory, reputation
δύναμαι: to be able, capable, strong enough
ἕκαστος, -η, -ον: every, each
ἐπιτάττω: to enjoin, order
θέμις, ἡ: lawful, permitted to (+ *inf.*)

καταδικάζω: to give judgment against
κινδυνεύω: to risk danger
μισέω: to hate
ὀρέγω: to reach, stretch, stretch out
πρᾶγμα, -ατος, τό: a thing, matter
συγγνώμη, ἡ: forgiveness, compassion
Τρωές, -ώων, οἱ: Trojans
ὑπομένω: to endure

συγγενεῖ γε ὄντι: dat. agreeing with σοὶ, "to you, *being his relative*"

ἐς τὸ κοινὸν: "into the community," i.e. setting them down for anyone to claim

ἀντεποιήθη: aor. pass., "who *exerted himself* for it"

συγγνώμη (sc. ἐστι): "(there is) forgiveness"

εἰ ... ὠρέχθη: aor. pass., "if he reached for" + gen.

ἡδίστου πράγματος: in apposition to δόξης, "for glory, *the sweetest thing*"

ἐκράτησε: aor., "*he defeated* you"

ἐπὶ Τρωσὶ δικασταῖς: "according to Trojan jurors" a reference to Odysseus' own words in *Od.* 11, 547 that the judges were Trojans

οὐκ ἂν δυναίμην: pr. opt. pot., "I would not be able to" + inf.

μὴ οὐχὶ: showing a strong negative, "*not* to hate"

οὐδ' εἰ ... ἐπιτάττοι: pr. opt. in fut. less vivid protasis, "*not even if* Athena *were to order* me" Athena was also said by Odysseus to be a judge in the case

30 (24). Minos and Sostratus

The pirate Sostratus gives a sophistic defense of his life of crime, and persuades Minos not to punish him.

ΜΙΝΩΣ: Ὁ μὲν λῃστὴς οὑτοσὶ Σώστρατος ἐς τὸν Πυριφλεγέθοντα ἐμβεβλήσθω, ὁ δὲ ἱερόσυλος ὑπὸ τῆς Χιμαίρας διασπασθήτω, ὁ δὲ τύραννος, ὦ Ἑρμῆ, παρὰ τὸν Τιτυὸν ἀποταθεὶς ὑπὸ τῶν γυπῶν καὶ αὐτὸς κειρέσθω τὸ ἧπαρ, ὑμεῖς δὲ οἱ ἀγαθοὶ ἄπιτε κατὰ τάχος ἐς τὸ Ἠλύσιον πεδίον καὶ τὰς μακάρων νήσους κατοικεῖτε, ἀνθ᾽ ὧν δίκαια ἐποιεῖτε παρὰ τὸν βίον.

ἀγαθός, -ή, -όν: good
ἀντί: in return for (+ *gen.*)
ἀποτείνω: to stretch out, extend
βίος, ὁ: life
γύψ, -πος, ἡ: a vulture
διασπάω: to tear asunder, part forcibly
δίκαιος, -α, -ον: just
ἐμβάλλω: to throw in, put in
Ἠλύσιος, -α, -ον: Elysian
ἧπαρ, -ατος, τό: a liver
ἱερόσυλος, ὁ: a temple-robber, sacrilegious person

κατοικέω: to dwell in
κείρω: to cut
λῃστής, -οῦ, ὁ: a robber, plunderer
μάκαρ, -αρος, ὁ: blessed, happy
νῆσος, ἡ: an island
πεδίον, τό: a plain
Πυριφλεγέθων, -οντος, ὁ: a blazing river in the underworld
τάχος, τό: swiftness, speed
Τιτυός, ὁ: Tityus, a famous sinner in Tartarus
τύραννος, ὁ: an absolute sovereign
Χιμαίρα, ἡ: Chimera, a fabulous beast

ἐμβεβλήσθω: perf. imper. 3 s., "let this one be thrown in!"
διασπασθήτω: aor. imper. 3 s., "let that one be torn apart!"
ἀποταθείς: aor. part. pass., "having been stretched out"
κειρέσθω: pr. imper. pr. 3 s., "let the third be cut"
τὸ ἧπαρ: acc. respect, "cut *with respect to his liver*"
ἄπιτε: pr. imper., "go away!"
Ἠλύσιον ... νήσους: "Elysian fields and blessed Isles" places of reward in the afterlife
κατοικεῖτε: pr. imper., "dwell in!"
ἀνθ᾽ ὧν: "in return for the just things"

ΣΩΣΤΡΑΤΟΣ: Ἄκουσον, ὦ Μίνως, εἴ σοι δίκαια δόξω λέγειν.

ΜΙΝΩΣ: Νῦν ἀκούσω αὖθις; οὐ γὰρ ἐξελήλεγξαι, ὦ Σώστρατε, πονηρὸς ὢν καὶ τοσούτους ἀπεκτονώς;

ΣΩΣΤΡΑΤΟΣ: Ἐλήλεγμαι μέν, ἀλλ' ὅρα, εἰ καὶ δικαίως κολασθήσομαι.

ΜΙΝΩΣ: Καὶ πάνυ, εἴ γε ἀποτίνειν τὴν ἀξίαν δίκαιον.

ΣΩΣΤΡΑΤΟΣ: Ὅμως ἀπόκριναί μοι, ὦ Μίνως: βραχὺ γάρ τι ἐρήσομαί σε.

ΜΙΝΩΣ: Λέγε, μὴ μακρὰ μόνον, ὡς καὶ τοὺς ἄλλους διακρίνωμεν ἤδη.

ἀκούω: to hear
ἀξία, ἡ: the proper value
ἀποκρίνομαι: to answer
ἀποκτείνω: to kill, slay
ἀποτίνω: to pay back, repay, return
αὖθις: again
βραχύς, -εῖα, -ύ: short
διακρίνω: to separate, judge
δίκαιος, -α, -ον: just

δοκέω: to seem to (+ inf.)
ἐξελέγχω: to convict, disgrace
ἐρωτάω: to ask
κολάζω: to punish
μακρός, -ά, -ον: long
μόνον: only
ὅμως: nevertheless
πονηρός, -ά, -όν: painful, evil
τοσοῦτος, -αύτη, -οῦτο: so many

ἄκουσον: aor. imper., "listen!"

ἀκούσω: aor. subj. in delib. quest., "should I listen again?"

οὐ γὰρ ἐξελήλεγξαι: perf. mid. of ἐξ-ελέγχω, "have you not been convicted?"

ὤν: pr. part. suppl. ἐξελήλεγξαι, "convicted *of being* evil"

ἀπεκτονώς: perf. part. suppl. ἐξελήλεγξαι, "convicted *of having killed*"

ἐλήλεγμαι: perf., "I have been convicted"

εἰ δικαίως κολασθήσομαι: fut. pass. in ind. quest. after ὅρα, "see *whether I shall be punished* justly"

ἀποτίνειν: pr. inf. epexegetic after δίκαιον, "if (it is) just *to pay back*"

ἀπόκριναι: aor. imper., "answer!"

ἐρήσομαι: fut. of ἐρωτάω, "*I will ask* something short"

μακρά: n. pl. acc., "don't speak *at length*"

ὡς ... διακρίνωμεν: aor. subj. in purpose clause, "so that we can judge"

ΣΩΣΤΡΑΤΟΣ: Ὁπόσα ἔπραττον ἐν τῷ βίῳ, πότερα ἑκὼν ἔπραττον ἢ ἐπεκέκλωστό μοι ὑπὸ τῆς Μοίρας;

ΜΙΝΩΣ: Ὑπὸ τῆς Μοίρας δηλαδή.

ΣΩΣΤΡΑΤΟΣ: Οὐκοῦν καὶ οἱ χρηστοὶ ἅπαντες καὶ οἱ πονηροὶ δοκοῦντες ἡμεῖς ἐκείνῃ ὑπηρετοῦντες ταῦτα ἐδρῶμεν;

ΜΙΝΩΣ: Ναί, τῇ Κλωθοῖ, ἣ ἑκάστῳ ἐπέταξε γεννηθέντι τὰ πρακτέα.

ΣΩΣΤΡΑΤΟΣ: Εἰ τοίνυν ἀναγκασθείς τις ὑπ᾽ ἄλλου φονεύσειέ τινα οὐ δυνάμενος ἀντιλέγειν ἐκείνῳ

ἀναγκάζω: to force, compel
ἀντιλέγω: to speak against, contradict
γεννάω: to beget, engender
δηλαδή: quite clearly, manifestly
δράω: to do
ἑκών, -οῦσα, -ον: willing, of free will
ἐπικλώθω: to spin out
ἐπιτάττω: to put upon, establish
Κλωθώ, -οῦς, ἡ: Clotho, the spinster, who spins a man's fate
Μοίρα, -ας, ἡ: Fate

ὁπόσος, -η, -ον: as many as
οὐκοῦν: therefore, then, accordingly
πονηρός, -ά, -όν: toilsome, painful, grievous
πότερα ... ἤ: introducing question with two alternatives
πράττω: to do
τοίνυν: therefore, accordingly
ὑπηρετέω: to do service
φονεύω: to murder, kill, slay
χρηστός, -ή, -όν: useful, good

ὁπόσα ἔπραττον: "as many as I was doing"

πότερα ... ἔπραττον: *"was I doing* them willingly?"

ἢ ἐπεκέκλωστο: plupf. pass. of ἐπι-κλώθω, "or had they been spun out," i.e. was it determined by Fate

οὐκοῦν ... ἐδρῶμεν: "and so are we not doing?" expecting an affirmative answer

ἐκείνῃ ὑπηρετοῦντες: pr. part. suppl. ἐδρῶμεν, "doing *service* to that one (i.e. Fate)"

ἢ ... ἐπέταξε: aor. of ἐπιτάττω, "who establishes"

γεννηθέντι: aor. part. pass. dat., "for each one *at his begetting*"

τὰ πρακτέα: verb. adj. from πράττω, "the things that must be done"

εἰ ... φονεύσειε: aor. opt. in fut. less vivid protasis, "if someone were to murder"

ἀναγκασθείς: aor. part. pass., "someone *having been forced*"

οὐ δυνάμενος: pr. part., "someone *not being able to*" + inf.

βιαζομένῳ, οἷον δήμιος ἢ δορυφόρος, ὁ μὲν δικαστῇ πεισθείς, ὁ δὲ τυράννῳ, τίνα αἰτιάσῃ τοῦ φόνου;

ΜΙΝΩΣ: Δῆλον ὡς τὸν δικαστὴν ἢ τὸν τύραννον, ἐπεὶ οὐδὲ τὸ ξίφος αὐτό· ὑπηρετεῖ γὰρ ὄργανον ὂν τοῦτο πρὸς τὸν θυμὸν τῷ πρώτῳ παρασχόντι τὴν αἰτίαν.

ΣΩΣΤΡΑΤΟΣ: Εὖ γε, ὦ Μίνως, ὅτι καὶ ἐπιδαψιλεύῃ τῷ παραδείγματι. ἢν δέ τις ἀποστείλαντος τοῦ δεσπότου ἥκῃ αὐτὸς χρυσὸν ἢ ἄργυρον κομίζων, τίνι τὴν χάριν ἰστέον ἢ τίνα εὐεργέτην ἀναγραπτέον;

αἰτία, ἡ: a motive, blame
αἰτιάομαι: to blame X (*acc.*) for Y (*gen.*)
ἀναγράφω: to inscribe a name publicly
ἀποστέλλω: to send off or away from
ἄργυρος, ὁ: silver
βιάζω: to constrain, compel
δεσπότης, -ου: a master
δῆλος, -η, -ον: clear
δήμιος, ὁ: a public executioner
δικαστής, -οῦ, ὁ: a judge
δορυφόρος, ὁ: a spear-carrier, mercenary
ἐπιδαψιλεύομαι: to lavish, to illustrate more fully (+ *dat.*)
εὐεργέτης, -ου, ὁ: a well-doer, benefactor

θυμός, ὁ: a soul, passion
κομίζω: to take care of, bring
ξίφος, -εος, τό: a sword
οἷον: such as
ὄργανον, τό: a tool
παράδειγμα, -ατος, τό: a pattern, example
παρέχω: to provide, supply
πείθω: to prevail upon, win over, persuade
τύραννος, ὁ: an absolute sovereign
ὑπηρετέω: to do service
φόνος, ὁ: murder, homicide, slaughter
χάριν οἶδα: to give thanks
χρυσός, ὁ: gold

βιαζομένῳ: pr. part. dat. after ἀντιλέγειν, "to contradict *the one compelling*"
δικαστῇ ... τυράννῳ: dat. of agent after πεισθείς, "by a judge ... by a despot"
πεισθείς: aor. part. pass., "the one *having been prevailed upon*"
ὁ δὲ: "the other (having been prevailed upon)"
τίνα αἰτιάσῃ: fut., " whom will you blame?"
δῆλον (sc. ἐστι) ὡς: "*it is clear that* (one blames)"
ὄργανον: nom. pred., "for this (the sword) being *a tool*"
τῷ πρώτῳ παρασχόντι: pr. part. dat. of poss., " the passion *of the one first providing*"
ἢν δέ τις ... ἥκῃ: perf. subj. in present general protasis, "if (ever) someone comes"
ἀποστείλαντος: aor. part. in gen. abs., "the master *having sent*"
αὐτὸς ... κομίζων: "he himself (the messenger) bringing"
ἰστέον (sc. ἐστι): verbal adj. of οἶδα periphrastic, "to whom *must one give* thanks?"
ἀναγραπτέον (sc. ἐστι): verbal adj. of ἀνα-γράφω periphrastic, "whom *is it necessary to inscribe?*"
εὐεργέτην: acc. pred., "as *the benefactor*"

ΜΙΝΩΣ: Τὸν πέμψαντα, ὦ Σώστρατε· διάκονος γὰρ ὁ κομίσας ἦν.

ΣΩΣΤΡΑΤΟΣ: Οὐκοῦν ὁρᾷς πῶς ἄδικα ποιεῖς κολάζων ἡμᾶς ὑπηρέτας γενομένους ὧν ἡ Κλωθὼ προσέταττεν, καὶ τούτους τιμῶν τοὺς διακονησαμένους ἀλλοτρίοις ἀγαθοῖς; οὐ γὰρ δὴ ἐκεῖνό γε εἰπεῖν ἔχοι τις ἄν, ὡς τὸ ἀντιλέγειν δυνατὸν ἦν τοῖς μετὰ πάσης ἀνάγκης προστεταγμένοις.

ΜΙΝΩΣ: Ὦ Σώστρατε, πολλὰ ἴδοις ἂν καὶ ἄλλα οὐ κατὰ λόγον γιγνόμενα, εἰ ἀκριβῶς ἐξετάζοις. πλὴν ἀλλὰ σὺ

ἀγαθός, -ή, -όν: good
ἄδικος, -ον: unjust, wrong
ἀκριβής, -ές: exact, accurate
ἀλλότριος, -α, -ον: belonging to another
ἀνάγκη, ἡ: force, necessity
ἀντιλέγω: to speak against, contradict (+ dat.)
διακονέω: to minister, serve (+ dat.)
διάκονος, ὁ: a servant

δυνατός, -ή, -όν: be able to (+ inf.)
ἐξετάζω: to examine closely
κολάζω: to punish
οὐκοῦν: therefore, then, accordingly
πέμπω: to send, despatch
προστάττω: to order, command
τιμάω: to honor
ὑπηρέτης, -ου, ὁ: a servant, underling

τὸν πέμψαντα: aor. part. acc., answering the question τίνα; above, "the one who sent"

πῶς ἄδικα ποιεῖς: ind. quest. after ὁρᾷς, "do you not see *how you do wrongs?*"

κολάζων: pr. part. instrumental, "by punishing"

ὧν ... προσέταττεν: impf. in relative clause, "punish us (for the things) which Clotho *ordered*," where the relative pron. is attracted from the acc. into the case of its antecedent

τιμῶν: pr. part. instrumental, "and *by honoring*"

ἀλλοτρίοις ἀγαθοῖς: dat. after διακονησαμένους, "who ministered *to the good deeds of others*"

ἔχοι: pr. opt. pot., "no one *would be able* to say"

ὡς ... δυνατὸν ἦν: ind. st. after εἰπεῖν, "to say *that* contradicting *was possible*"

τοῖς ... προστεταγμένοις: perf. part. dat. of προσ-τάττω after ἀντιλέγειν, "contradicting *those things that have been ordered*"

ἴδοις ἄν: aor. opt. in fut. less vivid apodosis, "you would see"

εἰ ἐξετάζοις: pr. opt. in fut. less vivid protasis, "if you were to examine closely"

πλὴν ἀλλά: strong adversative, "but"

187

τοῦτο ἀπολαύσεις τῆς ἐρωτήσεως, διότι οὐ λῃστὴς μόνον, ἀλλὰ καὶ σοφιστής τις εἶναι δοκεῖς. ἀπόλυσον αὐτόν, ὦ Ἑρμῆ, καὶ μηκέτι κολαζέσθω. ὅρα δὲ μὴ καὶ τοὺς ἄλλους νεκροὺς τὰ ὅμοια ἐρωτᾶν διδάξῃς.

ἀπολαύω: to have enjoyment of (+ *gen.*)
ἀπολύω: to loose from, release
διδάσκω: to teach
διότι: for the reason that, since
ἐπώτησις, -εως, ἡ: a questioning
ἐρωτάω: to ask

λῃστής, -οῦ, ὁ: a robber, plunderer
μηκέτι: no more, no longer
νεκρός, ὁ: a dead body, corpse
ὅμοιος, -α, -ον: like, resembling
σοφιστής, -οῦ, ὁ: a sophist

οὐ μόνον ... ἀλλὰ καὶ: "not only ... but also"
ἀπόλυσον: aor. imper., "release!"
μηκέτι κολαζέσθω: pr. imper. 3 s., "let him not be punished!"
μὴ ... διδάξῃς: aor. subj. after verb of caution, "see to it *that you do not teach*" + inf.

List of Verbs

List of Verbs

The following is a list of verbs that have some irregularity in their conjugation. Contract verbs and other verbs that are completely predictable (-ίζω, -εύω, etc.) are generally not included. The principal parts of the Greek verb in order are 1. Present 2. Future 3. Aorist 4. Perfect Active 5. Perfect Middle 6. Aorist Passive, 7. Future Passive. We have not included the future passive below, since it is very rare. For many verbs not all forms are attested or are only poetic. Verbs are alphabetized under their main stem, followed by various compounds that occur in the *Dialogues of the Dead*, with a brief definition. A dash (-) before a form means that it occurs only or chiefly with a prefix. The list is based on the list of verbs in H. Smyth, *A Greek Grammar*.

ἀγγέλλω: to bear a message ἀγγελῶ, ἤγγειλα, ἤγγελκα, ἤγγελμαι, ἠγγέλθην
   παραγγέλλω: to transmit as a message

ἄγω: to lead ἄξω, 2 aor. ἤγαγον, ἦχα, ἦγμαι, ἤχθην
   ἀνάγω: to lead up
   ἀπάγω: to lead away, divert
   ἐπάγω: to bring on, charge
   προσάγω: to bring to or upon
   ὑπάγω: to bring under, subdue

ᾄδω: to sing ᾄσομαι, ᾖσα, ᾖσμαι, ᾔσθην
   ἐπᾴδω: to sing to or in accompaniment
   κατᾴδω: to sing in mockery

αἱρέω: to take αἱρήσω, 2 aor. εἷλον, ᾕρηκα, ᾕρημαι, ᾑρέθην
   ἀφαιρέω: to take away, exclude, set aside, remove
   διαιρέω: to divide, separate, distinguish
   καθαιρέω: to take down, reduce

αἴρω: to lift ἀρῶ, ἦρα, ἦρκα, ἦρμαι, ἤρθην
   ἐπαίρω: to lift up and set on

αἰσθάνομαι: to perceive αἰσθήσομαι, 2 aor. ᾐσθόμην, ᾔσθημαι

ἀκούω: to hear ἀκούσομαι, ἤκουσα, 2 perf. ἀκήκοα, ἠκούσθην
   ὑπακούω: to listen, attend to

193

ἁλίσκομαι: to be taken ἁλώσομαι, 2 aor. ἑάλων, ἑάλωκα

ἅλλομαι: to leap: ἁλοῦμαι, 2 aor. ἡλόμην
    καθάλλομαι: to leap down

ἁμαρτάνω: to fail, go wrong ἁμαρτήσομαι, 2 aor. ἥμαρτον, ἡμάρτηκα,
    ἡμάρτημαι, ἡμαρτήθην

ἅπτω: to fasten, (mid.) to touch ἅψω, ἧψα, ἧμμαι, ἥφθην
    καθάπτω: to fasten, fix or put upon

ἀρύω: to draw water: ἤρυσα, ἠρύθην

ἄρχω: to be first, begin ἄρξω, ἦρξα, ἦργμαι, ἤρχθην
    ἐξάρχω: to make a beginning of
    ὑπάρχω: to begin, to be

αὐξάνω: to increase αὔξω, ηὔξησα, ηὔξηκα, ηὔξημαι, ηὐξήθην

ἀφικνέομαι: to arrive at ἀφ-ίξομαι, 2 aor. ἀφ-ικόμην, ἀφ-ῖγμαι

ἄχθομαι: to be vexed ἀχθέσομαι, ἠχθέσθην

βιόω: to live βιώσομαι, 2 aor. ἐβίων, βεβίωκα
    ἀναβιόω: to come to life again

βαίνω: to step βήσομαι, 2 aor. ἔβην, βέβηκα
    ἀντιβαίνω: to go against, withstand, resist
    ἀποβαίνω: to go away, depart
    ἐμβαίνω: to step in
    ἐπιβαίνω: to go upon, trample
    καταβαίνω: to step down, go down
    συγκαταβαίνω: to go or come down with
    ὑπερβαίνω: to overstep

βάλλω: to throw βαλῶ, 2 aor. ἔβαλον, βέβληκα, βέβλημαι, ἐβλήθην
    ἀποβάλλω: to throw away, shed, lose
    εἰσβάλλω: to throw into, invade
    ἐμβάλλω: to throw in, ram
    καταβάλλω: to throw down, proscribe
    παραβάλλω: to throw beside, to compare
    περιβάλλω: to throw around, put on
    προβάλλω: to throw forth
    ὑπερβάλλω: to outdo, throw over

βλέπω: to look at βλέψομαι, ἔβλεψα
    ἀποβλέπω: to look upon, regard, attend
    προσβλέπω: to look at or upon

βούλομαι: to wish βουλήσομαι, βεβούλημαι, ἐβουλήθην

γαμέω: to marry γαμῶ, ἔγημα, γεγάμηκα

γελάω: to laugh γελάσομαι, ἐγέλασα, ἐγελάσθην
    καταγελάω: to laugh at, jeer
    ἐπιγελάω: to laugh at

γηράσκω: to grow old γηράσομαι, ἐγήρασα, γεγήρακα am old

γι(γ)νώσκω: to know γνώσομαι, ἔγνων, ἔγνωκα, ἔγνωσμαι, ἐγνώσθην
    διαγινώσκω: to distinguish, discern, resolve

γί(γ)νομαι: to become, γενήσομαι, 2 aor. ἐγενόμην, 2 perf. γέγονα am, have
    been, γεγένημαι, ἐγενήθην
    ἐπιγίγνομαι: to come to pass
    παραγίγνομαι: to be near, attend upon

γράφω: to write γράψω, ἔγραψα, γέγραφα, γέγραμμαι, ἐγράφην
    ἀναγράφω: to write down, record
    ἐγγράφω: to register, enroll

δάκνω: to bite δήξομαι, 2 aor. ἔδακον, δέδηγμαι, ἐδήχθην.

δείδω: to fear δείσομαι, ἔδεισα, δέδια

δέχομαι: to receive δέξομαι, ἐδεξάμην, δέδεγμαι, -εδέχθην
    διαδέχομαι: to receive one from another
    παραδέχομαι: to receive from

δέω (1): to bind δήσω, ἔδησα, δέδεκα, δέδεμαι, ἐδέθην
    διαδέω: to bind round

δέω (2): to need, lack (*mid.*) δεήσω, ἐδέησα, δεδέηκα, δεδέημαι, ἐδεήθην
    ἀποδέω: to be in want of, lack

διδάσκω: to teach, (mid.) learn διδάξω, ἐδίδαξα, δεδίδαχα, δεδίδαγμαι,
    ἐδιδάχθην

διώκω: to pursue διώξομαι, ἐδίωξα, δεδίωχα, ἐδιώχθην

δοκέω: to think, seem δόξω, ἔδοξα, δέδογμαι
   συνδοκέω: to seem good also, agree

δράω: to do δράσω, ἔδρασα, δέδρακα, δέδραμαι, ἐδράσθην

δύω: to go down δύσω, -έδυσα δέδυκα, δέδυμαι, εδύθην
   καταδύω: to go down, sink
   μετενδύω: to put on (clothing) instead
   ὑποδύω: to slip under

ἐθέλω: to wish ἐθελήσω, ἠθέλησα, ἠθέληκα

εἶδον: to see (aor.); see ὁράω

εἰκάζω: to make like εἰκάσω, ἤκασα, ἤκασμαι, ἠκάσθην

εἰμί: to be, ἔσομαι, impf. ἦν

εἶμι: to go (fut.); see ἔρχομαι

εἶπον: to say (aor.); see λέγω

ἐλαύνω: to drive ἐλῶ, ἤλασα, -ελήλακα, ἐλήλαμαι, ἠλάθην
   διελαύνω: to drive through or across
   ἐξελαύνω: to drive out from, process
   ἐπελαύνω: to drive upon

ἐλέγχω examine, confute: ἐλέγξω, ἤλεγξα, ἐλήλεγμαι, ἠλέγχθην
   ἐξελέγχω: to convict, confute, refute

ἐξετάζω to investigate: ἐξετάσω, ἐξήτασα, ἐξήτακα, ἐξήτασμαι, ἐξητάσθην
   ἀντεξετάζω: to compare, dispute ἐπίσταμαι: to understand, know how to,
   ἐπιστήσομαι, ἠπιστήθην ἔραμαι: to fall in love, ἐρασθήσομαι, ἠράσθην

ἐργάζομαι: to work, ἐργάσομαι, ἠργασάμην, εἴργασμαι, ἠργάσθην
   ἀπεργάζομαι: to finish off, work to completion

ἔρχομαι: to come or go to: fut. εἶμι, 2 aor. ἦλθον, 2 perf. ἐλήλυθα
   ἀνέρχομαι: to go up
   ἀπέρχομαι: to go away, depart from
   διεξέρχομαι: to go through, to recount
   εἰσέρχομαι: to come to, enter into
   κατέρχομαι: to go down from
   μετέρχομαι: to come after
   παρέρχομαι: to go by, to pass by

περιέρχομαι: to go around
προαπέρχομαι: to go away before
προέρχομαι: to go forward, advance
προσέρχομαι: to come or go to
συνέρχομαι: to come together

ἐρωτάω: to ask ἐρήσομαι, 2 aor. ἠρόμην

ἐσθίω: to eat ἔδομαι, 2 aor. ἔφαγον
   ἐμεσθίω: to devour
   κατεσθίω: to eat up, devour

εὑρίσκω: to find εὑρήσω, 2 aor. ηὗρον or εὗρον, ηὕρηκα or εὕρηκα, εὕρημαι, εὑρέθην
   ἐξευρίσκω: to find out, discover

εὔχομαι: to pray εὔξομαι, ηὐξάμην, ηὖγμαι

ἔχω: to have ἕξω, 2 aor. ἔσχον, ἔσχηκα, impf. εἶχον.
   ἀνέχω: to hold back
   ἀπέχω: to keep off, hold back
   κατέχω: to hold fast
   μετέχω: to partake of, share in
   παρέχω: to provide, allow
   προέχω: to hold before
   συνέχω: to hold together

ἡγέομαι: to go before, lead the way ἡγήσομαι, ἡγησάμην, ἥγημαι
   διηγέομαι: to set out in detail, describe in full
   περιηγέομαι: to lead round

ἥδομαι: to be happy; ἡσθήσομαι, ἥσθην
   ὑπερήδομαι: to be very happy

θάπτω: to bury θάψω, ἔθαψα, τέθαμμαι, ἐτάφην

θνήσκω: to die θανοῦμαι, 2 aor. -έθανον, τέθνηκα
   ἀποθνήσκω: to die off
   προαποθνήσκω: to die before or first
   προθνήσκω: to die before

κεῖμαι: to lie, be placed: κείσομαι
   ἐπίκειμαι: to lie upon
   κατάκειμαι: to lie down
   σύγκειμαι: to lie down together

κερδαίνω: to gain: κερδανῶ, ἐκέρδανα, -κεκέρδηκα.
   ἀποκερδαίνω: to make a profit

κηρυττω: to proclaim, κηρύξω ἐκήρυξα, -κεκήρυχα, κεκήρυγμαι, ἐκηρυχθην
   ἀνακηρύττω: to proclaim

κόπτω: to strike κόψω, ἔκοψα, -κέκοφα, κέκομμαι, -εκόπην
   ἀποκόπτω: to cut off, hew off
   κατακόπτω: to cut down

κρίνω: to decide κρινῶ, ἔκρινα, κέκρικα, κέκριμαι, ἐκρίθην
   ἀνακρίνω: to examine closely, to question, interrogate
   διακρίνω: to separate, judge
   προκρίνω: to choose before others, prefer

κρύπτω: to hide from κρύψω, ἔκρυψα, κέκρυμμαι, ἐκρύφθην
   περικρύπτω: to conceal entirely

κτείνω: to kill κτενῶ, ἔκτεινα, 2 perf. -ἔκτονα
   ἀποκτείνω: to kill, slay

λαμβάνω: to take λήψομαι, ἔλαβον, εἴληφα, εἴλημμαι, ἐλήφθην
   ἀναλαμβάνω: to take up, take into one's hands
   ἀπολαμβάνω: to take or receive from
   παραλαμβάνω: to take beside
   προκαταλαμβάνω: to grab first
   προσλαμβάνω: to gain, add to
   συλλαμβάνω: to collect, seize
   ὑπολαμβάνω: to undertake, to understand

λανθάνω: to escape notice λήσω, ἔλαθον, λέληθα
   διαλανθάνω: to escape notice
   ἐκλανθάνω: to escape notice utterly

λέγω: to speak ἐρέω, εἶπον, εἴρηκα, λέλεγμαι, ἐλέχθην and ἐρρήθην
   ἀντιλέγω: to speak against, contradict
   ἐπιλέγω: to choose, read

λείπω: to leave λείψω, ἔλιπον, λέλοιπα, λέλειμμαι, ἐλείφθην
   ἀπολείπω: to leave over or behind
   καταλείπω: to leave behind
   παραλείπω: to leave over, omit

μαίνομαι: to rage, be furious 2 aor. pass. ἐμάνην

μανθάνω: to learn *μαθήσομαι, ἔμαθον, μεμάθηκα*
    ἀπομανθάνω: to unlearn
    ἐκμανθάνω: to learn thoroughly

μέλλω: to intend, *μελλήσω, ἐμέλλησα*
    διαμέλλω: to delay

μέλω: to be a care for, *μελήσω.* impersonal: *μέλει* it is a care

μένω: to stay *μενῶ, ἔμεινα, μεμένηκα*
    ἐμμένω: to remain in
    παραμένω: to stay near, stand by
    περιμένω: to wait for, await
    ὑπομένω: to stay behind, survive

μιμνήσκω: to remind, remember (mid.). *-μνήσω, -έμνησα,* perf. *μέμνημαι*
    (with present sense), *ἐμνήσθην*
    ἀναμιμνήσκω: to remind
    ὑπομιμνήσκω: to remind

οἶδα: to know (*perf.*), *εἴσομαι*

οἴομαι or οἶμαι: to suppose *ᾠήθην* impf. *ᾤμην*

ὁράω: to see *ὄψομαι,* 2 aor. *εἶδον, ἑώρακα, ὤφθην,* impf. *ἑώρων*

ὀρέγω: to reach *ὀρέξω, ὤρεξα, ὠρέχθην*

ὀρύττω: to dig *-ορύξω, ὤρυξα, -ορώρυχα, ὀρώρυγμαι, ὠρύχθην*
    κατορύττω: to bury in the earth

ὀφείλω: to owe *ὀφειλήσω, ὠφείλησα,* 2 aor. *ὤφελον*

πάσχω: to experience *πείσομαι,* 2 aor. *ἔπαθον,* 2 perf. *πέπονθα*

πείθω: to persuade *πείσω, ἔπεισα,* 2 perf. *πέποιθα, πέπεισμαι, ἐπείσθην*
    ἀναπείθω: to persuade, convince

πείρω: to pierce *ἔπειρα, πέπαρμαι,* 2 aor. pass. *-επάρην*
    διαπείρω: to drive through

πέμπω: to convey *πέμψω, ἔπεμψα,* 2 perf. *πέπομφα, πέπεμμαι, ἐπέμφθην*
    ἀναπέμπω: to send up
    εἰσπέμπω: to send in
    καταπέμπω: to send down
    μεταπέμπω: to send after, send for, summon

παραπέμπω: to convey, escort
προπέμπω: to send before

περιέχομαι: to embrace
ἀνέχομαι: to hold up, endure
κατέχομαι: to be possessed by

πίνω: to drink πίομαι, 2 aor. ἔπιον, πέπωκα, -πέπομαι, -επόθην
καταπίνω: to gulp, swallow down

πίπτω: to fall πεσοῦμαι, 2 aor. ἔπεσον, πέπτωκα
ἐκπίπτω: to fall out
ἐπιπίπτω: to fall upon or over
περιπίπτω: to fall around, encounter
προσπίπτω: to fall upon
συνεμπίπτω: to fall in or upon together

πλάττω: to form ἔπλασα, πέπλασμαι, ἐπλάσθην
ἐπιπλάττω: to spread as a plaster over

πλέκω: to weave ἔπλεξα, πέπλεγμαι, -επλάκην
συμπλέκω: to twine or plait together

πλέω: to sail πλεύσομαι, ἔπλευσα, πέπλευκα, πέπλευσμαι, ἐπλεύσθην
ἀποπλέω: to sail away, sail off
διαπλέω: to sail across
ἐπιπλέω: to sail upon or over
καταπλέω: to sail down

πλήττω: to strike, -πλήξω, -έπληξα, 2 perf. πέπληγα, πέπληγμαι, 2 aor. pass.
-επλάγην
καταπλήττω: to strike down

πνέω: to blow πνεύσομαι, ἔπνευσα, -πέπνευκα
ἀποπνέω: to breathe forth

πράττω: to do πράξω, ἔπραξα, 2 perf. πέπραχα, πέπραγμαι, ἐπράχθην
διαπράττω: to accomplish, do

πυνθάνομαι: to learn πεύσομαι, 2 aor. ἐπυθόμην, πέπυσμαι

ῥέω: to flow ῥυήσομαι, ἐρρύην, ἐρρύηκα
διαρρέω: to flow through
ἐπιρρέω: to flow

ῥίπτω: throw *ῥίψω, ἔρριψα,* 2 perf. *ἔρριφα, ἔρριμμαι, ἐρρίφην*
    ἀπορρίπτω: to throw away, put away

σκώπτω: to mock *σκώψομαι, ἔσκωψα, ἐσκώφθην*
    ἐπισκώπτω: to laugh at

σπάω: to draw *σπάσω, ἔσπασα, -έσπακα, ἔσπασμαι, -εσπάσθην*
    ἀνασπάω: to pluck up, take up
    διασπάω: to tear asunder, part forcibly
    ἐπισπάω: to draw from
    κατασπάω: to draw or pull down
    συγκατασπάω: to pull down together with

στέλλω: to send, arrange *στελῶ, ἔστειλα, -έσταλκα, ἔσταλμαι, ἐστάλην*
    ἀποστέλλω: to send out

στρέφω: to turn *στρέψω, ἔστρεψα, ἔστραμμαι, ἐστρέφθην*
    ἀναστρέφω: to turn back, return
    καταστρέφω: to turn down, devastate

ταράττω: to stir up *ταράξω, ἐτάραξα, τετάραγμαι, ἐταράχθην*
    ἐπιταράττω: to trouble or disquiet yet more
    ὑποταράττω: to stir up

τάττω: to arrange, *τάξω, ἔταξα,* 2 perf. *τέταχα, τέταγμαι, ἐτάχθην*
    ἀντιτάττω: to resist
    διατάττω: to arrange, dispose
    ἐπιτάττω: to put upon, establish
    προστάττω: to order, command

τείνω: stretch *τενῶ, -έτεινα, -τέτακα, τέταμαι, -ετάθην*
    ἀνατείνω: to stretch up, hold up
    ἀποτείνω: to stretch out, extend
    ἐκτείνω: to stretch out
    παρατείνω: to stretch out

τελέω: to complete *τελῶ, ἐτέλεσα, τετέλεκα, τετέλεσμαι, ἐτελέσθην*
    διατελέω: to continue to the end

τίκτω: to beget, bring forth: *τέξομαι,* 2 aor. *ἔτεκον,* 2 perf. *τέτοκα. ἐτέχθην*

τιτρώσκω: to wound *-τρώσω, ἔτρωσα, τέτρωμαι, ἐτρώθην*

τρέπω: to turn *τρέψω, ἔτρεψα, τέτροφα, ἐτράπην*
    ἀνατρέπω: to overturn, upset

ἐπιτρέπω: to turn towards
περιτρέπω: to turn round, overturn

τυγχάνω: to happen τεύξομαι, ἔτυχον, τετύχηκα. τέτυγμαι, ἐτύχθην
ἐντυγχάνω: to fall in with, meet with

ὑπισχνέομαι: to promise ὑπο-σχήσομαι, 2 aor. ὑπ-εσχόμην

φαίνω: to show, to appear (mid.) φανῶ, ἔφηνα, πέφηνα, πέφασμαι, ἐφάνην
   ἀναφαίνομαι: to become
   ἐμφαίνω: to display, indicate
   προφαίνω: to bring forth, bring to light

φέρω: to bear οἴσω, 1 aor. ἤνεγκα, 2 aor. ἤνεγκον, 2 perf. ἐνήνοχα, perf.
   mid. ἐνήνεγμαι, aor. pass. ἠνέχθην
   ἀποφέρω: to carry off
   διαφέρω: to be superior to
   ἐκφέρω: to carry out, produce, cause
   ἐπιφέρω: bear up, carry upon
   προσφέρω: to bring to or upon, approach
   συμφέρω: to bring together, gather, collect

φεύγω: to flee φεύξομαι, ἔφυγον, πέφευγα
   διαφεύγω: to flee, get away, escape
   ὑποφεύγω: to flee from under, shun

φημί: to say φήσω, ἔφησα

φθάνω: to anticipate φθήσομαι, ἔφθασα, ἔφθην

φυλάττω: to guard φυλάξω, ἐφύλαξα, πεφύλαχα, πεφύλαγμαι, ἐφυλάχθην

φύω: to bring forth φύσω, ἔφυσα, 2 aor. ἔφυν, πέφυκα
   ἀναφύω: to sprout up
   συμφύω: to grow together

χράομαι: to use, prophecize χρήσομαι, ἐχρησάμην, κέχρημαι, ἐχρήσθην
   καταχράομαι: to make full use of

Glossary

A α

ἀγαθός, -ή, -όν: good
ἄγω: to lead or carry, to convey, bring
ἀεί: always
ἀκριβής, -ές: exact, accurate
ἀλλά: otherwise, but
ἀλλήλων: one another
ἄλλος, -η, -ον: another, other
ἅμα: at the same time
ἀμείνων, -ον: better
ἀμφί: about, around
ἄν: (*indefinite particle; generalizes dependent clauses with subjunctive; indicates contrary-to-fact with independent clauses in the indicative; potentiality with the optative*)
ἀνέρχομαι: to go up
ἀνήρ, ἀνδρός, ὁ: a man
ἄνθρωπος, -ου, ὁ: a man, person
ἀντί: in return for, instead of (+ *gen.*)
ἄνω: upward
ἄξιος, -α, -ον: worthy
ἀξιόω: to think or deem worthy of
ἅπας, ἅπασα, ἅπαν: all, the whole
ἀπό: from, away from (+ *gen.*)
ἀποθνήσκω: to die off, die
ἀρχή, -ῆς, ἡ: a beginning, power, rule
αὖθις: back, back again
αὐτός, -ή, -ό: he, she, it; self, same
ἀφίημι: to send forth, release, discharge
ἀφικνέομαι: to come to, arrive
ἄχρι: up to (+ *gen.*)

B β

βάρβαρος, ὁ: barbarian
βασιλεύς, -έως, ὁ: king
βέλτιστος, -η, -ον: best
βίος, ὁ: life

βλέπω: to see
βούλομαι: to will, wish

Γ γ

γάρ: for
γε: at least, at any rate (*postpositive*)
γελάω: to laugh
γενναῖος, -α, -ον: noble
γέρων, -οντος, ὁ: an old man
γῆ, γῆς, ἡ: earth
γίγνομαι and γίνομαι: to become, happen, occur
γιγνώσκω and γινώσκω: to know
γοῦν: at least then, at any rate
γυμνός, -ή, -όν: naked
γυνή, γυναικός, ἡ: a woman, wife

Δ δ

δέ: and, but, on the other hand (*preceded by* μέν)
δεῖ: it is necessary
δή: certainly, now (*postpositive*)
διά: through (+ *gen.*); with, by means of (+ *acc.*)
δίκαιος, -α, -ον: just
δοκέω: to seem
δόξα, ἡ: glory, reputation
δύναμαι: to be able (+ *inf.*)
δύο: two

E ε

ἐγώ, μου: I, my
εἰ: if
εἶδον: to see (*aor.*)
εἴδωλον, -ου, τό: a phantom, ghost
εἰμί: to be
εἶμι: to go (*fut.*)
εἶπον: to say (aor.)
εἰς, ἐς: into, to (+ *acc.*)
εἷς, μία, ἕν: one

207

εἶτα: then, next

ἐκ, ἐξ: from, out of, after (+ *gen.*)

ἐκεῖνος, -η, -ον: that, that one

ἐν: in, at, among (+ *dat.*)

ἕνεκα: on account of, for the sake of (+ *gen.*)

ἔνθα: there

ἐνταῦθα: here, there

ἔοικα: to seem, to be like

ἐπεί: since

ἐπειδάν: whenever

ἐπί: at (+ *gen.*); on, upon (+ *dat.*); on to, against (+ *acc.*)

ἔρως, -τος, ὁ: love, passion, desire

ἐρωτάω: to ask, enquire

ἔτι: still

εὖ: well, thoroughly

εὐθύς, εὐθεῖα, εὐθύ: straight, direct

εὔχομαι: to pray for

ἔχω: to have; to be able (+ inf.).

Z ς

ζάω: to live

Η η

ἤ: or; than

ἤδη: already, now

ἡδύς, ἡδεῖα, ἡδύ: sweet, pleasant

ἥκω: to have come, be present, be here

ἡμεῖς, ἡμᾶς: we, us

ἤν: if haply (+ *subj.*)

Θ θ

θάνατος, ὁ: death

θεός, θεοῦ, ὁ/ἡ: a god, goddess

θεραπεύω: to be an attendant, do service

θνήσκω: to die

I ι

ἰδού: look! behold!

ἱκανός, -η, -ον: becoming, befitting

ἵνα: in order that (+ *subj.*)

ἵππος, ὁ: horse, mare

ἴσως: equally, probably

Κ κ

καθάπερ: as, just as

καί: and, also, even

κακός, -η, -ον: bad, cowardly

κάλλος, -ους, τό: beauty

καλός, -η, -ον: beautiful, handsome

κατά: down, along, according to (+ *acc.*)

καταγελάω: to jeer, laugh at

καταλείπω: to leave behind

κεῖμαι: to lie down, to be placed

κομίζω: to bring along, take care of

κρανίον, τό: the skull

κρατέω: to be strong, defeat

κύων, κύνος, ὁ: a dog

Λ λ

λαμβάνω: to take, catch

λανθάνω: to escape notice

λέγω: to speak, say, tell

λόγος, ὁ: a word

Μ μ

μά: no! (+ *acc.*)

μάλα: very

μάλιστα: especially

μανθάνω: to learn

μέγας, μέγαλα, μέγα: great, large

μέν: on the one hand (followed by δέ)

μέντοι: however

μετά: with (+ *gen.*); after (+ *acc.*)

μή: not, lest, don't (+ *subj. or imper.*)

μηδέ: but not or and not, nor

μηδείς, μηδεμία, μηδέν: no one, nothing

μηκέτι: no more, no longer

μήν: indeed, truly

μήτε ... μήτε: neither ... nor

μόνος, -η, -ον: alone, only

N ν

ναί: yes, indeed

νεκρός, ὁ: a dead body, corpse

νή: yes! (+ *acc.*)

νικάω; to conquer

νῦν: now, at this moment

O o

ὁ, ἡ, τό: the (*definite article*)

οἶδα: to know (*perf.*)

οἶμαι and οἴομαι: to suppose, think, deem, imagine

οἰμώζω: to moan, wail out loud

οἷος, -α, -ον: such as, what sort

ὀλίγος, -η, -ον: few, little, small

ὅλως: completely

ὅμοιος, -α, -ον: like, same

ὁμῶς: nevertheless

ὁπότε: when, whenever

ὅπως: as, in such manner as, how

ὁράω: to see

ὅς, ἥ, ὅ: who, which (*relative pronoun*)

ὅτι: that, because

οὐ, οὐκ, οὐχ: not

οὐδέ: but not

οὐδείς, οὐδεμία, οὐδέν: no one, nothing

οὐκοῦν: therefore, then, accordingly

οὖν: therefore

οὔτε: and not

οὗτος, αὕτη, τοῦτο: this

Π π

παῖς, παιδός, ὁ: a child, slave

πάνυ: altogether, entirely

παρά: from (+ *gen.*); beside (+ *dat.*); to (+ *acc.*)

πάρειμι: to be present

παρέχω: to furnish, provide, supply

πᾶς, πᾶσα, πᾶν: all, every, whole

πάσχω: to suffer, experience

πέντε: five

περί: concerning, about (+ *gen.*); about, around (+ *acc.*)

πίνω: to drink

πλήν: unless, but

πλείων or πλέων, -ον: more

πλούσιος, -α, -ον: rich

ποιέω: to make, do

πόλις, -εως, ἡ: city

πολλάκις: many times, often

πολύς, πολλή, πολύ: many, much

πορθμεύς, ὁ: ferryman

πορθμεῖον, τό: a ferry, a fare for crossing

ποτε: ever, at any time

ποῦ: where?

πρᾶγμα, -ατος, τό: a deed, act

πράττω: to do, act

πρός: to, near (+ *dat.*), from (+ *gen.*), towards (+ *acc.*)

πρότερος, -α, -ον: prior, earlier

πρῶτος, -η, -ον: first

πῶς: how? in what way?

P ρ

ῥᾴδιος, -α, -ον: easy

Σ σ

σύ, σοῦ: you (*singular*)

T τ

τίθημι: to put or place

τις, τι: someone, something (*indefinite*)

τίς, τί: who? which? (*interrogative*)

τοιγαροῦν: so then, accordingly

τοίνυν: therefore, accordingly

τοιοῦτος, -αύτη, -οῦτο: such as this

τοσοῦτος, -αύτη, -οῦτο: so large, so tall

τρυφή, ἡ: delicacy, lavishness

τυγχάνω: to hit upon, happen upon

τύραννος, ὁ: an absolute sovereign

Υ υ

υἱός, ὁ: a son

ὑμεῖς, ὑμᾶς: you (*plural*)

ὑπέρ: over, above (+ *gen.*); over, beyond (+ *acc.*)

ὑπό: from under, by (+ *gen.*); under (+ *dat.*); toward (+ *acc.*)

Φ φ

φάρμακον, τό: a drug, medicine

φάσκω: to allege, calim

φέρω: to bear, carry, endure

φημί: to declare, say

Χ χ

χρή: it is necessary

Ω ω

ὡς: *adv.* as, so, how; *conj.* that, in order that, since; *prep.* to (+ *acc.*); as if, as (+ *part.*); as ____ as possible (+ *superlative*)

ὥσπερ: just as

ὥστε: with the result that, and so

NOTES

NOTES

NOTES

NOTES

NOTES

NOTES

NOTES